财务会计理论基础与创新研究

王久霞　高　焕　著

中国商业出版社

图书在版编目（CIP）数据

财务会计理论基础与创新研究 / 王久霞，高焕著. 北京 ：中国商业出版社，2024. 7. -- ISBN 978-7-5208-3060-7

Ⅰ. F234.4

中国国家版本馆CIP数据核字第20245HT415号

责任编辑:黄世嘉

中国商业出版社出版发行

（www.zgsycb.com　100053　北京广安门内报国寺1号）

总编室:010-63180647　　编辑室:010-63033100

发行部:010-83120835/8286

新华书店经销

天津市蓟县宏图印务有限公司印刷

*

787毫米×1092毫米　16开　15印张　300千字

2024年7月第1版　　2024年7月第1次印刷

定价:58.00元

* * * *

(如有印装质量问题可更换)

前　言

当今社会经济全球化趋势加强，市场竞争日益激烈，财务会计作为企业信息系统的重要组成部分，承载着为各利益相关者提供决策有用信息的使命。随着信息技术的飞速发展和会计准则的不断演进，财务会计领域面临着前所未有的挑战与机遇。因此，对于会计专业人员而言，掌握扎实的会计理论基础、把握货币资金及资产管理的前沿动态以及具备创新意识和能力变得尤为重要。本书旨在为读者提供一个全面系统的财务会计知识框架，并通过深入探讨各主题下的最新研究成果和实践案例，帮助读者提升专业素养，激发创新思维。

本书分为三部分，每一部分又由若干章节构成，涵盖了从基础理论到高级应用的广泛内容。第一部分会计基础、货币资金与资产理论，深入剖析了会计业务的法规背景、操作规则以及货币资金的管理方法，同时详尽阐述了流动资产和长期资产的核算流程。第二部分负债、权益与投资管理，聚焦于负债与权益的精准管理以及投资性房地产的专业核算，旨在帮助读者深刻理解企业财务结构与投资策略的关键要素。第三部分收益、成本与财务管理则关注于企业经营成果的衡量与分析，通过收入与费用的有效管理，引导读者掌握利润分配的原则和财务报表编制的细节和技巧。

在撰写本书的过程中，我们努力确保内容的先进性和实用性，注重理论与实践相结合。书中不仅融入了作者多年的教学经验和科研成果，还参考了国内外最新的会计准则、经典案例和前沿学术成果。我们期望本书能够为会计相关从业者以及其他财经领域人士提供帮助。

最后，我要感谢所有支持和参与本书编写工作的同行、研究生和编辑人员，没有他们的辛勤付出和智慧贡献，本书就不可能顺利完成。希望本书能激发读者对财务会计学科的热情，促进该领域的持续发展与创新。

作者
2024 年 6 月

目　录

第一部分　会计基础、货币资金与资产理论

第二部分 负债、权益与投资管理

第三部分　收益、成本与财务管理

第一部分

会计基础、货币资金与资产理论

第1章 货币资金管理

货币资金是在企业生产经营过程中以货币形态存在的资金，是指可以立即投入流通，用以购买商品或劳务，或用以偿还债务的交换媒介物。根据存放地点和用途的不同，货币资金可分为库存现金、银行存款和其他货币资金。

1.1 库存现金收支

1.1.1 现金管理的主要内容

现金是指存放于企业，流动性最强的一种货币性资产，它可以随时用于购买所需物资、支付有关费用、偿还债务，也可以随时存入银行。现金有狭义和广义之分，狭义的现金是指企业的库存现金；广义的现金是指库存现金、银行存款和其他符合现金定义的票据等。本节所指现金是指狭义的库存现金。

企业必须加强现金的管理，国务院颁布的《现金管理暂行条例》规定了现金管理的内容，主要包括以下四个方面。

1.现金的使用范围

(1)职工工资、津贴。

(2)个人劳动报酬。

(3)根据国家规定颁发给个人的科学技术、文化艺术、体育等各种奖金。

(4)各种劳保、福利费用以及国家规定的对个人的其他支出。

(5)向个人收购农副产品和其他物资的价款。

(6)出差人员必须随身携带的差旅费。

(7)结算起点(现行规定为1 000元)以下的零星支出。

(8)中国人民银行确定需要支付现金的其他支出。

凡是不属于现金结算范围的，应通过银行进行转账结算。

2.库存现金限额

企业的库存现金限额由其开户银行根据实际需要核定，一般为3~5天的日常零星

开支需要量。边远地区和交通不便地区的企业,库存现金限额可以多于5天,但最多不能超过15天的日常零星开支需要量。企业必须严格按规定的限额控制现金结余量,超过限额的部分,必须及时送存银行。

3.现金日常收支管理

(1)现金收入应于当日送存开户银行,如当日送存确有困难的由开户银行确定送存时间。

(2)企业可以在现金使用范围内支付现金或从银行提取现金,但不得从本单位的现金收入中直接支付(即坐支)。因特殊情况需要坐支现金的,应当事先报经开户银行审查批准,由开户银行核定坐支范围和限额。企业应定期向开户银行报送坐支金额和使用情况。

(3)企业从开户银行提取现金时,应当在取款凭证上写明具体用途,并由财会部门负责人签字盖章后,交开户银行审核后方可支取。

(4)因采购地点不固定,交通不便,生产或者市场急需,抢险救灾以及其他情况必须使用现金的,企业应当提出申请,经开户银行审核批准后,方可支付现金。

4.现金账目管理

企业必须建立健全现金账目,逐笔登记现金收入和支出,做到账目日清月结、账款相符。企业必须设置“现金日记账”,按照现金业务发生的先后顺序逐笔序时登记。

1.1.2　库存现金的核算

为了详细反映现金收支及结存的具体情况,企业除了设置“库存现金”科目对现金进行总分类核算外,还必须设置库存现金日记账进行序时记录。现金日记账一般采用三栏式订本账格式,由出纳人员根据审核以后的收付款凭证逐日逐笔序时登记,每日营业终了计算当日现金收入、现金支出及现金结存额,并与现金实存额核对相符。月末,现金日记账余额应与现金总账余额核对一致。

1.库存现金收付的核算

企业的现金收入主要包括:从银行提取现金;收取不足转账起点的小额销货款;职工交回的多余出差借款等。企业收到现金时,应根据审核无误的会计凭证,借记“库存现金”科目,贷记有关科目。

企业的现金支出包括现金开支范围以内的各项支出。企业实际支付现金时,应根据审核无误的会计凭证,借记有关科目,贷记“库存现金”科目。

【例1-1】　202×年7月,南方软件有限公司发生如下经济业务,该公司根据发生的有关现金收付业务,编制会计分录如下:

(1)202×年7月15日,公司出纳签发现金支票一张(见图1-1),从银行提取3 000

元备用金。

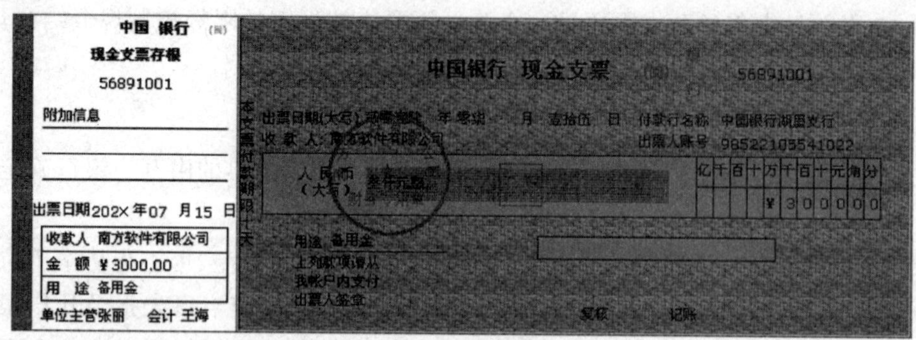
中国 银行
现金支票存根
56891001
附加信息
出票日期202×年07月15日
收款人 南方软件有限公司
金　额 ¥3000.00
用　途 备用金
单位主管张丽　会计 王海

中国银行　现金支票　56891001
付款行名称 中国银行湖里支行
出票人账号 98522105541022
人民币（大写）
亿 千 百 十 万 千 百 十 元 角 分
¥ 3 0 0 0 0 0
用途 备用金
上列款项请从
我账户内支付
出票人签章
复核　记账

图 1-1　现金支票

借:库存现金　　3 000

　贷:银行存款　　3 000

202×年 7 月 15 日,会计人员(王海)根据现金支票存根编制记账凭证。

(2)行政部门王明因出差预借差旅费 2 000 元。

借:其他应收款—— 王明　　2 000

　贷:库存现金　　2 000

(3)行政部门王明报销差旅费 1 800 元,交回多余的现金 200 元。

借:管理费用　　1 800

　库存现金　　200

　贷:其他应收款——王明　　2 000

2.备用金制度及其核算

备用金是指为了满足企业内部各部门和职工生产经营活动的需要,而暂付给有关部门和人员使用的备用现金。备用金的使用方法是先借后用、凭据报销。

企业可单独设置“备用金”账户进行备用金的核算,不设备用金账户的,可在“其他应收款——备用金”账户中核算。

备用金按管理方式不同可分为定额备用金和非定额备用金两种。

3.库存现金的清查

为了确保账实相符,应对现金进行清查。现金清查包括两部分内容:一是出纳人员每日营业终了进行账款核对;二是清查小组进行定期或不定期的盘点和核对。现金清查应采用账实核对法。

对现金实存额进行盘点时,必须以现金管理的有关规定为依据,不得以白条抵库,不得超限额保管现金。对现金进行账实核对时,如发现账实不符,应立即查明原因,及时更正,对发生的长款或短款,应查找原因,并按规定进行处理,不得以今日长款弥补他

日短款。现金清查和核对后，应及时编制“现金盘点报告表”，列明现金账存额、现金实存额、差异额及其原因，对无法确定原因的差异，应及时报告有关负责人。

现金清查中发现的长款或短款，应根据“现金盘点报告表”进行处理，以确保账实相符，并对长款、短款作出处理。现金长款、短款一般通过“待处理财产损溢——待处理流动资产损溢 ”科目进行核算，待查明原因后，再根据不同原因及处理结果，将其转入有关科目。

【例 1–2】 202×年 7 月 31 日，某企业根据发生的有关现金清查业务，编制会计分录如下：

(1)企业进行现金清查，发现长款 90 元，原因待查。

借：库存现金　　90

　贷：待处理财产损溢——待处理流动资产损溢　　90

(2)经反复核查，仍无法查明长款 90 元的具体原因，经单位领导批准，将其转为企业的营业外收入。

借：待处理财产损溢——待处理流动资产损溢　　90

　贷：营业外收入——盘盈利得　　90

(3)现金清查中发现有现金短款 100 元，原因待查。

借：待处理财产损溢——待处理流动资产损溢　　100

　贷：库存现金　　100

(4)经核查，上述现金短款中 50 元系出纳人员责任造成，应由出纳赔偿，其余 50 元原因无法查明，经批准转为管理费用。

借：其他应收款——应收现金短缺款　　50

　管理费用——现金短缺　　50

　贷：待处理财产损溢——待处理流动资产损溢　　100

1.2　银行存款收支业务

1.2.1　银行存款管理的主要内容

银行存款是企业存入银行或其他金融机构的款项。银行存款的管理主要包括银行存款开户管理和银行存款结算管理两个方面。

1.银行存款开户管理

按照《人民币银行结算账户管理办法》的规定，企业应在银行或其他金融机构开立账户，以办理存款、取款和转账结算等。企业开立账户，必须遵守有关银行账户管理的各项规定。企业开立账户,依其不同的用途可以分为基本存款账户、一般存款账户、临时存款账户和专用存款账户。基本存款账户是企业办理日常结算及现金收付业务的账户,企业只能在一家银行开立一个基本存款户,企业职工薪酬等现金的支取,只能通过此账户办理;一般存款账户是企业在基本存款账户以外的银行借款转存以及与基本存款账户的企业不在同一地点的附属非独立核算的单位的账户,企业可以通过本账户办理转账结算和现金缴存,但不得支取现金;临时存款账户是因企业的临时业务活动需要而开立的暂时性账户;专用存款账户是根据企业的特定需要开立的具有特定用途的账户。

2.**银行存款结算管理**

现金开支范围以外的各项款项收付,都必须通过银行办理转账结算。企业办理转账结算,账户内必须有足够的资金保证支付,必须以合法、有效的票据和结算凭证为依据;企业必须遵守"恪守信用,履约付款;谁的钱进谁的账,由谁支配;银行不予垫款"的结算纪律;根据业务特点,采用恰当的结算方式办理各种结算业务。

1.2.2 转账结算方式

结算是指企业与国家、其他单位或个人之间由经济往来而引起的货币收付行为。结算按其支付方式的不同分为现金结算和转账结算。

现金结算是指收付款双方直接用现金进行货币收付的结算业务;转账结算是指收付款双方通知银行,以转账划拨方式进行货币收付的结算业务,也称非现金结算。

在我国,用于国内转账结算的方式主要有银行汇票、银行本票、商业汇票、支票、汇兑、委托收款和托收承付七种。

1.**银行汇票**

银行汇票是指汇款人将款项交存当地出票银行,由出票银行签发,在其见票时按照实际结算金额无条件支付给收款人或持票人的票据。

(1)银行汇票的特点

银行汇票适用范围广泛,单位和个人支付各种款项都可以使用;票随人到,使用灵活,兑现性强。

(2)银行汇票结算的有关规定

①企业与异地单位和个人的各种款项结算,均可使用银行汇票。

②提示付款期自出票日起一个月。持票人超过付款期限提示付款的,代理付款人不予受理。

③银行汇票的收款人可以将银行汇票背书转让给他人,也可以用于转账。填明"现金"字样的银行汇票也可以用于支取现金,其中现金银行汇票的申请人与收款人必须均

为个人。

(3)银行汇票结算的一般程序

申请人使用银行汇票，应向出票银行填写“银行汇票申请书”，出票银行受理银行汇票申请书，在收妥款项后签发银行汇票，并用压数机压印出票金额，将银行汇票和解讫通知一并交给申请人，申请人应将银行汇票和解讫通知一并交给汇票上记明的收款人。持票人向银行提示付款时，必须同时提交银行汇票和解讫通知，缺少任何一联，银行均不予受理。

银行汇票结算的一般程序如图 1-2 所示。

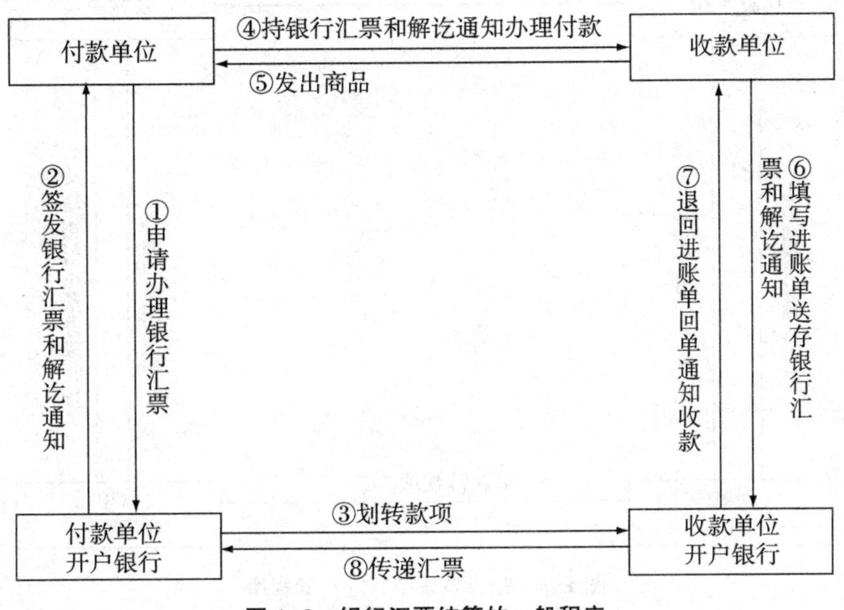

图 1-2　银行汇票结算的一般程序

2.**银行本票**

银行本票是指由银行签发的，承诺自己在见票时无条件支付确定的金额给收款人或者持票人的票据。

(1)银行本票的特点

无论单位或个人，凡需要在同一票据交换区域支付各种款项的，都可以使用；由银行签发，保证兑付，信誉高，支付功能强。银行本票按其金额记载方式不同，可分为定额本票和不定额本票，其中定额本票分为 1 000 元、5 000 元、10 000 元和 50 000 元四种面额。

(2)银行本票结算的有关规定

①银行本票可以用于转账，注明“现金”字样的银行本票可以用于支取现金，现金本

票的申请人与收款人必须均为个人。

②申请人或收款人为单位的，银行不得为其签发现金银行本票。

③银行本票的提示付款期限自出票日起最长不得超过两个月，持票人超过付款期限提示付款的，代理付款人不予受理。超出提示付款期，不得背书转让。

(3)银行本票结算的一般程序

银行本票结算的一般程序如图 1-3 所示。

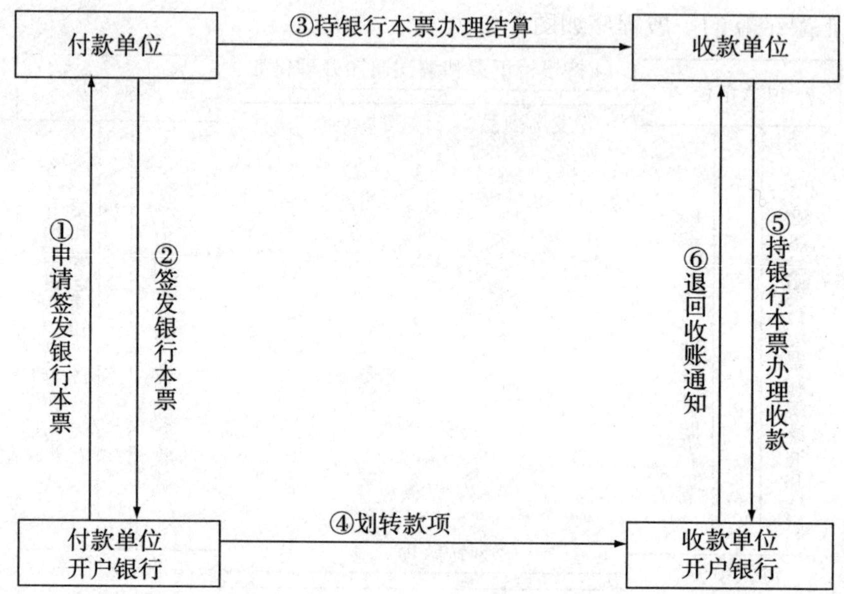

图 1-3 银行本票结算的一般程序

3.商业汇票

商业汇票是指由出票人签发的，委托付款人在指定日期无条件支付确定的金额给收款人或者持票人的票据。

(1)商业汇票结算的有关规定

①在银行开立存款账户的法人以及其他组织之间须具有真实的交易关系或债权债务关系，才能使用商业汇票。

②出票人是交易中的收款人或付款人。

③商业汇票须经承兑人承兑。

④商业汇票的付款期限由交易双方商定，但最长不得超过 6 个月。

⑤提示付款期限为自汇票到期日起 10 日。

⑥商业汇票可以背书转让。

(2)商业汇票的种类

商业汇票按承兑人不同分为商业承兑汇票和银行承兑汇票。

①商业承兑汇票。商业承兑汇票是指由收款人签发、付款人承兑,或由付款人签发并承兑的票据。商业承兑汇票的承兑人是付款人,也是交易中的购货单位。采用商业承兑汇票结算方式,收款单位将要到期的商业承兑汇票送交银行办理收款,在收到银行的收账通知后,编制收款凭证。应当注意的是,如果商业承兑汇票到期,购货企业的存款不足以支付票款,开户银行应将汇票退还销货企业,银行不负责付款,由购销双方自行处理。

商业承兑汇票结算的一般程序如图 1-4 所示。

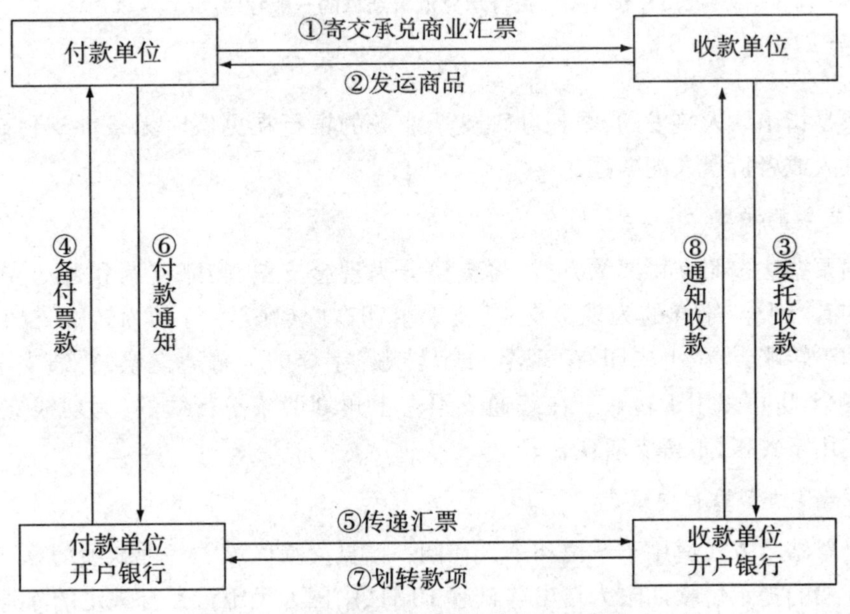

图 1-4　商业承兑汇票结算的一般程序

②银行承兑汇票。银行承兑汇票是指由在承兑银行开立存款账户的存款人(承兑申请人)签发,并由承兑申请人向开户银行申请,经银行审查同意承兑的票据。银行承兑汇票的出票人是购货企业,承兑人和付款人是购货企业的开户银行。

银行承兑汇票的出票人应于汇票到期前将票款足额交存银行。承兑银行应在汇票到期日支付票款。如果出票人于汇票到期日未能足额交存票款的,承兑银行凭票向持票人无条件付款。

银行承兑汇票结算的一般程序如图 1-5 所示。

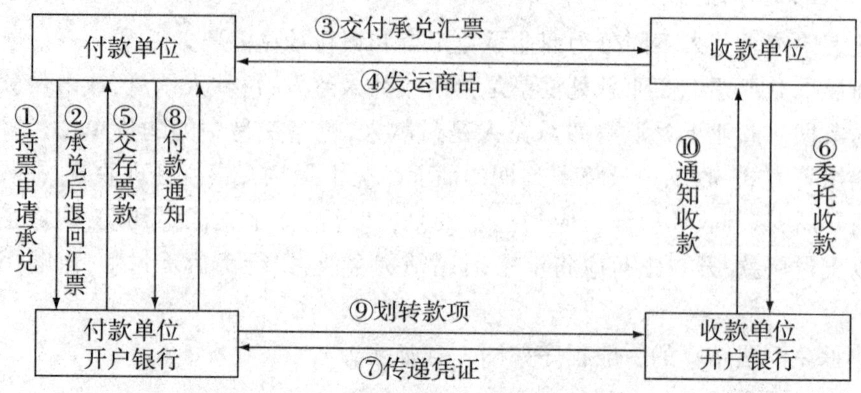

图 1-5　银行承兑汇票结算的一般程序

4.支票

支票是指出票人签发的,委托办理支票业务的银行在见票时无条件支付确定的金额给收款人或者持票人的票据。

(1)支票的种类

我国票据法按照支付票款方式,将支票分为现金支票、转账支票和普通支票三种。支票上印有"现金"字样的为现金支票;支票上印有"转账"字样的为转账支票,转账支票只能用于转账;支票上未印有"现金"或"转账"字样的为普通支票,普通支票可以用于支取现金,也可以用于转账。在普通支票左上角划两条平行线的,为划线支票,划线支票只能用于转账,不得支取现金。

(2)支票结算的有关规定

①支票结算方式适用于单位和个人在同一票据交换区域的各种款项结算。

②支票的提示付款期限为自出票日起 10 日,中国人民银行另有规定的除外。

③转账支票可以根据需要在票据交换区域内背书转让。

④签发支票时,出票人在开户银行的存款应足以支付支票金额,银行见票即付。

采用支票结算方式时,收款单位应在收到支票当日填制进账单,连同支票送交银行,根据银行盖章退回的进账单回单和有关的原始凭证编制收款凭证。付款单位应根据付款支票存根和有关的原始凭证编制付款凭证。

(3)支票结算的一般程序

支票结算的一般程序如图 1-6 所示。

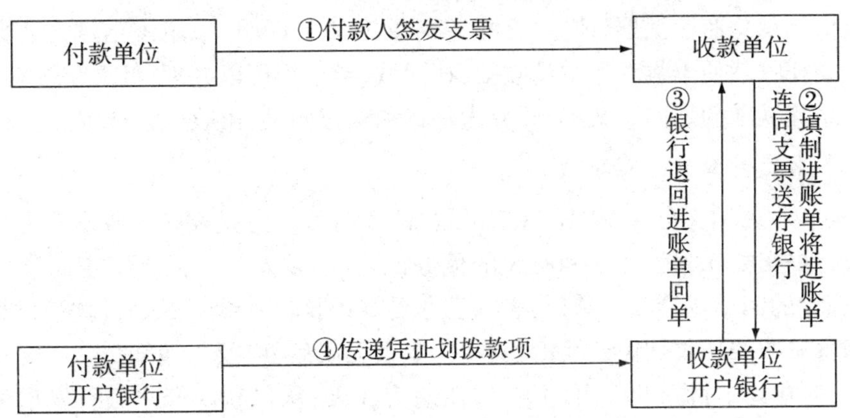

图 1-6　支票结算的一般程序

5.汇兑

汇兑是指汇款人委托银行将其款项支付给收款人的结算方式。按款项划转方式不同可分为信汇和电汇两种。信汇是指汇款人委托银行通过邮寄方式将款项划转给收款人;电汇是指汇款人委托银行通过电报方式将款项划转给收款人。

汇兑结算方式便于汇款人向异地的收款人主动付款,其手续简便,划款迅速,应用广泛,单位和个人各种款项的结算均可使用汇兑结算方式。

采用汇兑结算方式,付款单位汇出款项时,填写银行印发的汇款凭证送达开户银行后,根据经银行办理汇款的汇款回执编制付款凭证。收汇银行将汇款收进单位存款账户后,向收款单位发出收款通知,收款单位根据收到的银行收账通知编制收款凭证。

汇兑结算的一般程序如图 1-7 所示。

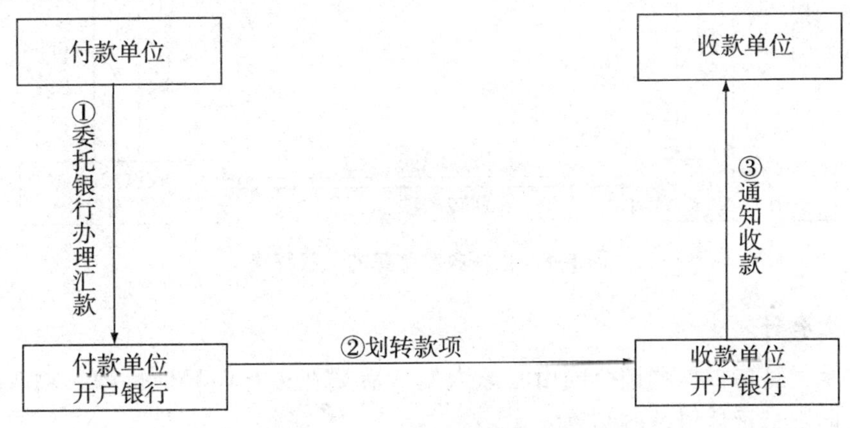

图 1-7　汇兑结算的一般程序

6.委托收款

委托收款是指收款人委托银行向付款人收取款项的结算方式。无论是单位还是个人都可凭借已承兑商业汇票、债券、存单等付款人债务证明,采用该结算方式办理款项的结算。委托收款便于收款人主动收款,在同城、异地均可以办理,且不受金额限制。委托收款按结算款项的划回方式不同,分为邮寄和电报两种,由收款人选用。

1)委托收款结算的注意事项

(1)委托收款结算分为"委托"和"付款"两个阶段。一是委托。收款人办理委托收款应向银行提交委托收款凭证和有关的债务证明,收款人开户银行审查同意后,将"委托收款凭证"的回单退给收款单位,表示已办妥委托收款手续。二是付款。付款人开户银行接到寄来的委托收款凭证及债务证明,审查无误后,应及时通知付款人。付款人接到通知后,应在规定付款期限内付款,付款期为 3 天,从付款人开户银行发出付款通知的次日算起。付款人未在接到通知日的次日起 3 日内通知银行付款的,视同付款人同意付款,并于付款人接到通知日的次日起第 4 日上午开始营业时,将款项划给收款人。

(2)付款人在付款期满而存款账户不足支付的,应将其债务证明连同未付款项通知书邮至收款人开户银行,转交收款人。

(3)付款人审查有关债务证明后,对收款人委托收取的款项需要拒绝付款的,应在付款期内出具拒绝付款理由书,持有债务证明的,应将其送交开户银行。银行将拒绝付款理由书、债务证明和有关凭证一并寄给被委托银行,转交收款人。

2)委托收款结算的一般程序

委托收款结算的一般程序如图 1-8 所示。

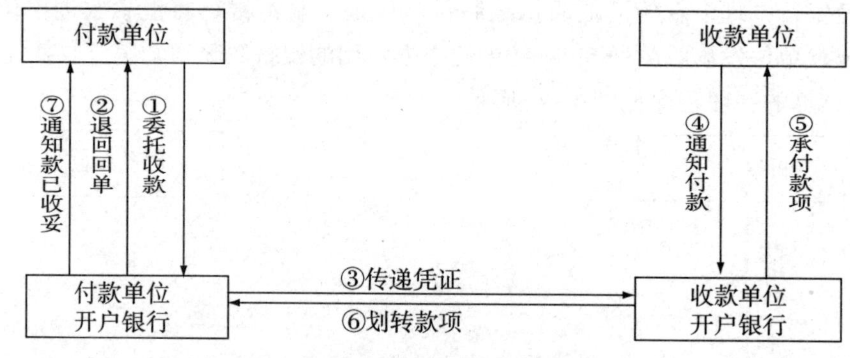

图 1-8　委托收款结算的一般程序

7.托收承付

托收承付是指根据购销合同由收款人发货后委托银行向异地付款人收取款项,并由付款人向银行承认付款的结算方式。

(1)托收承付的适用范围

①使用该结算方式的单位必须是国有企业、供销合作社以及经营管理较好,并经开户银行审查同意的城乡集体所有制工业企业。

②办理结算的款项必须是商品交易以及因商品交易而产生的劳务供应的款项。

(2)托收承付结算的有关规定

①收付双方使用托收承付结算必须签有符合《经济合同法》的购销合同,并在合同中订明使用托收承付结算方式进行结算。

②收款人办理托收,必须具有商品确已发运的证件。

③收付双方办理托收承付结算,必须重合同、守信用。

(3)托收承付结算的一般程序

托收承付结算的一般程序如图 1-9 所示。

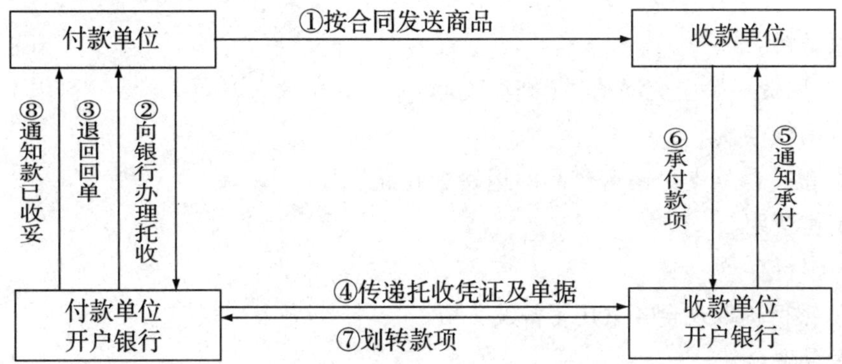

图 1-9　托收承付结算的一般程序

1.2.3　银行存款的核算

为了详细反映银行存款的收付及结存情况,企业除了设置"银行存款"科目进行总分类核算外,还必须设置银行存款日记账,逐日逐笔连续记录银行存款收付,并随时结出余额。银行存款日记账一般由出纳人员根据收付款凭证进行登记,定期与银行存款总账科目进行核对。月末,应与银行对账单进行核对。

企业收入银行存款,应根据银行存款送款单回单或银行收账通知及有关单证,及时编制记账凭证,经审核无误后,登记银行存款日记账及总账;企业支付银行存款,应根据支票存根、办理付款结算的付款通知及有关单证,及时编制记账凭证,借记有关科目,贷记"银行存款"科目,经审核无误后,登记银行存款日记账及总账。

【例 1-3】　飞龙化工股份有限公司根据发生的有关银行存款收付业务,编制会计分录如下:

(1)202×年 4 月 20 日,销售一批原料给江宁电器公司,增值税发票已开出,销售收入 100 000 元,增值税 13 000 元,款项已经通过银行到账。

借:银行存款　　113 000

　贷:主营业务收入　　100 000

应交税费——应交增值税(销项税额) 13 000

(2)企业预收销货款 4 000 元存入银行。

借:银行存款 4 000

贷:预收账款 4 000

(3)收回上月销售产品的货款 5 650 元存入银行。

借:银行存款 5 650

贷:应收账款 5 650

(4)企业购进原材料 8 000 元,支付进项税额 1 040 元,货款共计 9 040 元,以转账支票付讫。

借:原材料 8 000

应交税费——应交增值税(进项税额) 1 040

贷:银行存款 9 040

(5)以银行存款支付销售产品的运费 300 元。

借:销售费用 300

贷:银行存款 300

(6)从银行提取现金 4 700 元备发工资。

借:库存现金 4 700

贷:银行存款 4 700

1.2.4 银行存款的清查

企业每月至少应将银行存款日记账与银行对账单核对一次,以检查银行存款收付及结存情况。企业进行账单核对时,往往出现银行存款日记账余额与银行对账单余额不符的情况,究其原因主要有计算错误、记账错漏、未达账项。

企业银行存款账面余额与银行对账单余额之间如有差额,应编制"银行存款余额调节表"进行调节;如没有记账错误,调节后的双方余额应相等。银行存款余额调节表只是为了核对账目,不能作为调整银行存款账面余额的记账依据。

【例 1-4】 202×年 12 月 31 日,腾飞公司银行存款日记账的余额为 5 400 000 元,银行对账单的余额为 8 300 000 元。经逐笔核对,发现以下未达账项:

(1)企业送存转账支票 6 000 000 元,并已登记银行存款增加,但银行尚未记账。

(2)企业开出转账支票 4 500 000 元,并已登记银行存款减少,但持票单位尚未到银行办理转账,银行尚未记账。

(3)企业委托银行代收某公司购货款 4 800 000 元,银行已收妥并登记入账,但企业未收到收款通知,尚未记账。

(4)银行代企业支付电话费 400 000 元,银行已登记减少企业银行存款,但企业未

收到银行付款通知,尚未记账。

根据上述未达账项,编制"银行存款余额调节表"如表1-1所示。

表1-1　银行存款余额调节表　　　　单位:元

项目	金额	项目	金额
银行存款日记账余额	5 400 000	银行对账单余额	8 300 000
加:银行已收、企业未收款	4 800 000	加:企业已收、银行未收款	6 000 000
减:银行已付、企业未付款	400 000	减:企业已付、银行未付款	4 500 000
调节后的存款余额	9 800 000	调节后的存款余额	9 800 000

本例反映了企业银行存款账面余额与银行对账单余额之间不一致的原因,即存在未达账项。未达账项,是由于结算凭证在企业与银行之间或收付款银行之间传递需要时间,造成企业与银行之间入账的时间差,一方收到凭证并已入账,另一方未收到凭证因而未能入账由此形成的账款 。发生未达账项的具体情况有四种:一是企业收款入账,银行未收款入账;二是企业已付款入账,银行尚未付款入账;三是银行已收款入账,企业尚未收款入账;四是银行已付款入账,企业尚未付款入账。

1.3　其他货币资金收支业务

1.3.1　其他货币资金的性质与范围

其他货币资金是指除现金、银行存款以外的其他各种货币资金。其他货币资金同现金和银行存款一样,是企业可以作为支付手段的货币。其他货币资金同现金和银行存款相比,有其特殊的存在形式和支付方式,在管理上有别于现金和银行存款,应单独进行会计核算。

其他货币资金主要包括外埠存款、银行汇票存款、银行本票存款、信用卡存款和存出投资款等。

1.3.2　其他货币资金的核算

其他货币资金以"其他货币资金"科目进行核算,并按其他货币资金的内容设置明细科目进行明细核算。

1.外埠存款

企业在外埠开立临时账户,须经开户地银行批准。银行对临时采购账户一般实行半封闭式管理的办法,即只付不收,付完清户。除采购人员差旅费用可以支取少量现金外，其他支出一律转账。

【例 1-5】 某企业根据发生的有关外埠存款收付业务，编制会计分录如下：

（1）企业在外埠开立临时采购账户，委托银行将 500 000 元汇往采购地。

借：其他货币资金——外埠存款　　500 000
　贷：银行存款　　500 000

（2）采购员以外埠存款购买材料，材料价款 400 000 元，增值税 52 000 元，货款共计 452 000 元，材料已验收入库。

借：原材料　　400 000
　应交税费——应交增值税（进项税额）　　52 000
　贷：其他货币资金——外埠存款　　452 000

（3）外埠采购结束，将外埠存款清户，收到银行转来收账通知，余款 48 000 元收妥入账。

借：银行存款　　48 000
　贷：其他货币资金——外埠存款　　48 000

2.银行汇票存款

企业办理银行汇票，须将款项交存开户银行。未用汇票存款应及时办理退款。其账务处理与外埠存款基本相同。

【例 1-6】 某企业根据发生的有关银行汇票存款收付业务，编制会计分录如下：

（1）企业申请办理银行汇票，将银行存款 30 000 元转为银行汇票存款。

借：其他货币资金——银行汇票存款　　30 000
　贷：银行存款　　30 000

（2）收到收款单位发票等单据，采购材料付款 28 250 元，其中材料价款 25 000 元，增值税 3 250 元，材料已验收入库。

借：原材料　　25 000
　应交税费——应交增值税（进项税额）　　3 250
　贷：其他货币资金——银行汇票存款　　28 250

（3）收到多余款项退回通知，将余款 1 750 元收妥入账。

借：银行存款　　1 750
　贷：其他货币资金——银行汇票存款　　1 750

3.银行本票存款

企业办理银行本票，须将款项交存开户银行。本票存款实行全额结算，本票存款额与结算金额的差额一般采用支票或其他方式结清。其账务处理与银行汇票存款基本相同。

【例 1-7】 202×年 5 月 12，某企业日申请签发银行本票 67 800 元购买长虹发展有

限公司的 B 材料。出纳员办理此项业务。(提示:银行本票号由银行人员填好后加盖银行章)

202×年 5 月 12 日,会计根据银行本票存根编制记账凭证。

借:其他货币资金——银行本票存款　　67 800

　贷:银行存款　　67 800

202×年 5 月 13 日,收到购货发票,价款为 60 000 元,增值税为 7 800 元,货款以银行本票支付。

借:原材料　　60 000

　应交税费——应交增值税(进项税额)　　7 800

　贷:其他货币资金——银行本票存款　　67 800

4.信用卡存款

企业对于信用卡存款的核算主要包括办理信用卡存款、以信用卡支付有关费用、收取信用卡存款利息收入等。

【例 1-8】　某企业根据发生的有关信用卡存款收付业务,编制会计分录如下:

(1)将银行存款 50 000 元存入信用卡。

借:其他货币资金——信用卡存款　　50 000

　贷:银行存款　　50 000

(2)信用卡支付业务招待费 1 500 元。

借:管理费用　　1 500

　贷:其他货币资金——信用卡存款　　1 500

(3)收到信用卡存款的利息 60 元。

借:其他货币资金——信用卡存款　　60

　贷:财务费用　　60

5.存出投资款

存出投资款是指企业已存入证券公司但尚未转为金融资产或投资的款项。

企业向证券公司存入资金时,应按实际存入的金额,借记“其他货币资金——存出投资款”科目,贷记“银行存款”科目;购买股票、债券时,按公允价值或实际投资金额,借记“交易性金融资产”等科目,贷记“其他货币资金——存出投资款”科目。

第2章　资产核算与管理

2.1　应收及预付款项的核算

2.1.1　应收票据

1.应收票据概述

1)应收票据的性质与分类

在我国会计实务中,支票、银行本票及银行汇票均为见票即付的票据,无须将其列为应收票据予以处理。因此,我国的应收票据仅指商业汇票,是指企业因销售商品或产品、提供劳务等而收到的、尚未到期兑现的商业票据,是一种流动资产。

商业汇票可以按不同的标准进行分类。

按照票据是否带息,商业汇票可分为带息票据和不带息票据。带息票据是指商业汇票到期时,承兑人除向收款人或被背书人支付票面金额外,还应按票面金额和票据规定的利率支付自票据生效日起至票据到期日止的利息的商业汇票。不带息票据是指商业汇票到期时,承兑人只按票面金额向收款人或被背书人支付款项的票据。

按照票据承兑人的不同,商业汇票可分为银行承兑汇票和商业承兑汇票。承兑是指汇票付款人承诺在汇票到期日支付汇票金额的票据行为。商业汇票必须经承兑后方可生效。银行承兑汇票的承兑人是承兑申请人的开户银行,商业承兑汇票的承兑人是付款人。

2)应收票据的计价

应收票据一般按其面值计价,即企业收到应收票据时,应按照票据的面值入账。对于带息的应收票据,应于期末按应收票据的面值和票面利率计提利息,计提的利息应增加应收票据的账面余额。

3)应收票据到期日的确定

商业汇票的持票人在票据到期日可向承兑人收取票据款。商业汇票自承兑日起生效,其到期日是由票据有效期限的长短来决定的。在实务中,票据的期限一般有按月表

示和按日表示两种。

票据期限按月表示时，应以到期月份中与出票日相同的那一天为到期日。例如，3 月 20日签发的期限为 3 个月的票据，到期日应为 6 月 20 日。

票据期限按日表示时，应从出票日起按实际天数计算，习惯上出票日和到期日只能算其中一天，即"算头不算尾"或"算尾不算头"。例如，3 月 1 日出票的期限为 3 个月的票据，到期日为 6 月 1 日，如果期限为 90 天，则到期日为 5 月 30 日。票据期限按日表示时，带息票据的利息应按票面金额、票据期限（天数）和日利率计算。

2.应收票据的核算

"应收票据"账户借方登记企业收到承兑的商业汇票的面值，贷方登记企业到期收回的商业汇票或未到期向银行申请贴现的商业汇票以及已背书转让给其他单位的商业汇票。期末余额在借方，反映企业持有的商业汇票的面值。该账户还应按对方单位名称设置明细账户进行明细核算。企业对于收到的商业汇票应设置"应收票据登记簿"。

1）取得应收票据

企业收到承兑的商业汇票时，应按票面金额借记"应收票据"科目，并根据不同的业务内容分别贷记"主营业务收入""应交税费""应收账款"等科目。

【例 2-1】 某企业根据发生的有关收到应收票据的业务，编制会计分录如下：

（1）向万达公司销售一批产品，价款 60 000 元，增值税 7 800 元，收到由万达公司承兑的商业承兑汇票一张，金额共计 67 800 元。

借：应收票据	67 800	
贷：主营业务收入		60 000
应交税费——应交增值税（销项税额）		7 800

（2）向康益公司销售产品的应收货款共计 56 500 元（其中产品价款 50 000 元，增值税 6 500 元），经双方协商，采用商业汇票方式结算，并收到一张银行承兑汇票。

借：应收账款	56 500	
贷：主营业务收入		50 000
应交税费——应交增值税（销项税额）		6 500
借：应收票据	56 500	
贷：应收账款		56 500

2）应收票据的到期

企业对持有的即将到期的商业汇票，应匡算划款时间，提前委托开户银行收款。商业汇票到期，应按实际收到的金额，借记"银行存款"科目，按商业汇票的票面金额，贷记"应收票据"科目。因付款人无力支付票款，收到银行退回的商业承兑汇票、委托收款凭证、未付票款通知书或拒绝付款证明等，按商业汇票的票面金额，借记"应收账款"科目，贷记“应收票据”科目。

3)应收票据的背书转让

企业将持有的商业汇票背书转让以取得所需物资时,按应计入取得物资成本的金额,借记“材料采购”“原材料”“库存商品”等科目,按可抵扣的增值税额,借记“应交税费——应交增值税(进项税额)”科目,按商业汇票的票面金额,贷记“应收票据”科目,如有差额,借记或贷记“银行存款”等科目。

4)应收票据贴现

(1)应收票据贴现的计算

企业持有的商业汇票在到期前,如果需要提前取得资金,可将未到期的商业汇票向银行申请贴现。贴现,是指票据持有人将票据背书转让给银行,银行受理后,从票据到期值中扣除按银行贴现率计算的贴现利息,将余额付给持票人,作为银行对企业的短期贷款。票据贴现实质上是企业融通资金的一种形式,背书的应收票据就是该项贷款的担保品。

应收票据的贴现利息及贴现净额计算公式如下:

贴现净额=票据到期值-贴现利息

贴现利息=票据到期值×贴现率×贴现期

票据到期值=票据面值+到期利息=票据面值×(1+利率×期限)

不带息票据的到期值就是票据的面值。

其中,贴现期是指从贴现日至票据到期日之间的间隔时间,可以是整月,也可以是天数,一般以天数表示,并按实际日历天数计算。但按银行规定,承兑人在异地的,计算贴现利息时应另加3天的划款日期。

【例2-2】 A企业于7月8日收到B企业向银行申请的一张期限为100天,年利率为6%,票面金额为210 000元的银行承兑汇票。假如A企业于8月15日将所持票据向银行申请贴现,银行贴现率为9%。

贴现期限=100-(31-8)-15=62(天)

票据到期值=210 000×(1+6%÷360×100) = 213 500(元)

贴现利息=213 500×9%÷360×62=3 309.25(元)

贴现净额=213 500-3 309.25=210 190.75(元)

【例2-3】 某企业于4月8日将一张出票日为2月5日,4个月期限,面值为80 000元的商业承兑汇票向银行申请贴现,银行贴现率为9%。该企业与承兑企业在同一交换区域内。

该票据的到期日为6月5日,贴现期=(30-8)+31+5=58(天)

贴现利息=80 000×9%÷360×58=1 160(元)

贴现净额=80 000-1 160=78 840(元)

(2)应收票据贴现的账务处理

企业将未到期的商业汇票向银行贴现,如果是不带息商业汇票,支付的贴现息直接作为当期损溢计入财务费用;如果是带息商业汇票,由于票据有到期利息,贴现利息与票据本身的利息往往存在差额,处理时应将两者的差额计入当期的财务费用。

【例 2-4】　接【例 2-2】和【例 2-3】,根据计算结果,编制如下会计分录:

借:银行存款　　210 190.75

　贷:应收票据——银行承兑汇票　　210 000

　　财务费用　　190.75

借:银行存款　　78 840

　财务费用　　1 160

　贷:应收票据——商业承兑汇票　　80 000

已经贴现的商业承兑汇票到期,若承兑人不能兑付票据款,银行将已贴现的商业承兑汇票退还申请贴现企业,同时从申请贴现企业的账户中划回票据款。申请贴现企业收到银行退回的票据和支款通知时,按所付本息,借记"应收账款"账户,贷记"银行存款"账户;如果申请贴现企业的银行存款账户余额不足,银行作逾期贷款处理时,借记"应收账款"账户,贷记"短期借款"账户。

【例 2-5】　承【例 2-3】,已贴现的商业承兑汇票到期,因对方银行存款账户余额不足而无力偿付票据款,银行退回票据并划回票据款时,编制如下会计分录:

借:应收账款　　80 000

　贷:银行存款　　80 000

2.1.2　应收账款

1.应收账款的性质与确认

应收账款是指企业因销售商品、产品、提供劳务等业务,应向购货单位或接受劳务单位收取的款项,包括应收取的货款、应收取的增值税销项税额、代购货单位垫付的运杂费等。

从会计实务来看,企业的应收账款不包括各种非主要经营业务发生的应收款项,如存出保证金和押金、购货预付定金、对职工或股东的预付款、预付分公司款、应收认股款、与企业的主要经营业务无关的应收款项、超过一年的应收分期销货款以及采用商业汇票结算方式销售商品的债权等,均不属于应收账款范围。

应收账款是企业因赊销活动引起的,因此,应收账款的确认与收入的确认密切相关,应于收入实现时予以确认。

2.应收账款的入账价值

应收账款的入账价值就是确定应收账款的入账金额。一般来说,应收账款应按买卖双方成交时的实际发生额入账。在确认应收账款的入账价值时,还要考虑商业折扣和现金折扣等因素。

1)商业折扣

商业折扣是指对商品价目单所列的价格给予一定的折扣,实际上是对商品报价进行的折扣。一般来说,商业折扣可用百分比来表示,如5%、10%、20%等,也可用金额表示,如100元、200元等。企业发生销货、提供劳务等主要经营业务行为时,商业报价扣除商业折扣以后的实际成交价格才是应收账款的入账金额。由此可知,商业折扣对会计核算不产生任何影响。

2)现金折扣

现金折扣是指销货企业为了鼓励客户在一定期间内早日偿还货款,对销售价格所给予的一定比率的扣减。现金折扣一般用符号"折扣/付款期限"表示,如"2/10,1/20,n/30"表示客户在10天内付款给予2%的折扣,20天内付款给予1%的折扣,30天内付款无折扣。在存在现金折扣的情况下,应收账款入账金额的确认有总价法和净价法两种。我国规定应收账款采用总价法入账。

总价法,是将未减去现金折扣前的金额作为实际售价,作为"应收账款"的入账价值,而现金折扣只有客户在折扣期内支付货款时,才予以确认。这种方法把给客户的现金折扣视为融资的理财费用,会计上作为"财务费用"处理。在计算折扣金额时,可以按含税金额折扣,也可以按不含税金额折扣,在实际工作中,按双方约定计算折扣。

3.应收账款的核算

"应收账款"账户借方反映应收账款的增加金额,贷方反映应收账款的减少金额(已收回或已结转坏账损失、转作商业汇票的数额),余额一般在借方,表示期末企业尚未收回的款项。该账户按客户名称设置明细账户进行明细核算。

【例2-6】 202×年11月2日,江丰实业有限公司向君悦电子有限公司销售一批产品,价款10 000元,增值税1 300元,货款未收。其会计分录如下:

借:应收账款——君悦电子有限公司　　11 300

　贷:主营业务收入　　10 000

　　应交税费——应交增值税(销项税额)　　1 300

A公司收到款时:

借:银行存款　　11 300

　贷:应收账款——君悦电子有限公司　　11 300

【例2-7】 腾飞实业有限公司向乙企业赊销一批商品,售价500 000元,增值税税率为13%,付款条件是"2/10,n/30"。采用总价法进行会计核算(按不含税金额折扣)。其会计分录如下:

(1)赊销时:

借:应收账款——乙企业　565 000

　贷:主营业务收入　500 000

　　　应交税费——应交增值税(销项税额)　65 000

(2)10 内收款时:

借:银行存款　555 000

　财务费用——现金折扣　10 000

　贷:应收账款——乙企业　565 000

(3)第 25 日收款时:

借:银行存款　565 000

　贷:应收账款——乙企业　565 000

2.1.3　坏账损失

1.坏账损失的确认

企业的应收账款、应收票据、应收股利、预付账款、应收利息、其他应收款等应收款项可能会因债务人破产、死亡、拒付等原因而无法收回。这类无法收回的应收款项就是坏账。由于发生坏账而造成的损失称为坏账损失,也称应收款项的减值。

当企业的应收款项被证实很可能无法收回且金额能够合理估计时,应确认为坏账。确认标准是有证据表明债务单位的偿债能力已经发生困难或有迹象表明应收款项的可收回数额小于其账面余额。具体包括的情况如下:

一是因债务人破产、资不抵债、现金流量不足等原因导致不能收回的应收账款。

二是因债务人死亡,以其遗产清偿后仍然无法收回。

三是债务人逾期(三年)未履行偿债义务,有确凿证据表明应收款项不能收回或收回的可能性不大或逾期但无确凿证据表明能收回。

2.坏账损失的核算

1)坏账损失的核算方法

坏账损失的核算方法一般有两种,即直接转销法和备抵法。我国现行制度规定,对于确认的坏账损失,企业应采用备抵法进行会计核算。备抵法是指采用一定的方法按期估计坏账损失,计入当期损溢,同时建立坏账准备,当实际发生坏账时,应根据其金额冲减已计提的坏账准备,同时转销相应的应收款项的一种方法。

2)坏账损失的核算

在备抵法下,企业应设置"坏账准备"账户。"坏账准备"账户贷方登记每期提取的坏账准备数额,借方登记实际发生的坏账损失和冲减的坏账准备数额,期末余额一般在贷方,反映企业已经提取尚未转销的坏账准备数额。可按应收款项的类别进行明细核算。

资产负债表日,企业确定应收款项发生减值的,按应减记的金额,借记"信用减值损失"科目,贷记"坏账准备"科目。本期应计提的坏账准备大于其账面余额时,应按其差额计提;应计提的金额小于其账面余额时,按其差额做相反的会计分录。

对于确实无法收回的应收款项,按管理权限报经批准后作为坏账损失,转销应收款项,借记"坏账准备"科目,贷记"应收票据""应收账款""预付账款""应收利息""其他应收款""长期应收款"等科目。

已确认并转销的应收款项以后又收回的,应按实际收回的金额,借记"应收票据""应收账款""预付账款""应收利息""其他应收款""长期应收款"等科目,贷记"坏账准备"科目;同时,借记"银行存款"科目,贷记"应收票据""应收账款""预付账款""应收利息""其他应收款""长期应收款"等科目。

估计各会计期间坏账损失的方法主要有三种,即应收款项余额百分比法、账龄分析法和赊销百分比法。

(1)应收款项余额百分比法

应收款项余额百分比法是根据期末应收款项的余额乘以估计坏账率即为当期应估计的坏账损失,据此提取坏账准备的方法。估计坏账率可以按照以往的数据资料加以确定。

在不同的国家,估计坏账损失的应收款项的范围也不尽相同。在我国会计实务中,一般只按应收账款的余额估计坏账损失。

采用应收款项余额百分比法对坏账损失进行会计处理的要点是:

①首次计提坏账准备时,借记"信用减值损失"科目,贷记"坏账准备"科目。计提坏账准备的数额,根据应收账款期末余额,按规定的提取比例计算。需要指出的是,这里所讲的应收账款期末余额与"应收账款"总账科目的期末余额是不同的。应收账款期末余额是企业按编制会计报表的方法计算确定的应收账款数额,即根据"应收账款""预收账款"等科目的明细科目的借方余额加总计算;"应收账款"总账科目的期末余额直接从"应收账款"总账科目取得。

②发生坏账时,按实际发生的坏账数额,借记"坏账准备"科目,贷记"应收账款"科目。

③已经确认坏账的应收账款又收回时,根据收回数额,借记"应收账款"科目,贷记"坏账准备"科目;借记"银行存款"等科目,贷记"应收账款"科目。

④会计期末估计的坏账损失与"坏账准备"科目的余额有差异时,应对"坏账准备"科目的余额进行调整,使调整后"坏账准备"科目的贷方余额与估计的坏账损失数额一致。调整"坏账准备"科目余额时,有以下三种情况。

第一种情况：调整前的“坏账准备”科目为借方余额。这时应按本期估计的坏账损失加上调整前“坏账准备”科目的借方余额之和作为计提坏账准备的数额，借记“信用减值损失”科目，贷记“坏账准备”科目。

第二种情况：调整前的“坏账准备”科目为贷方余额，而且该贷方余额小于本期估计的坏账损失额。这时应按“坏账准备”科目贷方余额小于本期估计坏账损失数额的差额作为计提坏账准备的数额，借记“信用减值损失”科目，贷记“坏账准备”科目。

第三种情况：调整前的“坏账准备”科目为贷方余额，而且该贷方余额大于本期估计的坏账数额。这时应按“坏账准备”科目贷方余额大于本期估计的坏账损失数额的差额冲减多计提的坏账准备，借记“坏账准备”科目，贷记“信用减值损失”科目。

需要指出的是，“坏账准备”科目作为“应收账款”的备抵调整科目，会计期末的贷方余额应单独以“应收账款”项目的减项列报。但由于企业一般在会计年度终了才对“坏账准备”科目的余额进行调整，平时不予调整，致使企业编制月份或季度报表时，“坏账准备”科目可能出现借方余额，这时应将该余额作为应收账款的加项列示于资产负债表中。

【例 2-8】　某企业按应收账款余额的 5‰计提坏账准备，根据发生的经济业务，编制会计分录如下：

①第一年首次计提坏账准备时，应收账款的年末余额为 200 000 元。

估计坏账损失＝200 000×5‰＝1 000（元）

借：信用减值损失　　1 000
　贷：坏账准备　　　　1 000

②第二年实际发生坏账 600 元。

借：坏账准备　　600
　贷：应收账款　　　600

③已经确认为坏账的 600 元收回了 400 元。

借：应收账款　　400
　贷：坏账准备　　　400

同时：

借：银行存款　　400
　贷：应收账款　　　400

④第二年末，应收账款余额为 60 000 元，调整“坏账准备”科目余额。

第二年末估计的坏账损失为 300（60 000×5‰）元，应冲销多余的坏账准备 500（800−300）元。

借：坏账准备　　500
　贷：信用减值损失　　500

如果第二年发生坏账 1 200 元,后又收回其中的 400 元,则收回已经确认为坏账的 400 元应收账款后,“坏账准备”科目的贷方余额为 200(1 000−1 200+400)元,第二年末应补提坏账准备 100(300−200)元。

借:信用减值损失　　100

　贷:坏账准备　　100

如果第二年发生坏账 1 500 元,后又收回其中的 400 元,则第二年末应补提坏账准备 400(300+100)元。

借:信用减值损失　　400

　贷:坏账准备　　400

(2)账龄分析法

账龄分析法是按应收账款账龄的长短,根据以往的经验确定坏账损失百分比,并据以估计坏账损失的方法。这里的账龄是指客户所欠账款超过结算期的时间。虽然应收账款能否收回及其回收的程度与应收账款的账龄长短并无直接联系,但一般来说,账龄越长,账款不能收回的可能性越大。账龄分析法就是依据这一前提来估计坏账损失的。采用这种方法可以比较客观地反映应收账款的估计可变现净值。

在采用账龄分析法时,各期估计的坏账损失应同账面上原有的坏账准备进行比较,并调整“坏账准备”科目余额,使之与估计坏账损失数额一致。

采用账龄分析法对坏账的核算原理与应收账款余额百分比法相同,两者的区别仅在于估计坏账的方法有所不同。

(3)赊销百分比法

赊销百分比法是以赊销金额的一定百分比估计坏账损失的方法。百分比一般根据以往的经验,按赊销金额中平均发生坏账损失的比率加以计算确定。

如根据过去五年的资料,企业每 80 000 元的赊销金额中,有 1 600 元的坏账损失。则:

估计坏账的百分比=(1 600÷80 000)×100%=2%

如果本期实际的赊销金额为 20 000 元,则:

本期估计的坏账损失=20 000×2%=400(元)

借:信用减值损失　　400

　贷:坏账准备　　400

2.1.4 预付账款及其他应收款

1.预付账款

预付账款是指企业按照购货合同规定,预先以货币资金或以货币等价物支付给供应单位的货款。对于预付账款业务,企业应设置“预付账款”账户进行核算,按对方单位

名称设置明细账户进行明细核算。

“预付账款”账户借方登记企业预付的货款和补付的货款，贷方登记企业收到采购货物时，按发票金额冲销的预付货款数和退回多付的货款。该账户期末借方余额，反映企业预付的款项；期末如为贷方余额，反映企业尚未补付的款项。在会计实务中，预付账款业务不多时，可以通过“应付账款”科目核算预付账款业务，将预付的货款直接计入“应付账款”账户的借方。

企业因购货而预付的款项，借记“预付账款”科目，贷记“银行存款”等科目。收到所购物资时，按应计入购入物资成本的金额，借记“材料采购”“原材料”“库存商品”等科目，按可抵扣的增值税额，借记“应交税费——应交增值税（进项税额）”科目，按应付金额，贷记“预付账款”科目。补付的款项，借记“预付账款”科目，贷记“银行存款”等科目；退回多付的款项，借记“银行存款”等科目，贷记“预付账款”科目。

【例 2-9】 根据与某钢厂的购销合同规定，A 公司为购买 E 材料以银行存款向该钢厂预付 7 000 000 元货款的 80%，计 5 600 000 元。

借：预付账款	5 600 000	
贷：银行存款		5 600 000

A 公司收到该钢厂发运来的 E 材料，已验收入库。有关发票账单记载，该批货物的货款为 7 000 000 元，增值税额 910 000 元，所欠款项以银行存款付讫。

（1）材料入库时：

借：原材料——E 材料	7 000 000	
应交税费——应交增值税（进项税额）	910 000	
贷：预付账款		7 910 000

（2）补付货款时：

借：预付账款	2 310 000	
贷：银行存款		2 310 000

2.其他应收款

1）其他应收款的内容

其他应收款是指企业除应收账款、应收票据、应收股利、预付账款、应收利息等以外的其他各种应收、暂付款项。其主要内容包括：

（1）应收的各种赔款、罚款。

（2）应收的出租包装物租金。

（3）应向职工收取的各种垫付款项。

（4）备用金。

（5）存出保证金，如租入包装物支付的押金。

（6）预付账款转入。

(7)其他各种应收、暂付款项。

2)其他应收款的核算

为了反映和监督其他应收账款的增减变动及其结存情况,企业应当设置“其他应收款”账户。该账户可按照其他应收款的项目和对方单位(或个人)设置明细账户进行明细核算。

(1)企业发生各种应收、暂付款项时:

借:其他应收款

  贷:库存现金/银行存款

(2)收回、核销其他应收款时:

借:库存现金/银行存款

  贷:其他应收款

2.2 存货的核算

2.2.1 原材料

原材料是指企业在生产过程中经过加工改变其形态或性质并构成产品主要实体的各种原料、主要材料和外购半成品,以及不构成产品但有助于产品形成的辅助材料。原材料具体包括原料及主要材料、辅助材料、外购半成品(外购件)、修理用备件(备品备件)、包装材料、燃料等。

原材料的日常收发及结存可以采用实际成本核算,也可以采用计划成本核算。

1.采用实际成本核算

1)原材料核算应设置的会计科目

材料采用实际成本核算时,材料的收发及结存,无论采用总分类核算还是明细分类核算,均按照实际成本计价。使用的会计科目有“原材料”“在途物资”等,“原材料”科目的借方、贷方及余额均以实际成本计价,不存在成本差异的计算与结转问题。但采用实际成本核算,日常反映不出材料成本是节约还是超支,从而不能反映和考核物资采购业务的经营成果。因此,这种方法通常适用于材料收发业务较少的企业。在实务工作中,对于材料收发业务较多且计划成本资料较为健全、准确的企业,一般可以采用计划成本进行材料收发的核算。

“原材料”科目用于核算库存各种材料的收发与结存情况。在原材料按实际成本核算时,本科目的借方登记入库材料的实际成本,贷方登记发出材料的实际成本,期末余

额在借方,反映企业库存材料的实际成本。

"在途物资"科目用于核算企业采用实际成本(进价)进行材料、商品等物资的日常核算、价款已付但尚未验收入库的各种物资(在途物资)的采购成本,本科目应当按照供应单位和物资品种进行明细核算。"在途物资"科目的借方登记企业购入的在途物资的实际成本,贷方登记验收入库的在途物资的实际成本,期末余额在借方,反映企业在途物资的采购成本。

"应付账款"科目用于核算企业因购买材料、商品和接受劳务等经营活动应支付的款项。"应付账款"科目的贷方登记企业因购入材料、商品和接受劳务等尚未支付的款项,借方登记支付的应付账款,期末余额一般在贷方,反映企业尚未支付的应付账款。

2)原材料的会计处理

(1)购入材料

企业外购材料由于采购地点远近不同、货款结算方式不同等原因,可能造成材料验收入库和货款结算并不总是同步完成;同时,外购材料还可能采用赊购、预付款等方式,因此,企业外购的材料应根据具体情况,分别进行会计处理。

①结算凭证到达并同时将材料验收入库。

结算凭证到达并同时将材料验收入库,是指在办理有关结算的同时,收到材料并验收入库的情况。发生此类业务时,应根据入库材料的实际成本借记"原材料""周转材料""库存商品"等科目,根据入库材料的增值税借记"应交税费——应交增值税(进项税额)"科目,根据实际付款金额贷记"银行存款""其他货币资金""应付票据"等科目。需要指出的是,根据我国《增值税暂行条例》的有关规定,一般纳税人外购货物(固定资产除外)或销售货物所支付的运输费用,根据有关运费结算单据(普通发票)所列运费金额依9%扣除率计算的进项税额准予抵扣销项税,但随同运费支付的装卸费、保险费等其他杂费不得计算扣除进项税额。

【例2-10】 腾飞实业股份有限公司购入一批原材料,增值税专用发票上注明的材料价款为2 800元,增值税额364元。材料已全部验收入库,货款全部用银行支票支付。

借:原材料	2 800	
应交税费——应交增值税(进项税额)	364	
贷:银行存款		3 164

如果企业采用的是商业汇票结算方式,在签发承兑商业汇票时:

借:原材料	2 800	
应交税费——应交增值税(进项税额)	364	
贷:应付票据		3 164

【例2-11】 202×年6月3日,光大制造厂(小规模纳税人)购入原材料价款为30 000元(实际成本法核算),增值税额3 900元,材料已验收入库,货款用银行存款支付。

借:原材料　　33 900

　贷:银行存款　　33 900

②结算凭证先到、材料后入库。

结算凭证先到、材料后入库,是指在办理有关结算时即获得材料的所有权,但材料尚未到达企业,待办妥有关收货手续后,材料才验收入库的情况。发生此类业务时,应根据有关结算凭证中记载的已付款材料的价款借记"在途物资"科目,根据已付款材料的增值税借记"应交税费——应交增值税(进项税额)"科目,根据实际付款金额贷记"银行存款""其他货币资金""应付票据"等科目。待材料运达企业并验收入库后,再根据有关验货凭证,借记"原材料""周转材料""库存商品"等科目,贷记"在途物资"科目。

【例 2-12】 腾飞实业股份有限公司以银行存款购入一批 B 材料,发票及账单已收到,增值税专用发票上记载的货款为 4 000 000 元,增值税额 520 000 元,支付保险费 20 000元。材料尚未到达。

借:在途物资　　4 020 000

　应交税费——应交增值税(进项税额)　　520 000

　贷:银行存款　　4 540 000

若日后上述购入的 B 材料已收到,并验收入库,则会计处理为:

借:原材料——B 材料　　4 020 000

　贷:在途物资　　4 020 000

【例 2-13】 202×年 6 月 3 日,光大制造厂(小规模纳税人)购入产品包装箱价款为 33 900 元(实际成本法核算),取得普通发票,货未到,货款已支付。

借:在途物资　　33 900

　贷:银行存款　　33 900

202×年 6 月 5 日,光大制造厂(小规模纳税人)6 月 3 日购入的产品包装箱已验收入库。

借:周转材料——包装箱　　33 900

　贷:在途物资　　33 900

③材料先验收入库、结算凭证后到达。

材料先验收入库、结算凭证后到达,是指企业收到材料并验收入库时即获得材料所有权,但尚未付款或尚未签发承兑商业汇票的情况。发生此类业务时,因企业从外埠进货未收到有关结算凭证,无法对入库材料的实际成本加以确定。为了简化会计核算手续,在收到材料验收入库时,可以暂不做账务处理,只将有关的入库单证保管,待结算凭证到达后,按结算凭证到达并同时将材料验收入库的情况处理。但如果会计期末仍有已经入库而未付款的材料,为了反映企业材料及负债的情况,应将其估价入账,借记"原材料""周转材料""库存商品"等科目,贷记"应付账款"科目,下月初以红字分录冲回。

【例 2-14】　腾飞实业股份有限公司采用托收承付结算方式购入一批 C 材料，发票及账单已收到，增值税专用发票上记载的货款为 5 000 000 元，增值税额 650 000 元，银行转来的结算凭证已到，款项尚未支付，材料已验收入库。

借：原材料——C 材料　　5 000 000

　应交税费——应交增值税（进项税额）　　650 000

　贷：应付账款　　5 650 000

【例 2-15】　202×年 3 月 27 日，腾飞实业股份有限公司购入一批 D 材料，材料已验收入库，月末发票账单尚未收到，无法确定其实际成本，暂估价值为 35 000 元，款项尚未支付。4 月 3 日，发票到达企业，增值税专用发票上注明的原材料价款为 36 000 元，增值税额 4 680 元，货款通过银行存款转账支付。

3 月 27 日，材料验收入库，暂不作会计处理。

3 月 31 日，发票账单尚未收到，对该批材料暂估价值入账。

借：原材料——D 材料　　35 000

　贷：应付账款——暂估应付账款　　35 000

4 月 1 日，编制红字记账凭证冲回估价入账价值：

借：原材料——D 材料　　[35 000]

　贷：应付账款——暂估应付账款　　[35 000]

4 月 3 日，收到结算凭证并支付货款。

借：原材料——D 材料　　36 000

　应交税费——应交增值税（进项税额）　　4 680

　贷：银行存款　　40 680

④采用预付货款方式购入材料。

在采用预付货款方式购入材料的情况下，企业应在预付货款时，按照实际预付的金额，借记“预付账款”科目，贷记“银行存款”科目；购入的材料验收入库时，按发票账单等结算凭证确定的材料成本，借记“原材料”“周转材料”“库存商品”等科目，按增值税专用发票上注明的增值税，借记“应交税费——应交增值税（进项税额）”科目，按材料成本与增值税进项税额之和，贷记“预付账款” 科目。预付的货款不足，需补付货款时，按照补付的金额，借记“预付账款”科目，贷记“银行存款”科目；供货方退回多付的货款时，借记“银行存款”科目，贷记“预付账款”科目。

【例 2-16】　202×年 6 月 20 日，腾飞实业股份有限公司向乙公司预付货款 60 000 元，采购一批原材料。乙公司于 7 月 10 日交付所购材料，并开来增值税专用发票，材料价款为 62 000 元，增值税额 8 060 元。7 月 12 日，腾飞实业股份有限公司将应补付的货款 10 060 元通过银行存款支付。

6 月 20 日，预付货款。

借：预付账款　60 000

　贷：银行存款　60 000

7 月 10 日，材料验收入库。

借：原材料　62 000

　应交税费——应交增值税（进项税额）　8 060

　贷：预付账款　70 060

7 月 12 日，补付货款。

借：预付账款　10 060

　贷：银行存款　10 060

需要注意的是，企业外购材料可能发生溢余或短缺。如果验收入库的材料数量大于结算凭证中所记载的材料数量，称为购进材料溢余；如果验收入库的材料数量小于结算凭证中记载的材料数量，称为购进材料短缺。购进材料发生溢余或短缺时，应及时查明原因做出处理，并根据不同的处理结果分别予以核算。

企业购进材料发生短缺，应根据不同的原因和处理结果分别入账核算。其中，定额内合理损耗，按其实际成本计入入库材料成本；超定额损耗，将其实际成本及应负担的进项税中由保险公司、运输部门或其他过失人赔偿后尚不能弥补的部分作为期间费用记入"管理费用"科目；购进材料发生的非常损失（包括自然灾害损失、被盗损失及其他非常损失等），将其实际成本及应负担的进项税中由保险公司及有关责任人赔偿后尚不能弥补的部分作为非常损失记入"营业外支出"科目。发生购进材料短缺，尚未查明原因或尚未做出处理之前，一般先按短缺材料的实际成本记入"待处理财产损溢"科目的借方，即借记"待处理财产损溢"科目，贷记"在途物资"等科目；待查明原因做出处理后，再转入有关科目，借记"管理费用""营业外支出"等科目，贷记"待处理财产损溢"等科目。

企业购进材料发生溢余时，未查明原因的溢余材料一般只作为代保管物资在备查账中登记，不作为进货业务入账核算。

（2）发出材料

企业各生产单位及有关部门领用的材料具有种类多、业务频繁等特点。为了简化核算，可以在月末根据"领料单"或"限额领料单"中有关领料的单位、部门等加以归类，编制"发料凭证汇总表"，据以编制记账凭证、登记入账。发出材料实际成本的确定，可以由企业从个别计价法、先进先出法、月末一次加权平均法、移动加权平均法等方法中选择。计价方法一经确定，不得随意变更。如需变更，应在附注中予以说明。

【例 2-17】 202×年 6 月 30 日，腾飞实业股份有限公司根据"发料凭证汇总表"的记录，6 月份基本生产车间生产产品领用甲材料 500 000 元，辅助生产车间领用甲材料 40 000 元，车间管理部门领用甲材料 5 000 元，企业行政管理部门领用甲材料 4 000 元，

共计549 000元。腾飞实业股份有限公司应编制如下会计分录：

借：生产成本——基本生产成本　　500 000
　　　　　　——辅助生产成本　　40 000
　　制造费用　　5 000
　　管理费用　　4 000
　　贷：原材料——甲材料　　549 000

2.采用计划成本核算

材料采用实际成本进行日常核算，要求材料的购入和发出凭证、明细分类账、总分类账全部按照实际成本计价，这对于材料品种、规格、数量繁多，收发频繁的企业来说，日常核算工作量较大，核算成本较高，也会影响会计信息的及时性。为了简化材料的核算，企业可以采用计划成本法对材料的收入、发出及结存进行日常核算。

1）计划成本法的基本核算程序

计划成本法是指材料的日常收入、发出和结存均按预先制定的计划成本计价，并设置"材料成本差异"科目登记实际成本与计划成本之间的差异；月末，通过对材料成本差异的分摊，将发出材料的计划成本和结存材料的计划成本调整为实际成本进行反映的一种核算方法。采用计划成本进行材料日常核算的基本程序如下：

（1）企业应先制定各种材料的计划成本目录，规定材料的分类、各种材料的名称、规格、编号、计量单位和计划单位成本。采用计划成本法的前提是对每一品种、规格的材料制定计划成本。除一些特殊情况外，计划单位成本在年度内一般不作调整。

（2）设置"材料成本差异"科目核算企业各种材料的实际成本与计划成本的差异。借方登记超支差异以及发出材料应负担的节约差异，贷方登记节约差异以及发出材料应负担的超支差异。本科目应当根据"原材料""周转材料"等科目，按照类别或品种进行明细核算。

（3）设置"材料采购"科目，对购入材料的实际成本与计划成本进行计价对比。借方登记入库材料的实际成本，贷方登记入库材料的计划成本，如果实际成本大于计划成本，即为超支，从本科目的贷方转入"材料成本差异"科目借方；如果实际成本小于计划成本，即为节约，从本科目的借方转入"材料成本差异"科目贷方。本科目应当按照供应单位和物资品种进行明细核算。

（4）材料的日常收入与发出均按计划成本计价，月末通过材料成本差异的分摊，将本月发出材料的计划成本和月末结存材料的计划成本调整为实际成本反映。

2）材料的取得及成本差异的形成

（1）取得原材料的核算

采购材料时，按采购材料的实际成本借记"材料采购"科目，贷记有关科目。其中：

根据发票账单支付材料价款和运杂费时，按发生的属于材料成本的价款和运杂费借记“材料采购”科目，按应予抵扣的进项税额借记“应交税费”科目，按实际付款额贷记“银行存款”“库存现金”“其他货币资金”等科目；采用商业汇票结算方式的，按材料价款借记“材料采购”科目，按增值税额借记“应交税费”科目，按商业汇票承兑金额贷记“应付票据”科目。

如果材料已经收到，但结算凭证未到，尚未办理有关结算手续的，为了简化会计核算手续，可暂不入账，待结算凭证到达，办理有关结算手续后，再根据材料的实际成本借记“材料采购”科目，根据增值税额借记“应交税费”科目，根据所付金额或承兑商业汇票的金额贷记“银行存款”“库存现金”“其他货币资金”“应付票据”等科目。

企业已经预付货款的材料入库后，根据材料实际成本借记“材料采购”科目，按增值税额借记“应交税费”科目，按应结算金额贷记“预付账款”科目。

由企业运输部门以自备运输工具将外购材料运回企业，计算出购入材料应负担的运输费用时，借记“材料采购”科目，贷记“生产成本”等科目。

发生的应向供应单位、外部运输机构等收回的材料短缺或其他应冲减材料采购成本的赔偿款项，应根据有关的索赔凭证，借记“应付账款”“其他应收款”等科目，贷记“材料采购”科目。尚未查明原因的短缺、损耗或损失，先按短缺、损耗或损失材料已经发生的成本借记“待处理财产损溢”科目，贷记“材料采购”科目，查明原因后再作账务处理。

采用计划成本核算时，月末（或在材料入库时）要根据已经办理结算的入库外购材料的计划成本，借记“原材料”科目，贷记“材料采购”科目。同时，按入库材料的实际成本小于计划成本的差额，借记“材料采购”科目，贷记“材料成本差异”科目；按入库材料的实际成本大于计划成本的差额，借记“材料成本差异”科目，贷记“材料采购”科目。

月末对于尚未收到发票账单的收料凭证，应抄列清单，并按计划成本暂估入账，借记“原材料”科目，贷记“应付账款”科目，下月初用红字冲回。发出材料时，根据领用的部门和具体用途，按发出原材料的计划成本，借记“生产成本”“制造费用”“管理费用”“销售费用”“委托加工物资”等科目，贷记“原材料”科目。

①货款已经支付，同时材料已验收入库。

【例 2-18】 202×年 6 月 5 日，腾飞实业股份有限公司购入一批 D 材料，增值税专用发票上注明的价款为 300 000 元，增值税税额为 39 000 元，发票账单已收到，计划成本为 320 000 元，材料已验收入库，全部款项已用银行存款支付。腾飞实业股份有限公司编制如下会计分录：

借：材料采购——D 材料	300 000	
应交税费——应交增值税（进项税额）	39 000	
贷：银行存款		339 000

同时：

借：原材料——D 材料　　320 000

　贷：材料采购——D 材料　　320 000

借：材料采购——D 材料　　19 000

　贷：材料成本差异——D 材料　　19 000

在计划成本法下，购入的材料是否验收入库，都要先通过“材料采购”科目进行核算，以反映企业所购材料的实际成本，从而与“原材料”科目相比较，计算确定材料成本差异。

企业购入验收入库的材料，按计划成本借记“原材料”科目，贷记“材料采购”科目，按实际成本大于计划成本的差异，借记“材料成本差异”科目，贷记“材料采购”科目；按实际成本小于计划成本的差异，借记“材料采购”科目，贷记“材料成本差异”科目。

②货款已经支付，材料尚未验收入库。

【例 2-19】　202×年 6 月 10 日，腾飞实业股份有限公司采用汇兑结算方式购入一批 D 材料，增值税专用发票上注明的价款为 200 000 元，增值税税额为 26 000 元，发票账单已收到，计划成本为 180 000 元，材料尚未验收入库，全部款项已用银行存款支付。腾飞实业股份有限公司编制如下会计分录：

借：材料采购——D 材料　　200 000

　应交税费——应交增值税（进项税额）　　26 000

　贷：银行存款　　226 000

验收入库时：

借：原材料——D 材料　　180 000

　贷：材料采购——D 材料　　180 000

借：材料成本差异——D 材料　　20 000

　贷：材料采购——D 材料　　20 000

③货款尚未支付，材料已经验收入库。

【例 2-20】　202×年 6 月 18 日，腾飞实业股份有限公司采用商业承兑汇票结算方式购入一批 D 材料，增值税专用发票上注明的价款为 500 000 元，增值税税额为 65 000 元，发票账单已收到，计划成本为 520 000 元，材料已经验收入库，全部款项已用商业承兑汇票支付。腾飞实业股份有限公司编制如下会计分录：

借：材料采购——D 材料　　500 000

　应交税费——应交增值税（进项税额）　　65 000

　贷：应付票据　　565 000

借：原材料——D 材料　　520 000

　贷：材料采购——D 材料　　520 000

借:材料采购——D 材料　　20 000

　贷:材料成本差异——D 材料　　20 000

【例 2-21】 202×年 6 月 25 日,腾飞实业股份有限公司购入一批 E 材料,发票账单未到,材料已经验收入库,月末按照计划成本为 600 000 元估价入账。腾飞实业股份有限公司编制如下会计分录:

借:原材料——E 材料　　600 000

　贷:应付账款——暂估应付账款　　600 000

下月初用红字金额(或作相反的会计分录)予以冲回:

借:原材料——E 材料　　[600 000]

　贷:应付账款——暂估应付账款　　[600 000]

在这种情况下,对于尚未收到发票账单的收料凭证,月末应按计划成本暂估入账,借记"原材料"等科目,贷记"应付账款——暂估应付账款"科目;下月初作相反的会计分录予以冲回,借记"应付账款——暂估应付账款",贷记"原材料"科目,或者用红字金额冲减。

下月付款时,同时作三笔会计分录:

借:材料采购——E 材料

　应交税费——应交增值税(进项税额)

　贷:应付票据

借:原材料——E 材料

　贷:材料采购——E 材料

借:材料成本差异——E 材料

　贷:材料采购——E 材料

或:

借:材料采购——E 材料

　贷:材料成本差异——E 材料

(2)发出原材料的核算

为简化日常核算工作,企业可于月末编制"发料凭证汇总表",据以进行发出材料的总分类核算。材料在按计划成本核算时,原材料的总分类核算应:一要按计划成本结转发出材料的成本,借记有关账户,贷记"原材料"账户。二要结转发出材料应负担的成本差异,如为超支差异,借记有关账户,贷记"材料成本差异"账户;如节约差异,作相反方向的会计分录。从而将发出材料的计划成本调整为实际成本。

发出材料应负担的成本差异应当按月分摊,不得在季末或年末一次计算。发出材料应负担的成本差异,除委托外部加工发出材料可按月初成本差异率计算外,应使用当月的实际差异率;月初成本差异率与本月成本差异率相差不大的,也可按月初成本差异

率计算。计算方法一经确定，不得随意变更。材料成本差异率的计算公式如下：

本月材料成本差异率＝（月初结存材料的成本差异＋本月收入材料的成本差异）÷（月初结存材料的计划成本＋本月收入材料的计划成本）×100%

月初材料成本差异率＝月初结存材料的成本差异÷月初结存材料的计划成本×100%

发出材料应负担的成本差异＝发出材料的计划成本×材料成本差异率

【例 2-22】　腾飞实业股份有限公司对甲材料采用计划成本核算，甲材料计划成本为 25 元/千克。1 月 31 日，材料采购借方余额为 3 270 元，原材料借方余额为 14 700 元，材料成本差异贷方余额为 345 元。根据 2 月份发生的有关甲材料收入、发出及结存的经济业务，编制会计分录如下：

①采购甲材料 480 千克，材料验收入库，货款 13 560 元（其中价款 12 000 元，增值税 1 560 元）以支票付讫。以现金支付装卸费 75 元。

材料实际成本＝12 000+75＝12 075（元）

材料计划成本＝480×25＝12 000（元）

借：材料采购　　12 075
　应交税费——应交增值税（进项税额）　　1 560
　贷：银行存款　　13 560
　　库存现金　　75

同时：

借：原材料　　12 000
　贷：材料采购　　12 000

借：材料成本差异——甲材料　　75
　贷：材料采购——甲材料　　75

②采购甲材料 132 千克，已全部到达并入库。材料实际成本为 3 270 元，增值税额为 425. 1 元，以银行存款支付，计划成本为 3 300 元。

借：材料采购　　3 270
　应交税费——应交增值税（进项税额）　　425. 1
　贷：银行存款　　3 695. 1

同时：

借：原材料　　3 300
　贷：材料采购　　3 300

借：材料采购　　30
　贷：材料成本差异　　30

③根据本月发料凭证汇总表，共计发出材料 960 千克，计划成本 24 000 元。其中：直接用于产品生产 600 千克，计划成本 15 000 元；用于车间一般耗用 300 千克，计划成本 7 500 元；用于管理部门耗用 40 千克，计划成本 1 000 元；用于产品销售方面的消耗 20 千克，计划成本 500 元。

借：生产成本　　15 000
　　制造费用　　7 500
　　管理费用　　1 000
　　销售费用　　500
　贷：原材料　　24 000

④月末结转已付款并验收入库材料发生的成本差异。

入库材料发生的成本差异 =（12 075－12 000）+（3 270－3 300）
= 75－30 = 45（元）

⑤按本月材料成本差异率，计算分摊本月发出材料负担的成本差异，将发出材料计划成本调整为实际成本。

本月材料成本差异率 =（－345+45）÷（14 700+12 000+3 300）= －1%

生产成本负担的差异 = 15 000×（－1%）= －150（元）

制造费用负担的差异 = 7 500×（－1%）= －75（元）

管理费用负担的差异 = 1 000×（－1%）= －10（元）

销售费用负担的差异 = 500×（－1%）= －5（元）

借：材料成本差异　　240
　贷：生产成本　　150
　　　制造费用　　75
　　　管理费用　　10
　　　销售费用　　5

或者：

借：生产成本　　150（红字）
　　制造费用　　75（红字）
　　管理费用　　10（红字）
　　销售费用　　5（红字）
　贷：材料成本差异　　240（红字）

本例中，基本生产成本应分摊的材料成本差异节约额为 150 元，制造费用应分摊的材料成本差异节约额为 75 元，管理费用应分摊的材料成本差异节约额为 10 元，销售费用应分摊的材料成本差异节约额为 5 元。

2.2.2　周转材料

周转材料是指企业使用的包装物和低值易耗品等物资，如为了包装本企业商品而储备的各种包装物，各种工具、管理用具、玻璃器皿、劳动保护用品以及在经营过程中周转使用的容器等低值易耗品和建造承包商的钢模板、木模板、脚手架等其他周转材料。

“周转材料”账户可按周转材料的种类，分“在库”“在用”“摊销”三个明细科目进行核算，企业周转材料中的包装物和低值易耗品，可以单独设置“包装物”和“低值易耗品”明细账进行相应的核算。

1.包装物的核算

包装物是指为了包装本企业商品而储备的各种包装容器，如桶、箱、瓶、坛、袋等。其核算内容主要包括：

(1)生产过程中用于包装产品从而作为产品组成部分的包装物。

(2)随同商品出售而不单独计价的包装物。

(3)随同商品出售且单独计价的包装物。

(4)出租或出借的包装物。

为了反映和监督包装物的增减变化及其价值损耗、结存情况，企业应当设置“周转材料——包装物”科目用于核算包装物的收、发、存的实际成本或计划成本。包装物实际成本的构成内容与原材料相同。

1)包装物收入的核算

包装物采购、入库，不论是按实际成本还是按计划成本核算，均与原材料的核算基本相同，这里不再赘述。

2)包装物发出的核算

企业应按发出包装物的不同用途进行不同的账务处理。若包装物按计划成本核算，在结转包装物的成本时，要同时结转发出包装物应负担的成本差异。包装物的摊销方法有一次转销法和五五摊销法。

(1)生产领用包装物

生产领用包装物，应按照领用包装物的实际成本，借记“生产成本”科目，贷记“周转材料——包装物”科目。

【例2-23】　腾飞实业股份有限公司某月生产产品领用包装物的实际成本为100 000元，则其相关的会计分录为：

借：生产成本　　100 000

　贷：周转材料——包装物　　100 000

(2)随同商品出售包装物

①随同商品出售而不单独计价的包装物,应按其实际成本计入销售费用,借记“销售费用”科目,贷记“周转材料——包装物”科目。

【例 2-24】 腾飞实业股份有限公司某月销售商品领用不单独计价包装物的实际成本为 50 000 元,则其相关的会计分录为:

借:销售费用 50 000

贷:周转材料——包装物 50 000

②随同商品出售且单独计价的包装物,一方面应反映其销售收入,计入其他业务收入;另一方面应反映其实际销售成本,计入其他业务成本。

【例 2-25】 腾飞实业股份有限公司某月销售商品领用单独计价包装物的实际成本为 80 000 元,销售收入为 100 000 元,增值税税额为 13 000 元,款项已存入银行。

①出售单独计价包装物:

借:银行存款 113 000

贷:其他业务收入 100 000

应交税费——应交增值税(销项税额) 13 000

②结转所售单独计价包装物的成本:

借:其他业务成本 80 000

贷:周转材料——包装物 80 000

3) 出租出借包装物

出租包装物的租金应确认为其他业务收入,出租包装物的实际成本应计入其他业务成本。出借包装物的实际成本应计入销售费用。出租出借包装物收取的押金应计入其他应付款。逾期未退还包装物而没收的押金应视为含税收入计算缴纳增值税,其没收的押金扣除应缴纳的增值税后的净额转入其他业务收入。

【例 2-26】 腾飞实业股份有限公司为增值税一般纳税人,适用的增值税税率为 13%。202×年 7 月在销售产品过程中出租给某企业一批包装物,其实际成本为 10 000 元,收到租金 12 000 元,增值税为 1 560 元,同时收到包装物押金 1 130 元,均存入银行。采用一次转销法结转出租包装物实际成本。202×年 10 月没收逾期未退还包装物的押金。相关的会计分录如下:

①202×年 7 月收到租金时:

借:银行存款 13 560

贷:其他业务收入 12 000

应交税费——应交增值税(销项税额) 1 560

②202×年 7 月结转用于出租的包装物实际成本:

借:其他业务成本 10 000

贷:周转材料——包装物 10 000

③202×年7月收到押金时：

借：银行存款　　1 130

　贷：其他应付款　　1 130

④202×年10月没收逾期未退还包装物的押金时：

借：其他应付款　　1 130

　贷：营业外收入　　1 000

　　应交税费——应交增值税（销项税额）　　130

2.低值易耗品的核算

低值易耗品，是指企业在业务经营过程中所需的单项价值比较低或使用年限比较短，不能作为固定资产核算的物质设备和劳动资料，如工具器具、管理用具、玻璃器皿、劳动用具以及在企业生产经营过程中周转使用的包装容器等。这些物资设备在经营过程中可以多次使用，其价值随其磨损程度逐渐转移到有关的成本或费用中去。就其性质来看，低值易耗品是可以多次使用但不改变原有实物形态的劳动资料，具有固定资产的特性。

低值易耗品通常被视同存货，作为流动资产进行核算和管理，一般划分为一般工具、专用工具、替换设备、管理用具、劳动保护用品、其他用品等。为了反映和监督低值易耗品的增减变化及其结存情况，企业应当设置"周转材料——低值易耗品"科目，借方登记低值易耗品的增加，贷方登记低值易耗品的减少，期末余额在借方，通常反映企业期末结存低值易耗品的金额。

1）低值易耗品收入的核算

低值易耗品采购、入库，不论是按实际成本还是按计划成本核算，均与原材料的核算基本相同，这里不再赘述。

2）低值易耗品发出的核算

低值易耗品是可以多次使用但不改变原有实物形态的劳动资料，具有固定资产的特性，因此低值易耗品在使用时要进行摊销处理。摊销方法有一次转销法和五五摊销法。

（1）一次转销法

采用一次转销法摊销低值易耗品，在领用低值易耗品时，将其价值一次、全部计入有关资产成本或当期损溢，主要适用于价值较低或极易损坏的低值易耗品的摊销。

【例2-27】　腾飞实业股份有限公司的基本生产车间领用一批一般工具，实际成本为30 000元，全部计入当期制造费用。应作如下会计处理：

借：制造费用　　30 000

　贷：周转材料——低值易耗品　　30 000

(2)五五摊销法

采用五五摊销法摊销低值易耗品,低值易耗品在领用时先摊销其账面价值的一半,在报废时再摊销其账面价值的另一半,即低值易耗品分两次各按50%进行摊销。五五摊销法通常适用于价值较低、使用期限较短的低值易耗品,也适用于每期领用数量和报废数量大致相等的低值易耗品。在采用五五摊销法的情况下,需要单独设置"周转材料——在库低值易耗品""周转材料——在用低值易耗品""周转材料——低值易耗品摊销"等明细科目。

【例2-28】 腾飞实业股份有限公司的基本生产车间领用一批专用工具,实际成本为100 000元,采用五五摊销法进行摊销。应作如下会计处理:

①领用专用工具:

借:周转材料——在用低值易耗品　　100 000

　贷:周转材料——在库低值易耗品　　100 000

②领用时摊销其价值的一半:

借:制造费用　　50 000

　贷:周转材料——低值易耗品摊销　　50 000

③报废时摊销其价值的一半:

借:制造费用　　50 000

　贷:周转材料——低值易耗品摊销　　50 000

同时:

借:周转材料——低值易耗品摊销　　100 000

　贷:周转材料——在用低值易耗品　　100 000

2.2.3 加工取得存货的成本

1.自制存货的成本

企业自制存货的成本主要由采购成本和加工成本构成。某些存货还包括使存货达到目前场所和状态所发生的其他成本,如可直接认定的产品设计费用等。

存货加工成本,由直接人工和制造费用构成,其实质是企业在进一步加工存货的过程中追加发生的生产成本,不包括直接由材料存货转移来的价值。其中,直接人工是指企业在生产产品过程中直接从事产品生产的工人的职工薪酬。直接人工和间接人工的划分依据通常是生产工人是否与所生产的产品直接相关(即可否直接确定其服务的产品对象)。制造费用是指企业为生产产品和提供劳务而发生的各项间接费用。制造费用是一种间接生产成本,包括企业生产部门(如生产车间)管理人员的职工薪酬、折旧费、办公费、水电费、机物料消耗、劳动保护费、季节性和修理期间的停工损失等。

企业在加工存货过程中发生的直接人工和制造费用,如果能够直接计入有关的成

本核算对象，则应直接计入该成本核算对象。否则，应按照合理方法分配计入有关成本核算对象。分配方法一经确定，不得随意变更。

【例 2-29】 腾飞实业股份有限公司的基本生产车间制造完成一批产成品，已验收入库。经计算，该批产成品的实际成本为 60 000 元。

借：库存商品　　60 000

　贷：生产成本——基本生产成本　　60 000

2.委托加工存货

委托加工存货是指由企业提供原料及主要材料，通过支付加工费，由受托加工单位按合同要求加工为企业所需的存货。委托外单位加工完成的存货，以实际耗用的原材料或者半成品以及加工费、运输费、装卸费和保险费等费用以及按规定应计入成本的税金，作为实际成本。

其会计处理主要包括拨付加工物资、支付加工费、支付增值税进项税额和代收代缴的消费税、收回加工物资和剩余物资等几个环节。需要特别注意的是，支付的用于连续生产应税消费品的消费税应计入"应交税费——应交消费税"科目借方；支付的收回后直接用于销售的委托加工应税消费品的消费税，应计入委托加工物资成本。

【例 2-30】 腾飞实业股份有限公司为增值税一般纳税人，适用的增值税税率为 13%。腾飞实业股份有限公司委托乙公司（增值税一般纳税人）代为加工一批属于应税消费品的原材料（非金银首饰）。发出原材料实际成本为 6 200 000 元，支付的不含增值税的加工费为 1 000 000 元，增值税额为 130 000 元，代收代缴的消费税额为 800 000 元。该批委托加工原材料已验收入库，其账务处理为：

发出委托加工材料：

借：委托加工物资　　6 200 000

　贷：原材料　　6 200 000

支付加工费用和税金：

（1）腾飞实业股份有限公司收回加工后的材料用于连续生产应税消费品时：

借：委托加工物资　　1 000 000

　应交税费——应交增值税（进项税额）　　130 000

　　　　——应交消费税　　800 000

　贷：银行存款　　1 930 000

（2）腾飞实业股份有限公司收回加工后的材料直接用于销售时：

借：委托加工物资　　1 800 000

　应交税费——应交增值税（进项税额）　　130 000

　贷：银行存款　　1 930 000

加工完成，收回委托加工材料：

(1)腾飞实业股份有限公司收回加工后的材料用于连续生产应税消费品时：

借：原材料　　7 200 000

　贷：委托加工物资　　7 200 000

(2)腾飞实业股份有限公司收回加工后的材料直接用于销售时：

借：库存商品　　8 000 000

　贷：委托加工物资　　8 000 000

【例2-31】　(1)202×年7月12日，江宁电器公司发出电阻器6 000元，委托南方加工有限公司加工成低压电容器柜。

借：委托加工物资　　6 000

　贷：库存商品——电阻器　　6 000

(2)202×年7月15日，以转账支票支付南方加工有限公司加工费1 000元(不含增值税)。

借：委托加工物资　　1 000

　应交税费——应交增值税(进项税额)　　130

　贷：银行存款　　1 130

(3)202×年7月18日，收回委托加工的商品。

借：库存商品　　7 000

　贷：委托加工物资　　7 000

(4)202×年7月20日，销售收回的委托加工商品。售价8 000元，增值税1 040元，款项已收到，存入银行。

借：银行存款　　9 040

　贷：主营业务收入　　8 000

　　应交税费——应交增值税(销项税额)　　1 040

(5)202×年7月31日，结转销售低压电容器柜的成本7 000元。

借：主营业务成本　　7 000

　贷：库存商品——低压电容器柜　　7 000

2.2.4　库存商品

1.库存商品的内容

库存商品是指企业完成全部生产过程并已验收入库、符合标准规格和技术条件，可以按照合同规定的条件送交订货单位，或可以作为商品对外销售的产品以及外购或委托加工完成验收入库用于销售的各种商品。

库存商品具体包括库存产成品、外购商品、存放在门市部准备出售的商品、发出展览的商品、寄存在外的商品、接受来料加工制造的代制品和为外单位加工修理的代修品

等。已完成销售手续但购买单位在月末未提取的产品，不应作为企业的库存商品，而应作为代管商品处理，单独设置代管商品备查簿进行登记。

库存商品可以采用实际成本核算，也可以采用计划成本核算，其方法与原材料相似。采用计划成本核算时，库存商品实际成本与计划成本的差异，可单独设置“产品成本差异”科目核算。

为了反映和监督库存商品的增减变动及其结存情况，企业应当设置“库存商品”科目，借方登记验收入库的库存商品成本，贷方登记发出的库存商品成本，期末余额在借方，反映各种库存商品的实际成本或计划成本。

2.库存商品的账务处理

1）验收入库商品

对于库存商品采用实际成本核算的企业，当库存商品生产完成并验收入库时，应按实际成本，借记“库存商品”科目，贷记“生产成本——基本生产成本”科目。

【例 2-32】 腾飞实业股份有限公司“商品入库汇总表”记载，某月已验收入库 D 产品 100 台，实际单位成本 5 000 元，计 500 000 元；E 产品 200 台，实际单位成本 1 000 元，计 200 000 元。腾飞实业股份有限公司应编制如下会计分录：

借：库存商品——D 产品	500 000	
——E 产品	200 000	
贷：生产成本——基本生产成本——D 产品		500 000
——E 产品		200 000

2）发出商品

企业对外销售库存商品，取得的销售收入作为主营业务收入，相应的库存商品成本计入主营业务成本。销售库存商品时，按从购货方已收或应收的全部合同或协议价款，借记“银行存款”或“应收账款”等科目，按实现的营业收入，贷记“主营业务收入”科目，按增值税销项税额，贷记“应交税费——应交增值税（销项税额）”科目；按发出商品的账面价值结转销售成本，借记“主营业务成本”科目，贷记“库存商品”科目。

【例 2-33】 202×年 6 月 1 日，腾飞实业股份有限公司向乙公司销售一批商品，开出的增值税专用发票上注明的销售价格为 800 000 元，增值税额为 104 000 元，款项尚未收到；该批商品成本为 640 000 元。

借：应收账款——乙公司	904 000	
贷：主营业务收入——销售××商品		800 000
应交税费——应交增值税（销项税额）		104 000
借：主营业务成本——销售××商品	640 000	
贷：库存商品——××商品		640 000

【例 2-34】 腾飞实业股份有限公司月末汇总的发出商品中，当月已实现销售的 D 产品 50 台，E 产品 150 台。该月 D 产品实际单位成本 5 000 元，E 产品实际单位成本 1 000元。在结转其销售成本时，腾飞实业股份有限公司应编制如下会计分录：

借：主营业务成本　　400 000

　贷：库存商品——D 产品　　250 000

　　　　　　——E 产品　　150 000

商品流通企业购入的商品可以采用进价或售价核算。采用售价核算的，商品售价和进价的差额，可通过“商品进销差价”科目核算。月末，应分摊已销商品的进销差价，将已销商品的销售成本调整为实际成本，借记“商品进销差价”科目，贷记“主营业务成本”科目。

商品流通企业的库存商品还可以采用毛利率法和售价金额核算法进行日常核算。

(1)毛利率法

毛利率法是指用本期销售净额乘以上期实际(或本期计划)毛利率匡算本期销售毛利，并据以计算发出存货和期末存货成本的一种方法。其计算公式如下：

毛利率＝(销售毛利÷销售额)×100%

销售毛利＝销售额×毛利率

销售成本＝销售额-销售毛利

期末存货成本＝期初存货成本+本期购货成本-本期销售成本

这一方法是商品流通企业，尤其是商业批发企业常用的计算本期商品销售成本和期末库存商品成本的方法。商品流通企业由于经营商品的品种繁多，如果分品种计算商品成本，工作量将大大增加，而且一般来讲，商品流通企业同类商品的毛利率大致相同，采用这种存货计价方法既能减轻工作量，也能满足对存货管理的需要。

【例 2-35】 某商场采用毛利率法进行核算，202×年 4 月 1 日针织品库存余额 1 800 000元，本月购进 3 000 000 元，本月销售收入 3 400 000 元，上季度该类商品毛利率为 25%。本月已销商品和月末库存商品的成本计算如下：

销售毛利＝3 400 000×25%＝850 000(元)

本月销售成本＝3 400 000-850 000＝2 550 000(元)

期末库存商品成本＝1 800 000+3 000 000-2 550 000＝2 250 000(元)

(2)售价金额核算法

售价金额核算法是指平时商品的购入、加工收回、销售均按售价记账，售价与进价的差额通过“商品进销差价”科目核算，期末计算进销差价率和本期已销售商品应分摊的进销差价，并据以调整本期销售成本的一种方法。其计算公式如下：

商品进销差价率＝(期初库存商品进销差价+本期购入商品进销差价)÷(期初库存商品售价+本期购入商品售价) ×100%

本期销售商品应分摊的商品进销差价=本期商品销售收入×商品进销差价率

本期销售商品的成本=本期商品销售收入-本期销售商品应分摊的商品进销差价

期末结存商品的成本=期初库存商品的进价成本+本期购进商品的进价成本-本期销售商品的成本

如果企业的商品进销差价率各期之间比较均衡，则可以采用上期商品进销差价率分摊本期的商品进销差价。年度终了，应对商品进销差价进行核实调整。

对于从事商业零售业务的企业（如百货公司、超市等），由于经营的商品种类、规格繁多，而且要求按商品零售价格标价，采用其他成本计算结转方法均较困难，因此广泛采用这种方法。

【例2-36】 某商场采用售价金额核算法进行核算，202×年7月期初库存商品的进价成本为100 000元，售价总额为110 000元，本月购进该商品的进价成本为75 000元，售价总额为90 000元，本月销售收入为120 000元。有关计算如下：

商品进销差价率=(10 000+15 000)÷(110 000+90 000)×100%=12.5%

已销商品应分摊的商品进销差价=120 000×12.5%=15 000(元)

本期销售商品的实际成本=120 000-15 000=105 000(元)

期末结存商品的实际成本=100 000+75 000-105 000=70 000(元)

2.2.5　存货期末计量及账务处理

我国企业会计准则规定，资产负债表日，存货应当按照成本与可变现净值孰低法计量。

1.成本与可变现净值孰低法的含义

成本与可变现净值孰低法是指对期末存货按照成本与可变现净值两者之中较低者进行计价的方法。即当成本低于可变现净值时，存货按成本计价；当可变现净值低于成本时，存货按可变现净值计价，此时应当计提存货跌价准备，计入当期损溢。这里“成本”是指存货的历史成本，即按以历史成本为基础的存货计价方法计算得出的期末存货价值；这里的“可变现净值”是指在日常活动中，存货的估计售价减去至完工时估计将要发生的成本、估计的销售费用以及相关税费后的金额。

2.成本与可变现净值孰低法的账务处理

如果期末存货的成本低于可变现净值，不需要做会计处理，资产负债表中的存货按期末账面价值列示；如果期末存货的可变现净值低于成本，则必须确认当期的期末存货跌价损失，计提存货跌价准备。

企业应设置“存货跌价准备”账户，该账户属于资产类账户，贷方登记存货可变现净值低于成本的差额；借方登记已计提跌价准备的存货价值以后又得以恢复的金额和其他原因冲减已计提跌价准备的金额;期末贷方余额反映企业已提取的存货跌价准备。

资产负债表日,企业根据存货准则确定存货发生减值的,按存货可变现净值低于成本的差额,借记“资产减值损失”科目,贷记“存货跌价准备”科目。已计提跌价准备的存货价值以后又得以恢复,应在原已计提的存货跌价准备金额内,按恢复增加的金额,借记“存货跌价准备”科目,贷记“资产减值损失”科目。发出存货结转计提的存货跌价准备的,借记“存货跌价准备”科目,贷记“主营业务成本”“生产成本”等科目。

【例 2-37】 甲公司按照成本与可变现净值孰低法对期末存货进行计价,假设2×19年末存货的账面成本为300 000元,可变现净值为290 000元,应计提的存货跌价准备为10 000元。会计分录为:

借:资产减值损失——计提存货跌价准备　　10 000

　贷:存货跌价准备　　10 000

假设2×20年末存货的可变现净值为285 000元,则应计提的存货跌价准备为5 000元,会计分录为:

借:资产减值损失——计提存货跌价准备　　5 000

　贷:存货跌价准备　　5 000

假设2×21年末存货的可变现净值有所恢复,为293 000元,则应冲减计提的存货跌价准备为8 000元,会计分录为:

借:存货跌价准备　　8 000

　贷:资产减值损失——计提存货跌价准备　　8 000

2.2.6 存货的清查

1.存货清查的意义

存货的日常管理中,由于计量误差、管理不善、自然损耗、毁损、丢失、被盗等原因,有时会出现存货数量的溢余或短缺,造成账实不符。为了保证存货的安全完整,真实地反映存货的结存情况,挖掘存货的潜力,提高存货的周转速度,加强存货的管理,企业应当定期或不定期地对存货进行清查,查明账实不符的原因,分清责任进行处理,从而达到账实相符。

2.存货清查的方法

存货的清查通常采用实地盘点法,通过点数、过磅等方法,确定实存数量。对于一些无法通过具体方法进行度量的存货,可通过测量、估计等方法确定其实际数量,并与账面结存数量进行核对。存货应当定期盘点,每年至少一次,对于账实不符的存货,应核实盘盈、盘亏和毁损的数量,查明原因,并据此编制“存货盘点报告表”,按规定程序报请有关部门批准。

3.存货盘盈的会计处理

盘盈的存货，应按其重置成本作为入账价值，并通过“待处理财产损溢”科目进行会计处理，按管理权限报经批准后，冲减当期管理费用。企业发生存货盘盈时，借记“原材料”“库存商品”等科目，贷记“待处理财产损溢”科目；在按管理权限报经批准后，借记“待处理财产损溢”科目，贷记“管理费用”科目。

【例 2-38】　甲公司在财产清查中盘盈 J 材料 1 000 千克，实际单位成本 60 元，经查属于材料收发计量方面的错误。甲公司应作如下的会计处理：

(1)批准处理前：

借：原材料　　　　60 000

　贷：待处理财产损溢　　　　60 000

(2)批准处理后：

借：待处理财产损溢　　　　60 000

　贷：管理费用　　　　60 000

4.存货盘亏或毁损的会计处理

存货发生的盘亏或毁损，应作为待处理财产损溢进行核算，按管理权限报经批准后，根据造成存货盘亏或毁损的原因，分别以下列情况进行处理：

(1)属于计量收发差错和管理不善等原因造成的存货短缺，应先扣除残料价值、可以收回的保险赔偿和过失人赔偿，将净损失计入管理费用。

(2)属于自然灾害等非正常原因造成的存货毁损，应先扣除处置收入(如残料价值)、可以收回的保险赔偿和过失人赔偿，将净损失计入营业外支出。

企业发生存货盘亏及毁损时，借记“待处理财产损溢”科目，贷记“原材料”“库存商品”“应交税费——应交增值税(进项税额转出)”等科目。在按管理权限报经批准后应作如下会计处理：对于入库的残料价值，记入“原材料”等科目；对于应由保险公司和过失人的赔款，记入“其他应收款”科目；扣除残料价值和应由保险公司、过失人赔款后的净损失，属于一般经营损失的部分，记入“管理费用”科目，属于非常损失的部分，记入“营业外支出”科目。

【例 2-39】　甲公司在财产清查中发现盘亏 K 材料 500 千克，实际单位成本为 200 元，该企业购入材料的增值税税率为 13%。经查属于因经营管理不善而产生的一般经营损失。甲公司应作如下会计处理：

(1)批准处理前：

借：待处理财产损溢　　　　113 000

　贷：原材料　　　　100 000

　　应交税费——应交增值税(进项税额转出)　　　　13 000

(2)批准处理后：

借:管理费用　　113 000

　贷:待处理财产损溢　　113 000

2.3　金融资产的核算

2.3.1　交易性金融资产的核算

1.金融资产的概念及内容

金融资产是指企业持有的现金、权益工具投资、从其他单位收取现金或其他金融资产的合同权利以及在潜在有利条件下与其他单位交换金融资产或金融负债的合同权利。

金融资产属于金融工具当中的一部分内容。金融工具,是指形成一个企业的金融资产,并形成其他单位的金融负债或权益工具的合同。例如,甲公司发行公司债券则甲公司持有金融负债,同时乙公司进行债券投资,则乙公司拥有金融资产;又如,甲公司发行公司普通股,则甲公司拥有权益工具,同时乙公司进行股权投资,则乙公司拥有金融资产。金融工具分为基本金融工具和衍生金融工具。基本金融工具包括现金、应收款项、应付款项、债券投资、股权投资等。衍生金融工具包括金融期货、金融期权、金融互换、金融远期合同、以净额结算的商品期货等。

一般生产销售企业的金融资产主要包括货币资金、应收款项、交易性金融资产、债权投资、其他债权投资、其他权益工具投资等。

本节仅涉及交易性金融资产的会计核算。

2.交易性金融资产的概念及内容

交易性金融资产,主要是指企业为了近期内出售而持有的金融资产。例如,企业以赚取差价为目的从二级市场购入的股票、债券、基金等。交易通常是指活跃和频繁的买卖行为,企业持有一项金融工具如果经常用于从价格或交易商保证金的短期波动中获利,则该企业持有了一项交易性金融资产。也即持有交易性金融资产的目的主要是在近期内出售,如企业持有的以短期获利为目的的债券投资、股票投资、基金投资等。

满足下列条件之一的金融资产,应当划分为交易性金融资产:

(1)取得该金融资产的目的主要是近期内出售。例如,企业以赚取差价为目的从二级市场购入的股票、债券和基金等。

(2)相关金融资产在初始确认时属于集中管理的可辨认金融工具组合的一部分,且有客观证据表明近期实际存在短期获利模式。

(3)相关金融资产属于衍生金融工具,但符合财务担保合同定义的衍生工具以及被

指定为有效套期工具的衍生工具除外。

直接指定为以公允价值计量且其变动计入当期损溢的金融资产，主要是指企业基于风险管理、战略投资需要等所作的指定。例如，企业将金融资产划分为以摊余成本计量的金融资产，该类金融资产以摊余成本计量，而相关负债却以公允价值计量，指定后通常能提供更多相关的信息。此类金融资产的确认、计量、账簿设置以及会计处理同交易性金融资产一致。

3.交易性金融资产的核算

1）交易性金融资产的初始计量

（1）初始成本的确定

交易性金融资产，应当按照取得时的公允价值作为初始确认金额，相关的交易费用在发生时计入当期损溢。如果企业购入的各种股票、债券、基金等，实际支付的价款中包含已宣告但尚未发放的现金股利或已到付息期但尚未领取的债券利息，应当单独确认为应收项目，不构成交易性金融资产的初始入账成本。企业直接指定为以公允价值计量且其变动计入当期损溢的金融资产的股票、债券、基金等的计量，同交易性金融资产。

投资者投入的交易性金融资产，按投资各方确认的价值作为初始成本，但投资各方约定价值不公允的除外。

（2）账务处理

设置"交易性金融资产"账户，核算企业分类为以公允价值计量且其变动计入当期损溢的金融资产（如各种股票、债券、基金等）。企业持有的直接指定为以公允价值计量且其变动计入当期损溢的金融资产，也在本账户核算。"交易性金融资产"账户的借方登记企业取得交易性金融资产的成本、资产负债表日交易性金融资产的公允价值高于其账面价值的差额等内容；贷方登记资产负债表日交易性金融资产的公允价值低于其账面价值的差额以及出售交易性金融资产时的账面余额等内容；期末借方余额，反映企业持有的交易性金融资产的公允价值。该账户可按交易性金融资产的类别和品种，分别以"成本""公允价值变动"等科目进行明细核算。

此外，企业还应设置如下几个账户：

"投资收益"账户，核算企业对外投资所取得的收益或发生的损失。该账户属于损溢类账户，贷方登记对外投资获得的收益，借方登记对外投资发生的损失。期末，应将本账户余额转入"本年利润"账户，结转后，本账户无余额。该账户可按照投资项目设置明细账进行明细核算。

"公允价值变动损溢"账户，核算以公允价值计量的资产公允价值变动形成的应计入当期损溢的利得和损失。该账户属于损溢类账户，贷方登记资产负债表日公允价值高于其账面余额的差额，借方登记资产负债表日公允价值低于其账面余额的差额。期末，应将本账户余额转入“本年利润”账户，结转后，本账户无余额。

“应收股利”账户核算对外投资应收的现金股利。

“应收利息”账户核算企业已到期尚未领取的债券利息。

企业取得的各种交易性金融资产，如购入的各种股票、债券、基金等，按其公允价值，借记“交易性金融资产——成本”账户；按发生的交易费用，借记“投资收益”账户；按已到付息期但尚未领取的利息或已宣告但尚未发放的现金股利，借记“应收利息”或“应收股利”账户；按实际支付的金额，贷记“其他货币资金——存出投资款”等账户。

【例 2-40】 2×20 年 3 月 1 日，腾飞电器有限公司从证券市场上购买伯爵股份有限公司（以下简称伯爵公司）股票 30 000 股，每股价格为 8 元，另付税费 300 元，取得的增值税专用发票上注明的增值税税额为 18 元，共支付价款 240 318 元。公司准备随时出售。腾飞电器有限公司编制如下会计分录：

借：交易性金融资产——成本	240 000
投资收益	300
应交税费——应交增值税（进项税额）	18
贷：其他货币资金——存出投资款	240 318

【例 2-41】 承【例 2-40】，假如伯爵公司股票每股价格为 8 元，其中包含 0.2 元的垫付股利。腾飞电器有限公司编制如下会计分录：

借：交易性金融资产——成本	234 000
投资收益	300
应收股利	6 000
应交税费——应交增值税（进项税额）	18
贷：其他货币资金——存出投资款	240 318

【例 2-42】 2×20 年 3 月 1 日，腾飞电器有限公司购入乐圣公司 2×19 年 4 月 1 日发行的 3 年期债券，作为交易性金融资产，该债券面值总额为 300 000 元，年利率为 10%，公司按 350 000 元的价格购入，另支付税费等相关费用 1 600 元，取得的增值税专用发票上注明的增值税税额为 96 元，该债券利息到期与本金一起偿还。腾飞电器有限公司编制如下会计分录：

借：交易性金融资产——成本	350 000
投资收益	1 600
应交税费——应交增值税（进项税额）	96
贷：其他货币资金——存出投资款	351 696

2）交易性金融资产的后续计量

（1）持有交易性金融资产期间的现金股利和债券利息

①买价中包含的现金股利或利润。交易性金融资产取得时实际支付的价款中包含

的已宣告但尚未发放的现金股利或已到期但尚未领取的利息，在性质上属于购买时垫付的资金，是随着交易性金融资产而取得的一项债权，因此在收到或处置时，应冲减已记录在债权账户中的应收股利或应收利息，一般不确认为投资收益。当这部分款项实际收到时，借记“其他货币资金——存出投资款”等账户，贷记“应收股利”“应收利息”账户。

②交易性金融资产持有期间获得的现金股利、利息。交易性金融资产持有期间，当被投资单位宣告发放现金股利时，或在资产负债表日按分期付息、一次还本债券投资的票面利率计算利息收入时，借记“应收股利”或“应收利息”账户，贷记“投资收益”账户；实际收到时，借记“其他货币资金——存出投资款”等账户，贷记“应收股利”或“应收利息”账户。

【例 2-43】　承【例 2-42】，腾飞电器有限公司收到现金股利 6 000 元。根据银行收款凭证，编制如下会计分录：

借：其他货币资金——存出投资款　　6 000

　贷：应收股利　　6 000

【例 2-44】　承【例 2-40】，2×20 年 5 月 5 日，伯爵公司宣告于 6 月 10 日发放股利，每 10 股派 2 股股票股利，每股派 0. 1 元的现金股利，腾飞电器有限公司持有伯爵公司股票30 000股。腾飞电器有限公司编制如下会计分录：

①伯爵公司宣告发放现金股利时：

借：应收股利　　3 000

　贷：投资收益　　3 000

②腾飞电器有限公司实际收到现金股利时：

借：其他货币资金——存出投资款　　3 000

　贷：应收股利　　3 000

③分派的股票股利，腾飞电器有限公司不作分录，只作备查登记，登记增加伯爵公司股票 6 000 股，为股票股利所得。取得股票股利后股票的每股成本降低。

(2) 资产负债表日，交易性金融资产公允价值的变动

资产负债表日，企业应将交易性金融资产公允价值的变动计入当期损溢。交易性金融资产的公允价值高于其账面余额的差额，借记“交易性金融资产——公允价值变动”账户，贷记“公允价值变动损溢”账户；公允价值低于其账面余额的差额作相反的会计分录。

【例 2-45】　腾飞电器有限公司持有伯爵公司一项交易性金融资产，该项交易性金融资产的初始成本为 390 000 元，2×20 年 6 月 30 日的公允价值为 500 000 元，2×20 年 12 月 31 日的公允价值为 620 000 元。腾飞电器有限公司编制如下会计分录：

①2×20 年 6 月 30 日：

借:交易性金融资产——公允价值变动　110 000

　贷:公允价值变动损溢　110 000

②2×20 年 12 月 31 日:

借:交易性金融资产——公允价值变动　120 000

　贷:公允价值变动损溢　120 000

假设【例 2-45】中,2×20 年 12 月 31 日,该项交易性金融资产的公允价值为 41 万元,其他条件不变,则腾飞电器有限公司应编制如下会计分录:

借:公允价值变动损溢　90 000

　贷:交易性金融资产——公允价值变动　90 000

3)交易性金融资产的出售

出售交易性金融资产时,应按实际收到的金额,借记"其他货币资金——存出投资款"等账户;按该金融资产的账面余额,贷记"交易性金融资产"账户;按其差额,贷记或借记"投资收益"账户。

金融商品转让,按照卖出价扣除买入价后的余额为销售额,转让金融商品出现的正负差,按照盈亏相抵后的余额为销售额。若相抵后出现负差,可结转下一纳税期与下期转让金融商品销售额相抵,但年末时仍出现负差的,不得转入下一个会计年度。交易性金融资产实际转让月末,如产生转让收益,则按应纳税额借记"投资收益"等账户,贷记"应交税费——转让金融商品应交增值税"账户;如产生转让损失,则按可结转下月抵扣税额,借记"应交税费——转让金融商品应交增值税"账户,贷记"投资收益"等账户。交纳增值税时,应借记"应交税费——转让金融商品应交增值税"账户,贷记"银行存款"账户。年末,本账户如有借方余额,则借记"投资收益"等账户,贷记"应交税费——转让金融商品应交增值税"账户。

【例 2-46】　承【例 2-45】,假如腾飞电器有限公司于 2×21 年 2 月 10 日将该项交易性金融资产出售,出售价为 740 000 元,则腾飞电器有限公司编制如下会计分录:

借:其他货币资金——存出投资款　740 000

　贷:交易性金融资产——成本　390 000

　　交易性金融资产——公允价值变动　230 000

　　投资收益　120 000

如果本月没有其他金融商品转让业务,则月末确认转让金融资产应交增值税;应交增值税税额=(740 000-390 000)÷(1+6%)×6%=19 811.32(元)

借:投资收益　19 811.32

　贷:应交税费——转让金融商品应交增值税　19 811.32

2.3.2　应收款项的核算

企业的应收款项包括应收账款、应收票据、预付账款、其他应收款等内容。

1.应收账款的核算

1)应收账款的概念

应收账款是指企业因对外销售商品、产品和提供劳务等主要经营业务而应向客户收取的货款。应收账款主要包括应收取的货款、代购货方垫付的运杂费、应收取的增值税销项税额等。它不包括各种非主要经营业务而发生的各种应收款项，如职工欠款、存出保证金、应收股利和利息等债权。应收账款是因企业赊销业务而产生的，所以应在赊销成立时确认入账。

2)应收账款的计量

应收账款的计量是指确定应收账款的入账金额。通常情况下，应收账款应按从购货方应收的合同或协议价款作为初始确认金额。但企业有时为了及时回笼货款或扩大销售量，在销货时往往实行折扣政策，会影响应收账款的计量。企业在销售过程中的折扣有商业折扣和现金折扣两种方式。

(1)商业折扣

商业折扣是指在商品交易时为鼓励客户大批量购买而从商品价目单中所列售价的基础上扣减一定的数额，实际上是对商品报价进行的折扣。商业折扣通常以百分比来表示，如5%、10%、15%等。在发生商业折扣的情况下，企业应收账款的入账金额应按扣除商业折扣后的实际售价金额入账。例如，某企业赊销A产品，产品价目单上标明产品单价为80元，甲顾客购买1 000件，按规定给予10%的商业折扣，则该企业A产品的实际销售单价为72(80-80×10%)元，应收账款的入账金额为72 000元。由于商业折扣一般在交易发生时即已确定，它仅仅是确定实际售价的一种手段，不在买卖任何一方的账面上反映，所以，商业折扣对应收账款入账金额的确认并无实质性的影响。

(2)现金折扣

现金折扣是指销售企业为了鼓励客户在一定期限内尽早偿还货款而给予客户的折扣优惠。现金折扣一般用2/10、1/20、n/30等形式来表示。其含义是信用期为30天，在10天内付款给予2%的折扣，在20天内付款给予1%的折扣，在30天内付款无折扣。现金折扣使得企业应收账款的应收数额在规定的付款期内随客户付款时间的不同而有所差异，这就产生了应收账款发生时以什么金额计价入账的问题。对此，会计理论上有两种可供选择的方法：一是总价法；二是净价法。

①总价法。总价法是在赊销业务发生时，应收账款和销售收入均以未扣减现金折扣前的实际售价作为入账价值。例如，商品的销售价格为1 000元，现金折扣条件为

5/10、3/20、n/30，则在赊销成立时，应收账款和销售收入均按 1 000 元入账。

总价法可以较好地反映销售的总过程，但在客户可能享受现金折扣的情况下会高估应收账款和销售收入。如期末结账时，有些应收账款还没有超过折扣期，企业无法确切地知道客户是否会享受现金折扣，如果有一部分可能会享受折扣，而应收账款上并未作反映，从而导致虚增应收账款的余额。

②净价法。净价法是在赊销业务发生时，应收账款和销售收入均按扣除最大现金折扣后的金额入账。这种方法是将客户取得的现金折扣视为正常现象，认为客户都会提前付款而获得现金折扣。如前例，赊销成立时，应收账款和销售收入均按 950（1 000−1 000×5%）元入账。

净价法可以避免总价法的不足，但在客户没有享受现金折扣时，由于应收账款以净额入账，所以必须再查对原销售总额。同时，期末结账时，对于已超过折扣期尚未付款的应收账款，要按客户享受现金折扣进行调整，操作起来比较麻烦。

3）应收账款的账务处理

为了反映和监督应收账款的增减变动及其结存情况，企业应设置“应收账款”账户。该账户属于资产类账户，其借方登记企业因销售商品、产品等业务应向客户收取的货款、增值税销项税额及代客户垫付的运杂费；贷方登记已收回或已转作坏账损失的应收账款；期末借方余额表示企业尚未收回的赊销账款，期末贷方余额表示预收的账款。该账户应按客户名称设置明细账进行明细核算。

（1）没有销售折扣的核算

若没有销售折扣，应收账款按实际发生额入账。在企业赊销商品、产品业务成立时，按应收取的货款及增值税销项税额借记“应收账款”账户，按实际的销售收入贷记“主营业务收入”账户，按应收取的增值税贷记“应交税费——应交增值税（销项税额）”账户；企业代客户垫付运杂费时，借记“应收账款”账户，贷记“银行存款”账户；收回货款、税金及代垫运费时，借记“银行存款”账户，贷记“应收账款”账户。

【例 2-47】 腾飞电器有限公司赊销产品一批，货款 30 000 元，增值税 3 900 元，另以银行存款 500 元代购货方垫付运杂费，已一并向银行办妥托收手续。该公司编制会计分录如下：

借：应收账款　　34 400

　贷：主营业务收入　　30 000

　　　应交税费——应交增值税（销项税额）　　3 900

　　　银行存款　　500

接到银行通知，上述托收的款项已全部收妥入账，编制会计分录如下：

借：银行存款　　34 400

　贷：应收账款　　34 400

(2)有商业折扣的核算

若企业销售时有商业折扣,则应收账款应按扣除商业折扣后的余额入账。

【例2-48】　腾飞电器有限公司赊销产品1 000件给甲企业,按价目表标明的单位售价为40元,由于甲企业购买量大,腾飞电器有限公司给予10%的商业折扣。公司产品的增值税税率为13%。根据增值税专用发票编制会计分录如下:

借:应收账款　　40 680
　贷:主营业务收入　　36 000
　　应交税费——应交增值税(销项税额)　　4 680

(3)有现金折扣的核算

企业发生赊销业务时,在总价法下,按未扣减现金折扣的销售额作为实际售价入账,借记"应收账款"账户,贷记"主营业务收入""应交税费——应交增值税(销项税额)"账户。在折扣期内收到款项发生的现金折扣计入财务费用。企业按实际收到款项,借记"银行存款"账户;按发生的现金折扣,借记"财务费用"账户;按应收账款的账面价值,贷记"应收账款"账户。

【例2-49】　腾飞电器有限公司销售一批产品给乙企业,货款总额为50 000元,增值税6 500元,付款条件为2/10,n/20。

①在赊销业务成立时,编制会计分录如下:

借:应收账款　　56 500
　贷:主营业务收入　　50 000
　　应交税费——应交增值税(销项税额)　　6 500

②若乙企业在10天内付款,编制会计分录如下:

借:银行存款　　55 500
　财务费用　　1 000
　贷:应收账款　　56 500

③若乙企业在20天内付款,则不应给予现金折扣。编制会计分录如下:

借:银行存款　　56 500
　贷:应收账款　　56 500

2.应收票据的核算

1)应收票据的概念和种类

(1)应收票据的概念

应收票据是指企业因销售商品、产品、提供劳务等而收到的已承兑的商业汇票。票据作为一种债权凭证,是一种记载有一定的付款日期、付款地点、付款金额的流通证券,也是一种可以由持票人自由转让给他人的债权凭证,它包括企业持有的未到期兑现的汇票、本票和支票。在我国会计实务中,支票、银行本票、银行汇票均为即期票据,收到这种票据,即可视同收到货币资金,无须将其列为应收票据予以处理。只有商业汇票是一种远期票据,企业取得商业汇票时,只是取得了一项债权。

(2)应收票据的种类

商业汇票可以按不同标准进行分类。

①按照票据承兑人的不同,商业汇票可分为银行承兑汇票和商业承兑汇票。承兑是指汇票付款人承诺在汇票到期日支付汇票金额的行为。银行承兑汇票的承兑人是承兑申请人的开户银行,商业承兑汇票的承兑人是付款人。

②按照票据是否带息分类,商业汇票分为带息票据和不带息票据。带息票据是指商业汇票到期时,承兑人除向收款人或被背书人支付票面金额外,还应按票面金额和票据规定的利息率支付自票据生效日起至票据到期日止利息的商业汇票。不带息票据是指商业汇票到期时,承兑人只按票面金额向收款人或被背书人支付款项的票据。

2)应收票据的计量

初始取得应收票据时,按照票据的面值入账。如果是带息票据,将应确认的利息计入应收票据的账面价值。

(1)应收票据到期日的确定

商业汇票的持票人在票据到期日可向承兑人收取票据款。商业汇票自承兑日起生效,其到期日是由票据有效期限的长短来决定的。票据期限的确定一般有按月计算和按日计算两种。

①按月计算票据到期日的确定。若应收票据期限按月计算,票据的到期日不考虑各月份实际天数的多少,统一按到期月份的对应日计算。例如,2 月 8 日签发的承兑期限为 1 个月的商业汇票,其到期日为 3 月 8 日;同日签发的承兑期限为 3 个月的商业汇票,其到期日为 5 月 8 日。如果签发承兑汇票的日期为某月月末时,不论月份大小,统一以到期月份的最末一天为到期日。例如,11 月 30 日签发的承兑期限为 1 个月的商业汇票,其到期日为 12 月 31 日;同日签发的承兑期限为 3 个月的商业汇票,则到期日为次年 2 月 28 日(闰年为 2 月 29 日)。

②按日计算票据到期日的确定。若应收票据期限按日计算,票据的到期日不考虑月数,统一按票据的实际日历天数计算。在票据签发承兑日和票据到期日这两天中,只算其中的一天,即“算头不算尾”或“算尾不算头”。例如,3 月 15 日签发的承兑期限为 120 天的商业汇票,到期日的计算为:3 月剩 16 天,即 31-15=16(天)(15 日这天未包括在内)。4 月 30 天,5 月 31 天,6 月 30 天,7 月还需 13 天,即 120-16-30-31-30=13(天)。因此,该票据到期日为 7 月 13 日,13 日这天已计算在内。

(2)应收票据利息的计算

应收票据有带息票据和不带息票据两种。对于带息票据来说,就有一个计算利息的问题,其计算公式为:

应收票据利息=应收票据面值×利率×期限

公式中的应收票据面值是指商业汇票记载的金额；利率是指票据所规定的利率，一般以年利率表示；期限是指票据的有效期限，即从票据的承兑日到票据到期日的间隔时间。

①票据期限按月计算时，应收票据利息的计算。当票据期限按月计算时，带息票据的利息应按票面金额、票据月数和月利率计算。其计算公式为：

应收票据利息=应收票据面值×利率×(应收票据月数÷12)

【例 2-50】　一张面值为 100 000 元，期限为 3 个月的商业汇票，利率为 6%。其签发日期为 4 月 11 日，则票据到期日为 7 月 11 日。票据到期日的应计利息为：

100 000×6%×3÷12=1 500(元)

②票据期限按日计算时，应收票据利息的计算。当票据期限按日计算时，带息票据的利息应按票面金额、票据天数和日利率计算。其计算公式为：

应收票据利息=应收票据面值×利率×(应收票据天数÷360)

【例 2-51】　一张面值为 100 000 元、利率为 6%、180 天到期的商业汇票，其签发日期为 3 月 2 日，则到期日为 8 月 29 日。票据到期日的应计利息为：

100 000×6%×180÷360=3 000(元)

3)应收票据的账务处理

应收票据的核算主要包括应收票据的取得、到期、贴现等内容。为了反映应收票据取得、到期、贴现等情况，企业应设置“应收票据”账户。该账户是资产类账户，借方登记企业收到承兑的商业汇票的面值及已计提的利息；贷方登记企业到期收回、贴现的票据款项；期末借方余额表示企业持有的未到期的商业票据的面值及已计提的利息。

(1)取得应收票据

企业因销售商品、产品等而收到承兑的商业汇票时，应按票据面值，借记“应收票据”账户，贷记“主营业务收入”“应交税费——应交增值税”账户。

【例 2-52】　腾飞电器有限公司向伯爵公司销售产品一批，价款 8 万元，增值税为 1.04 万元。双方商定以商业汇票结算。收到伯爵公司交来的承兑商业汇票一张，面值 9.04 万元，期限为 3 个月。编制会计分录如下：

借：应收票据	90 400	
贷：主营业务收入		80 000
应交税费——应交增值税(销项税额)		10 400

(2)计提票据利息

企业对于应收票据，应在会计期末计提利息。计提时，借记“应收票据”账户，贷记“财务费用”账户。

【例 2-53】　2×20 年 7 月 1 日，腾飞电器有限公司收到云鹅公司交来的商业承兑汇票一张，面值为23.2万元，期限为5个月，票面利率为6%，用以抵偿前欠本企业货款和增值税税款。

①2×20年7月1日，编制会计分录如下：

借：应收票据　　232 000

　贷：应收账款　　232 000

②每月月末，腾飞电器有限公司编制会计分录如下：

借：应收票据　　1 160

　贷：财务费用　　1 160

（3）应收票据到期

①应收票据到期收回票款。企业持有的不带息票据的到期值为其票据面值。当商业汇票到期企业如数收到票据承兑人兑付的票面款项时，按实际收到款项借记“银行存款”账户，按票据面值贷记“应收票据”账户。

【例2-54】 腾飞电器有限公司持有伯爵公司交来的面值为9.04万元、期限为3个月的商业汇票到期，如数收到票款并已存入银行。编制会计分录如下：

借：银行存款　　90 400

　贷：应收票据　　90 400

企业持有的带息商业汇票的到期值为票据面值加上票据到期应计利息。带息商业汇票到期企业收到承兑人兑付的到期值票款时，应按实际收到款项，借记“银行存款”账户；按票据面值及已计提利息，贷记“应收票据”账户；按尚未计提的票据利息，贷记“财务费用”账户。

【例2-55】 腾飞电器有限公司持有伯爵公司交来的面值为2.32万元、期限为5个月、票面利率为6%的商业汇票到期，如数收到票据面值2.32万元和已计提利息580元并已存入银行。编制会计分录如下：

借：银行存款　　23 780

　贷：应收票据　　23 780

②应收票据到期退票。一般来说，商业汇票中的银行承兑汇票，其承兑人是银行，承兑银行负有到期无条件付款的责任，使得该种汇票到期无款兑付的可能性极小。商业承兑汇票的承兑人是付款人，该种汇票到期，付款人账户资金不足，银行将托收的汇票退回给收款人，由收付双方自行处理。根据《中华人民共和国票据法》的规定，汇票到期被拒绝付款的，持票人可以对债务人行使追索权。因此，当企业应收票据到期，付款人无力兑付票款而退票，且付款人不再签发新票据时，应将票据以及应计利息转为应收账款，借记“应收账款”账户，贷记“应收票据”账户。转入“应收账款”核算后，期末不再计提利息，其所包含的利息在有关备查账簿中进行登记，待实际收到时，再冲减收到当期的财务费用。

【例2-56】 腾飞电器有限公司持有的一张面值为1万元、到期利息为300元的商业承兑汇票到期,但付款人账户资金不足,票据由银行退回。收到退回的票据时,根据退回的商业汇票编制会计分录如下:

借:应收账款　　10 300

　贷:应收票据　　10 300

(4)应收票据贴现

①贴现的概念。企业持有的商业汇票在到期前,如果出现资金短缺,可以经背书手续后,向其开户银行申请贴现。贴现,就是商业汇票持有者将未到期的商业汇票经背书后送交开户银行,银行受理后从票据到期值中扣除贴现利息后,将余额付给票据持有人的一种融通资金的行为。

②应收票据贴现金额的计算。贴现企业向银行办理商业汇票贴现时,应确定贴现利息和贴现金额(也称贴现净额或贴现实得额)。其计算公式为:

贴现金额=票据到期值-贴现利息

贴现利息=票据到期值×贴现率×贴现天数÷360

公式中的贴现率由银行统一规定,一般以年利率表示。贴现天数是指自贴现日起至票据到期前一日止的实际天数,贴现日计入,票据到期日不计入。例如,2月5日(当年2月为28天)将1月20日签发的承兑期限为60天、到期日为3月21日的商业汇票贴现,则贴现天数为44天,即2月24天+3月20天。

【例2-57】 腾飞电器有限公司将持有的一张180天到期、年利率为6%、面值为5万元的商业承兑汇票向银行办理贴现。该汇票出票日为5月6日,到期日为11月2日,企业于7月25日向银行贴现,但尚未计提利息,银行规定贴现率为7.2%。有关计算如下:

贴现天数=7+31+30+31+1=100(天)

票据利息=50 000×6%÷360×180=1 500(元)

票据到期值=50 000+1 500=51 500(元)

贴现利息=51 500×7.2%÷360×100=1 030(元)

贴现金额=51 500-1 030=50 470(元)

③应收票据贴现的会计处理。企业持有未到期的商业汇票向银行办理贴现时,按实际收到的贴现款项,借记"银行存款"账户;按贴现票据的面值及已计提利息,贷记"应收票据"或"短期借款"账户;按实际收到的贴现款项与应收票据的账面余额之间的差额,借记或贷记"财务费用"账户。

根据【例2-57】资料,假设票据到期,债务人不能按时还款,根据协议,腾飞电器有限公司不负有还款责任,则腾飞电器有限公司取得贴现款项时,根据银行收账通知联、贴现凭证编制会计分录如下:

借:银行存款　　50 470

　贷:应收票据　　50 000

　　财务费用　　470

如果票据到期,债务人不能按时还款,根据协议,腾飞电器有限公司负有还款责任,则应根据银行收账通知联、贴现凭证编制会计分录如下:

借:银行存款　　50 470

　贷:短期借款　　50 000

　　财务费用　　470

【例 2-58】 腾飞电器有限公司于 4 月 20 日将其客户交来的 3 月 15 日签发承兑面值为 6 万元、期限为 60 天的无息商业承兑汇票一张向银行办理贴现,贴现率为 7.2%,取得的贴现款项已存入银行。有关计算及会计处理如下:

贴现天数:24 天

贴现利息:60 000×7.2%÷360×24=288(元)

贴现金额:60 000-288=59 712(元)

根据银行收账通知联、贴现凭证编制会计分录如下:

借:银行存款　　59 712

　财务费用　　288

　贷:应收票据(或短期借款)　　60 000

3.预付账款的核算

1)预付账款的概念

预付账款是指企业按照购销合同规定预付给供应单位的货款,是企业的一项债权。预付账款应按实际发生额入账。

2)预付账款的账务处理

为了反映预付账款的发生及结算情况,企业应设置“预付账款”账户。该账户属资产类账户,借方登记预付给供应单位的货款及补付的货款;贷方登记收到货物时实际结算的货款及退回多付的款项;期末若为借方余额反映已预付但尚未收到货物的款项,若为贷方余额则表示尚未补付给供货单位的款项。该账户应按供应单位名称设置明细账。

企业按合同规定预付购货款时,借记“预付账款”账户,贷记“银行存款”账户;收到货物时,按实际结算款项借记“材料采购”或“原材料”“应交税费——应交增值税”账户,贷记“预付账款”账户;补付货款时,借记“预付账款”账户,贷记“银行存款”账户;收到退回多付货款时,借记“银行存款”账户,贷记“预付账款”账户。

【例 2-59】 202×年 4 月 8 日,腾飞电器有限公司按购货合同规定开出转账支票,

预付给甲公司购买材料款5万元。编制会计分录如下：

借：预付账款——甲公司　　50 000

　贷：银行存款　　50 000

4月15日，腾飞电器有限公司收到甲公司发来的货款为5万元、增值税为6 500元的A材料，材料已验收入库。编制会计分录如下：

借：原材料——A材料　　50 000

　应交税费——应交增值税(进项税额)　　6 500

　贷：预付账款——甲公司　　56 500

4月20日，以银行存款支付少付货款6 500元。根据银行付款通知联编制会计分录如下：

借：预付账款——甲公司　　6 500

　贷：银行存款　　6 500

4月15日，腾飞电器有限公司收到甲公司发来的货款为4万元、增值税为5 200元的A材料，材料已验收入库。编制会计分录如下：

借：原材料——A材料　　40 000

　应交税费——应交增值税(进项税额)　　5 200

　贷：预付账款——甲公司　　45 200

4月20日，收到银行收账通知，甲公司退回多付货款4 800元。根据银行收账通知联编制会计分录如下：

借：银行存款　　4 800

　贷：预付账款　　4 800

在会计实务中，在企业预付账款业务不多时，可以不设“预付账款”账户，将企业预付的购货款并入“应付账款”账户进行核算。预付购货款时，记入“应付账款”账户的借方；收到购货发票账单结算货款时，记入“应付账款”账户的贷方。

4.其他应收款的核算

1)其他应收款的概念

其他应收款是指企业除应收账款、应收票据、预付账款及长期应收款等以外的其他各种应收、暂付款项，包括不设置“备用金”账户的企业拨出的备用金、应收的各种赔款与罚款、应向职工收取的各种垫付款项以及已不符合预付账款性质而按规定转入的预付账款等。具体包括：

(1)应收的各种赔款、罚款；

(2)应收的出租包装物租金；

(3)应向职工收取的各种垫付款项；

(4)备用金；

(5)存出保证金,如租入包装物支付的押金;

(6)预付账款转入;

(7)其他各种应收、暂付款项。

2)其他应收款的账务处理

为了反映其他应收款的发生及结算情况,企业应设置“其他应收款”账户。企业发生的各种应收、暂付款项以及预付账款转入的其他应收款项,借记“其他应收款”账户,贷记其他有关账户;收回、核销时,借记有关账户,贷记“其他应收款”账户。

【例 2-60】 腾飞电器有限公司以现金 500 元支付借入包装物的押金,编制会计分录如下:

借:其他应收款——存出保证金 500

贷:库存现金 500

【例 2-61】 职工王强违反公司规定,处以 100 元罚款,但尚未收到罚金。编制会计分录如下:

借:其他应收款——王强 100

贷:营业外收入——罚款收入 100

【例 2-62】 腾飞电器有限公司预付给上海华联公司货款 5 万元,因上海华联公司改变经营范围,已不符合预付账款性质,公司编制会计分录如下:

借:其他应收款——上海华联公司 50 000

贷:预付账款——上海华联公司 50 000

3)备用金的核算

备用金是指财会部门为了满足本单位内部各部门或职工个人日常零星周转用款,而预付给各科室、车间、非独立核算的经营单位及职工个人的款项。备用金采用先领后用、用后报销的做法。根据备用金的预付方式不同,备用金可分为定额备用金和非定额备用金,不同形式的备用金其会计处理方法也不一样。

(1)定额备用金

定额备用金是指用款部门按定额持有的备用金。其具体做法是:财会部门根据用款部门的实际情况,核定一笔固定金额的备用金,并规定使用范围,预付给用款部门。用款部门使用备用金后,持有效单据到财会部门报账。财会部门审核后,补足用款部门备用金定额。在用款部门不再需要备用金时,将备用金退回给财会部门。

当财会部门向用款部门拨付备用金时,借记“其他应收款——备用金”账户,贷记“库存现金”或“银行存款”账户;用款部门使用备用金后报账时,借记有关账户,贷记“库存现金”或“银行存款”账户;用款部门退回备用金时,借记“库存现金”账户,贷记“其他应收款——备用金”账户。

【例 2-63】 腾飞电器有限公司对后勤部实行定额备用金制度,根据后勤部的实际

情况，核定备用金定额为20 000元，开出现金支票预付给后勤部。编制会计分录如下：

借：其他应收款——备用金——后勤部　　20 000

　贷：库存现金　　20 000

后勤部持购买办公用品单据向财务部报销8 000元，财务部以现金补足定额。编制会计分录如下：

借：管理费用——办公费　　8 000

　贷：库存现金　　8 000

若后勤部不再需要备用金，将备用金20 000元退回公司财务部。根据现金缴款单编制会计分录如下：

借：库存现金　　20 000

　贷：其他应收款——备用金——后勤部　　20 000

(2)非定额备用金

非定额备用金是指用款部门或个人不按固定金额持有备用金，而是随用随领，实报实销。其具体做法是：用款部门或职工个人用款前，先填写借款单向财会部门申请领款。财会部门审核后，付款给用款部门或职工个人。用款部门使用后，持有效单据向财会部门报账核销，多退少补。

【例2-64】　职工张宏出差预借差旅费5 000元，财会部门以现金支付。编制会计分录如下：

借：其他应收款——张宏　　5 000

　贷：库存现金　　5 000

张宏出差归来，凭差旅费报销凭证报销差旅费5 500元。财会部门审核后予以报销，并以现金500元补足。编制会计分录如下：

借：管理费用　　5 500

　贷：其他应收款——张宏　　5 000

　　　库存现金　　500

若张宏实际报销4 800元，将多余款200元退回财会部门。编制会计分录如下：

借：管理费用　　4 800

　　库存现金　　200

　贷：其他应收款——张宏　　5 000

如果企业发生的备用金业务较多，也可单独设置“备用金”账户进行核算。

5.应收款项减值损失的核算

1)应收款项减值损失的确认和计量

企业的各项应收款项，可能会因债务人拒付、破产、死亡等原因而无法收回。这类无法收回的应收款项就是坏账。企业因坏账而遭受的损失为坏账损失或减值损失。企业应当在资产负债表日对应收款项的账面价值进行检查，计算预期信用损失金额，确认减值损失，同时计提坏账准备。

应收款项信用损失应为企业依照合同应收取的合同现金流量与预期能收到的现金流量之间的差额的现值。短期应收款项的预计未来现金流量与其现值相差很小的，在确定相关减值损失时，可不对其预计未来现金流量进行折现。企业应当根据实际情况，参照历史信用损失经验，合理估计当期应收款项预期损失金额。

2）坏账损失的核算方法

企业对应收款项减值损失的核算，按照企业会计准则规定采用备抵法。

备抵法是指采用一定的方法按期（至少每年末）估计应收款项减值损失，提取坏账准备并转作当期费用，实际发生减值损失时，直接冲减已计提的坏账准备，同时转销相应的应收款项余额的一种处理方法。备抵法体现了会计信息的谨慎性要求。

在备抵法下，因为每期提取的坏账准备只是一个估计数，不可能知道具体哪一笔应收款项不能收回，所以不能直接冲销“应收账款”等账户，须单独设置一个“坏账准备”账户，专门用来反映坏账准备的提取额以及应收款项减值损失的实际情况。

“坏账准备”账户，核算企业应收款项等金融资产以预期信用损失为基础计提的损失准备。该账户贷方登记坏账准备的提取金额和重新收回已确认并转销的坏账金额；借方登记发生坏账转销的坏账准备金额；期末贷方余额，反映坏账准备的累计金额。“坏账准备”账户是“应收账款”“其他应收款”“应收票据”“长期应收款”等账户的备抵账户。

（1）备抵法的账务处理

①计提（冲减）坏账准备。期末按应计提坏账准备的金额，借记“信用减值损失”账户，贷记“坏账准备”账户。如果冲减多提的坏账准备，作相反的会计分录。

②转销坏账。发生坏账时，按实际发生的坏账数额，借记“坏账准备”账户，贷记“应收账款”“应收票据”等账户。

③收回已转销的坏账。若已确认为坏账的应收款项重新收回，则根据收回的数额，借记“应收账款”“应收票据”等账户，贷记“坏账准备”账户；借记“银行存款”账户，贷记“应收账款”“应收票据”等账户。

（2）备抵法下计提坏账准备的方法

企业每期期末，应对每一项应收款项的账面余额进行检查，进行减值测试，如果有客观证据表明发生了减值，则应确认应收款项减值损失，计入当期损溢，并计提坏账准备。计提坏账准备时，应注意以下几点：

①第一次计提坏账准备。第一次计提坏账准备的数额，应根据测试的减值损失金额确定，即本期计提的坏账准备金额等于本期期末测试的减值损失金额。

②第二次及以后计提坏账准备。会计期末应测试减值损失金额，将此损失金额与

“坏账准备”账户的余额进行比较，有差异时，应对“坏账准备”账户的余额进行调整，使调整后的“坏账准备”账户的贷方余额与测试的减值损失金额一致。此调整金额即为本期计提的“坏账准备”数额。调整各期“坏账准备”账户的期末余额时，有以下三种情况：

a.调整前的“坏账准备”账户为借方余额，该余额表明本期实际发生的坏账大于上期估计的坏账的差额，这时应以本期期末测试的减值损失金额加上调整前“坏账准备”账户的借方余额作为本期计提坏账准备的数额。

b.调整前的“坏账准备”账户为贷方余额，而且该贷方余额小于本期期末测试的减值损失金额，这时应以“坏账准备”账户贷方余额小于本期期末测试的减值损失金额的差额作为本期计提坏账准备的数额。

c.调整前的“坏账准备”账户为贷方余额，而且该贷方余额大于本期期末测试的减值损失金额，这时应以“坏账准备”账户贷方余额大于本期期末测试的减值损失金额的差额冲减多计提的坏账准备数额。

(3)备抵法的运用

企业可选用的应收款项坏账损失的估计方法有应收款项余额百分比法、账龄分析法、个别认定法等。

①应收款项余额百分比法。应收款项余额百分比法，是用会计期末应收款项的余额乘以估计的坏账损失率计算估计坏账损失，计提坏账准备的方法。

【例 2-65】 腾飞电器有限公司采用“应收款项余额百分比法”计提坏账准备（以“应收账款”年末余额为例），坏账准备的提取比例为 5%，具体资料如下：

a.该企业从 2×17 年开始计提坏账准备，该年年末应收账款余额为 200 000 元。

b.2×18 年年末应收账款余额为 240 000 元，2×18 年未发生坏账损失。

c.2×19 年 4 月，腾飞电器有限公司的客户华生公司陷入财务困难，经确认，该客户原欠腾飞电器有限公司货款 15 000 元，认定为坏账损失。

d.2×19 年年末应收账款余额为 220 000 元。

e.2×20 年 6 月，上述已核销的华生公司的坏账又收回 10 000 元。

f.2×20 年年末应收账款余额为 250 000 元。

腾飞电器有限公司的会计处理如下：

a.2×17 年年末，计算应计提坏账准备金额：200 000×5%＝10 000（元）。编制会计分录如下：

借：信用减值损失　　10 000

　贷：坏账准备　　10 000

b.2×18 年年末，计算应计提坏账准备金额：240 000×5%－10 000＝2 000（元）。编制会计分录如下：

借:信用减值损失　　2 000

　贷:坏账准备　　2 000

c.2×19 年 4 月,将华生公司应收账款确认为坏账损失时:

借:坏账准备　　15 000

　贷:应收账款——华生公司　　15 000

d.2×19 年年末,计算应计提坏账准备金额:220 000×5%-12 000+15 000=14 000(元)。编制会计分录如下:

借:信用减值损失　　14 000

　贷:坏账准备　　14 000

e.2×20 年 6 月收回已核销的坏账时:

借:应收账款——华生公司　　10 000

　贷:坏账准备　　10 000

同时:

借:银行存款　　10 000

　贷:应收账款——华生公司　　10 000

f.2×20 年年末,计算应计提坏账准备金额:250 000×5%-(11 000+10 000)=-8 500(元)。编制会计分录如下:

借:坏账准备　　8 500

　贷:信用减值损失　　8 500

注:2×20 年年末坏账准备实际计提数是负数,应作冲销分录。

②账龄分析法。账龄分析法是根据应收款项账龄的长短,来确定减值损失金额的一种方法。账龄是指客户所欠账款超过结算期的时间。虽然应收款项能否回收的程度与账龄长短并无直接关系,但一般来讲,账龄越长,账款不能收回的可能性就越大。

采用账龄分析法,一般是列出“应收款项账龄分析表”,将所有应收款项按账龄的长短分段排列,然后分段确定坏账损失比例,分段估算坏账损失,把各段估算出来的坏账损失相加后即确定为本期应估计的坏账损失总额和坏账准备金额。

下面举例说明账龄分析法的应用。

【例 2-66】 腾飞电器有限公司通过分析 2×20 年 12 月 31 日各客户的应收账款明细账和预付账款明细账,编制“应收款项账龄分析表”,见表 2-1。

表 2-1 应收账款账龄分析表

单位:元

客户名称	账面余额	未到期	拖欠情况(天)					
			1~30	31~60	61~90	91~120	121~180	破产或追诉中
A	30 000	20 000	10 000					
B	34 700	34 700						
C	11 000			6 000	5 000			
D	58 000	8 000				50 000		
E	10 600					4 000	6 600	
F	5 700							5 700
合计	150 000	62 700	10 000	6 000	5 000	54 000	6 600	5 700

根据历史资料和有关变化条件,为上述各账龄区间分别估计坏账比例,然后编制“坏账损失评估表”,见表 2-2。

表 2-2 坏账损失评估表

2×20 年 12 月 31 日

单位:元

拖欠情况	应收账款金额	估计坏账损失率	估计坏账损失金额
未到期	62 700	0%	0
过期 1~30 天	10 000	1%	100
过期 31~60 天	6 000	2%	120
过期 61~90 天	5 000	5%	250
过期 91~120 天	54 000	10%	5 400
过期 121~180 天	6 600	25%	1 650
破产或追诉中	5 700	60%	3 420
合计	150 000	—	10 940

表 2-2 中,10 940 元即为应收款项 15 万元估计的坏账损失总额。如果该企业是首次估计坏账损失,那么本期应提取的坏账准备为 10 940 元。如果是连续提取,各期估计的坏账损失应同账面原有的坏账准备进行比较,如有差异应进行调整,使估计的坏账损失数额与“坏账准备”账户余额一致。应收账款账龄分析法具有简便、实用的优点。由于考虑了账龄因素,因此计算结果比较合理,能够直接体现应收款项的预计可实现价值。

③个别认定法。个别认定法就是根据每一项应收款项的情况来估计坏账损失的方

法。对于单项金额较大的应收款项,应采用这种方法单独进行减值测试。

2.4 长期股权投资的核算

2.4.1 长期股权投资成本法

1.成本法的适用范围

成本法是指投资按投资成本计价的方法。根据《企业会计准则第 2 号——长期股权投资》的规定,下列长期股权投资应当采用成本法核算:一是投资企业能够对被投资单位实施控制,即对子公司投资;二是对被投资单位不具有共同控制或重大影响,且在活跃市场中没有报价、公允价值不能可靠计量的长期股权投资。

2.成本法的核算程序及方法

企业进行初始投资或追加投资时,按照初始投资或追加投资的投资成本增加长期股权投资的账面价值。

被投资单位宣告分派的利润或现金股利,投资企业按照应该享有的部分,确认当期投资收益。根据《企业会计准则解释第 3 号》规定,采用成本法核算的长期股权投资,除取得投资时实际支付的价款或对价中包含的已宣告但尚未发放的现金股利或利润外,投资企业应当按照享有被投资单位宣告发放的现金股利或利润确认投资收益,不再划分是否属于投资前和投资后被投资单位实现的净利润。

企业按照上述规定确认自被投资单位应分得的现金股利或利润后,应当考虑长期股权投资是否发生减值。企业应当按照《企业会计准则第 8 号——资产减值》对长期股权投资进行减值测试,若发生减值迹象,即长期股权投资的可收回金额低于长期股权投资账面价值的,应当计提减值准备。

【例 2-67】 2×19 年 1 月 1 日,腾飞公司购入 A 公司有表决权的 5%的股票,用银行存款支付价款 200 000 元,另支付相关税费 1 500 元,并准备长期持有。A 公司于 2×19年 4 月 2 日宣告分派 2×18 年度的现金股利 1 000 000 元。

根据上述资料,腾飞公司应编制会计分录如下:

购入 A 公司股票时:

借:长期股权投资——A 公司(投资成本)　　201 500

　贷:银行存款　　201 500

A 公司宣告分派现金股利时:

借:应收股利　　50 000

　贷:投资收益　　50 000

实际收到现金股利时：

借：银行存款　　50 000

　贷：应收股利　　50 000

2.4.2　长期股权投资权益法

1.权益法的适用范围

权益法是指投资最初以投资成本计量，以后根据投资企业享有被投资单位所有者权益份额的变动对投资的账面价值进行调整的方法。在权益法下“长期股权投资”账户的账面金额反映的是投资企业在被投资企业所有者权益总额中所占的份额。根据《企业会计准则第 2 号——长期股权投资》的规定，应当采用权益法核算的长期股权投资包括两类：一是对合营企业投资；二是对联营企业投资。

2.权益法的核算程序及方法

1）账户设置

使用权益法对长期股权投资进行核算时，应在“长期股权投资”账户中分设“成本”“损溢调整”“所有者权益其他变动”三个明细科目。“成本”用于核算长期股权投资的成本及其变动；“损溢调整”用于核算因被投资单位实现净损溢产生的所有者权益的变动；“所有者权益其他变动”用于核算因被投资单位除净损溢以外的其他因素导致的所有者权益的变动。

按照权益法核算的长期股权投资，一般的核算程序如下：

第一，初始投资或追加投资时，按照初始投资成本或追加投资的投资成本，增加长期股权投资的账面价值。

第二，比较初始投资成本与投资时应享有被投资单位可辨认净资产公允价值的份额，对于初始投资成本小于应享有被投资单位可辨认净资产公允价值份额的，应对长期股权投资的账面价值进行调整，计入取得投资当期的损溢。

第三，持有投资期间，随着被投资单位所有者权益的变动相应调整增加或减少长期股权投资的账面价值，并区分情况处理：对属于因被投资单位实现净损溢产生的所有者权益的变动，投资企业按照持股比例计算应享有的份额，增加或减少长期股权投资的账面价值，同时确认为当期投资损溢；对被投资单位除净损溢以外其他因素导致的所有者权益变动，在持股比例不变的情况下，按照持股比例计算应享有或应分担的份额，增加或减少长期股权投资的账面价值，同时确认为资本公积（其他资本公积）。

第四，被投资单位宣告分派利润或现金股利时，投资企业按持股比例计算应分得的部分，一般应冲减长期股权投资的账面价值。

2）初始投资或追加投资的核算

投资企业取得对联营企业或合营企业的投资以后，对于取得投资时初始投资成本与应享有被投资单位可辨认净资产公允价值份额之间的差额，应区别情况处理：

(1)初始投资成本大于取得投资时应享有被投资单位可辨认净资产公允价值份额的，该部分差额是投资企业在取得投资过程中通过作价体现出的与所取得股权份额相对应的商誉及被投资单位不符合确认条件的资产价值，这种情况下不要求对长期股权投资的成本进行调整。

(2)初始投资成本小于取得投资时应享有被投资单位可辨认净资产公允价值份额的，两者之间的差额体现为双方在交易作价过程中转让方的让步，该部分经济利益流入应作为收益处理，记入取得投资当期的营业外收入，同时调整增加长期股权投资的账面价值。

【例 2-68】 2×19 年 4 月 2 日，腾飞公司购入 C 公司股票 50 000 股，每股价格 12 元，每股价格中包含有 0.2 元的已宣告分派的现金股利，另支付相关税费 3 200 元，腾飞公司购入 C 公司的股份占 C 公司有表决权资本的 30%，并准备长期持有。

借：长期股权投资——C 公司股票　　593 200
　应收股利　　10 000
　贷：银行存款　　　　603 200

【例 2-69】 2×19 年，C 公司实现净利润 1 000 000 元，腾飞公司按照持股比例确认投资收益 300 000 元。2×20 年 5 月 15 日，C 公司宣告发放现金股利，每 10 股派 3 元，可分派到 15 000 元。2×20 年 6 月 15 日，腾飞公司收到 C 公司分派的现金股利。

借：长期股权投资——C 公司股票　　300 000
　贷：投资收益　　　　300 000

被投资企业宣告分派股利时：

借：应收股利　　15 000
　贷：长期股权投资——C 公司股票　　　　15 000

实际收到股利时：

借：银行存款　　15 000
　贷：应收股利　　　　15 000

【例 2-70】 腾飞公司将其作为长期投资持有的 C 股份有限公司 50 000 股股票，以每股 15 元的价格出售，支付相关税费 3 500 元，款项已由银行收妥。

借：银行存款　　746 500
　贷：长期股权投资——C 公司股票　　　　750 000
　　应付税费　　　　3 500

【例 2-71】 202×年 1 月，A 企业取得 B 公司 30%的股权，支付价款 3 000 万元。取得投资时被投资单位账面所有者权益总额为 7 500 万元(假定被投资单位各项可辨认资产、负债的公允价值与其账面价值相同)。

A 企业在取得 B 公司的股权后,能够对 B 公司施加重大影响,对该投资采用权益法核算。取得投资时,A 企业应进行以下账务处理:

借:长期股权投资——成本　　30 000 000

　贷:银行存款　　30 000 000

长期股权投资的初始投资成本 3 000 万元大于取得投资时应享有被投资单位可辨认净资产公允价值的份额 2 250 万元(7 500 万元×30%),该差额不调整长期股权投资的账面价值。

假定本例中取得投资时被投资单位可辨认净资产的公允价值为 12 000 万元,A 企业按持股比例 30%计算确定应享有 3 600 万元,则初始投资成本与应享有被投资单位可辨认净资产公允价值份额之间的差额 600 万元应记入取得投资当期的营业外收入。有关账务处理如下:

借:长期股权投资——成本　　36 000 000

　贷:银行存款　　30 000 000

　　营业外收入　　6 000 000

3)投资形成后的核算

长期股权投资形成后,投资方应随着被投资单位所有者权益的变动而相应调整(增加或减少)长期股权投资的账面价值。调整时,应分情况处理。

(1)被投资单位实现净损溢时

投资企业取得长期股权投资后,应当按照应享有或承担的被投资单位实现的净损溢的份额,确认投资损溢并调整长期股权投资的账面价值。在确认应享有或应分担被投资单位的净利润或净亏损时,应以取得投资时被投资单位各项可辨认资产等的公允价值为基础对被投资单位净损溢进行调整后加以确定。一般应考虑以取得投资时被投资单位固定资产、无形资产的公允价值为基础计提的折旧额或摊销额以及有关资产减值准备金额等对被投资单位净利润的影响进行适当调整。投资企业无法合理确定取得投资时被投资单位各项可辨认资产等的公允价值或投资时被投资单位可辨认资产的公允价值与其账面价值相比,两者之间的差额较小,可以不必以公允价值为基础对被投资单位的净损溢进行调整而按照被投资单位实现的净损溢与持股比例计算的结果确认投资收益或损失。

(2)取得现金股利或利润的处理

按照权益法核算的长期股权投资,投资企业自被投资单位取得的现金股利或利润,应抵减长期股权投资的账面价值。在被投资单位宣告分派现金股利或利润时,借记“应收股利”科目,贷记“长期股权投资——损溢调整”科目;自被投资单位取得的现金股利或利润超过已确认损溢调整的部分应视同投资成本的收回,冲减长期股权投资的成本。

(3)被投资单位除净损溢以外所有者权益的其他变动

采用权益法核算时,投资企业对于被投资单位除净损溢以外所有者权益的其他变动,在持股比例不变的情况下,应按照持股比例与被投资单位除净损溢以外所有者权益的其他变动中归属于本企业的部分,相应调整长期股权投资的账面价值,并增加或减少资本公积。

【例 2-72】 甲公司持有乙公司 30%的股份,能够对乙公司施加重大影响。当期乙公司因持有的可供出售金融资产公允价值的变动计入资本公积的金额为 1 200 万元,除该事项外,乙公司当期实现的净损溢为 6 400 万元。假定甲公司与乙公司适用的会计政策、会计期间相同,投资时乙公司有关资产、负债的公允价值与其账面价值亦相同。甲公司在确认应享有被投资单位所有者权益的变动时:

借:长期股权投资——损溢调整　　19 200 000
　　　　　　　　——其他权益变动　　3 600 000
　贷:投资收益　　19 200 000
　　资本公积——其他资本公积　　3 600 000

(4)股票股利的处理

被投资单位分派的股票股利,投资企业不作账务处理,但应于除权日注明所增加的股数,以反映股份的变化情况。

2.4.3 长期股权投资的减值和处置

1.长期股权投资的减值

当长期股权投资不能为企业带来未来的经济利益或者虽然还能为企业带来一定的经济利益,但其能力已大大减弱,则表明该项长期股权投资已发生减值,就不能再保持原来的账面价值。

按照《企业会计准则第 8 号——资产减值》的规定,企业在资产负债表日应当判断长期股权投资是否存在可能发生减值的迹象。如果市价持续下跌或被投资单位经营状况变化等原因导致长期股权投资的可收回金额低于账面价值,应将可收回金额低于账面价值的差额确认为当期投资损失,并计提减值准备,以抵减长期股权投资的账面价值。

长期股权投资的减值是指长期股权投资的可收回金额低于账面价值所发生的损失。可收回金额应当根据长期股权投资的公允价值减去处置费用后的净额与资产预计未来现金流量的现值两者之间的较高者确定。

长期股权投资减值损失一经确定,在以后会计期间不得转回。

企业计提长期股权投资减值准备应当设置"长期股权投资减值准备"科目,企业按减记的金额,借记"资产减值损失——计提的长期股权投资减值准备"科目,贷记"长期

股权投资减值准备”科目。

【例 2-73】 202×年 12 月 31 日，甲公司占乙公司表决权资本的 60%，甲公司长期股权投资的账面价值为 6 000 万元，假设该日长期股权投资具有公开市价且能够可靠计量的公允价值为 5 500 万元，则需计提 500 万元的减值准备。

借：资产减值损失——计提的长期股权投资减值准备　　5 000 000

　贷：长期股权投资减值准备　　5 000 000

2.长期股权投资的处置

企业持有长期股权投资的过程中，由于各方面的考虑，决定将所持有的对被投资单位的股权全部或部分对外出售时，应相应结转与所售股权相对应的长期股权投资的账面价值，出售所得价款与处置长期股权投资账面价值之间的差额，应确认为处置损溢（投资收益）。

采用权益法核算的长期股权投资，原计入资本公积中的金额，在处置时亦应进行结转，将与所出售股权相对应的部分在处置时自资本公积转入投资收益账户。

【例 2-74】 202×年 12 月 20 日，A 企业原持有 B 企业 40%的股权，A 企业决定出售其持有的 B 企业股权的 1/4。出售时 A 企业账面上对 B 企业长期股权投资的账面价值构成为：投资成本 1 200 万元，损溢调整 320 万元，其他权益变动 200 万元，出售取得价款 470 万元。

A 企业应确认的处置损溢为：

借：银行存款　　4 700 000

　贷：长期股权投资　　4 300 000

　　　投资收益　　400 000

同时，应将原计入资本公积的部分按比例转入当期损溢：

借：资本公积——其他资本公积　　500 000

　贷：投资收益　　500 000

2.5　固定资产的核算

2.5.1　固定资产取得

1.外购固定资产的核算

企业的外购固定资产，其成本包括实际支付的买价、进口关税和其他税费，以及使固定资产达到预定可使用状态前所发生的可归属于该资产的费用，如场地整理费、运输费、装卸费、安装费和专业人员服务费等。由于我国从 2009 年 1 月 1 日起对增值税的管理实行了生产型向消费型的转变，即在征收增值税时，允许企业将外购固定资产所含增值税进项税额一次性全部扣除，所以企业外购固定资产增值税专用发票所列应交增值税税额不能计入固定资产价值，而是作为进项税额单独核算，如企业外购的设备、机械、运输工具以及其他与生产经营有关的设备、工具、器具等固定资产。这里要注意两个问题：一是外购的固定资产如果是自用的应征消费税的摩托车、汽车、游艇，则其进项税额不能从销项税额中扣除，而应计入所购资产成本中；二是对于已抵扣进项税额的固定资产，如果将其用于企业集体福利、个人消费等方面，应在当月按照扣除后的固定资产净值和适用的增值税税率计算不得抵扣的进项税额。

1）购入不需安装的固定资产

购入不需安装的固定资产是指企业购入的固定资产不需要安装就可以直接交付使用。按实际支付的价款和相关税费，借记"固定资产"科目，按实际支付的增值税进项税额，借记"应交税费——应交增值税（进项税额）"科目，按实际支付的款项，贷记"银行存款"等科目；购入用于集体福利或个人消费的固定资产以及非增值税应税项目的不动产，应按实际成本借记"固定资产"科目，贷记"银行存款"等科目。

【例 2-75】 202×年 1 月 6 日，洪都健身馆购入 10 台不需要安装的跑步机，增值税发票注明价款 100 000 元，增值税额 13 000 元，另支付运费 4 000 元，运费按 9%计提增值税，款项已用银行存款付讫。

借：固定资产 106 000
　　应交税费——应交增值税（进项税额） 13 360
　　贷：银行存款 119 360

【例 2-76】 腾飞公司购入一辆管理用小汽车，增值税发票注明价款 300 000 元，增值税额 39 000 元，款项已用银行存款付讫。该公司编制会计分录如下：

借：固定资产 300 000
　　应交税费——应交增值税（进项税额） 39 000
　　贷：银行存款 339 000

在个别情况下，企业的固定资产可能与其他几项可以独立使用的资产采用一揽子购买方式进行购买。此时，企业支付的是捆绑在一起的各项资产的总成本，而单项固定资产并没有标价。但是在会计核算时由于各项固定资产的作用、价值额以及后续计量问题的会计处理方法不同，就需要对每一项资产的价值分别加以衡量。采用的方法是，将购买的总成本按每项资产的公允价值占各项资产公允价值总和的比例进行分配，以确定各项资产的入账价值。

【例 2-77】 202×年 8 月，腾飞公司一次性购入甲、乙两套不需要安装的运输设备，增值税发票注明价款总额为 3 000 000 元，增值税额 390 000 元，另支付运杂费90 000 元，款项均以银行存款支付。其中，甲设备的公允价值为 1 100 000 元，乙设备的公允价

值为 2 200 000 元。

腾飞公司的会计处理如下：

(1) 确定甲、乙两套不需要安装的运输设备的总成本。

总成本 = 3 000 000+90 000

= 3 090 000(元)

(2) 确定甲、乙两套运输设备的入账价值。

甲设备的入账价值 = 1 100 000÷(1 100 000+2 200 000)×3 090 000

= 1 030 000(元)

乙设备的入账价值 = 2 200 000÷(1 100 000+2 200 000)×3 090 000

= 2 060 000(元)

(3) 编制会计分录如下：

借：固定资产——甲设备	1 030 000	
——乙设备	2 060 000	
应交税费——应交增值税(进项税额)	390 000	
贷：银行存款		3 480 000

2) 购入需要安装的固定资产

购入需要安装的固定资产是指购入的固定资产需要经过安装以后才能交付使用。固定资产在安装完毕交付使用前均应通过“在建工程”科目核算，待安装完毕交付使用时，再由“在建工程”科目转入“固定资产”科目。

(1) 企业购入固定资产时，按实际支付的买价、相关税金、包装费、运输费等，借记“在建工程”科目，按实际支付的增值税进项税额，借记“应交税费——应交增值税(进项税额)”科目，按实际支付的款项，贷记“银行存款”等科目；购入用于集体福利或个人消费的固定资产以及非增值税应税项目的不动产，应按实际成本借记“在建工程”科目，贷记“银行存款”等科目。

(2) 安装过程中，按支付的安装费用，借记“在建工程”科目，贷记“银行存款”“原材料”等科目。

(3) 安装完毕交付使用，将采购成本和安装成本结转计入固定资产价值，借记“固定资产”科目，贷记“在建工程”科目。

【例 2-78】 202×年 1 月 10 日，南海股份有限公司购进一台需要安装的机床，增值税发票注明价款 5 000 000 元，增值税额 650 000 元，另支付运杂费 20 000 元(其中运费 18 000 元按 9%计提增值税，杂费 2 000 元不计提增值税)，款项均以银行存款支付。

借：在建工程	5 018 380	
应交税费——应交增值税(进项税额)	651 620	
贷：银行存款		5 670 000

202×年2月10日,在安装机床时,领用原材料一批1 000 000元,购进时增值税税率为13%,同时负担安装工人工资113 000元。

借:在建工程 1 243 000

贷:原材料 1 000 000

应交税费——应交增值税(进项税额转出) 130 000

应付职工薪酬 113 000

202×年12月21日,机床达到预定可使用状态并投入车间生产部门使用。

借:固定资产 6 261 380

贷:在建工程 6 261 380

2.自行建造固定资产的核算

企业自行建造的固定资产,按建造该项固定资产达到预定可使用状态前所发生的必要支出,作为入账价值。自行建造固定资产需通过"在建工程"科目核算,当所建造的固定资产达到预定可使用状态时,再从"在建工程"科目转入"固定资产"科目。

企业自行建造的固定资产,有自营建造和出包建造两种方式。

1)自营建造固定资产

自营建造的固定资产的入账价值,按照建造该项固定资产达到预定可使用状态前发生的必要支出确定,包括直接材料、直接人工、直接机械施工费等。自营建造的固定资产主要通过"工程物资"和"在建工程"科目进行核算。根据增值税暂行条例,企业构建固定资产应区分一般固定资产和不动产在建工程核算。一般固定资产是指使用期限超过12个月的机器、器械、运输工具以及其他与生产经营有关的设备、工具、器具等。不动产在建工程是指纳税人新建、改建、扩建、修缮、装饰不动产的工程。企业的不动产在建工程属于非增值税应税项目,支付的增值税进项税额不得抵扣,直接计入工程成本。

(1)工程物资的核算

企业采购工程物资时,应区分一般固定资产构建和不动产在建工程分别核算。自建一般固定资产购入的工程物资,应按实际支付的买价、支付的增值税以外的税金、包装费、运输费等,借记"工程物资"科目,按支付的增值税进项税额,借记"应交税费——应交增值税(进项税额)"科目,按实际支付的款项,贷记"银行存款"等科目;不动产在建工程购入的工程物资,应按实际支付的买价、税金、包装费、运输费等,借记"工程物资"科目,借记"应交税费——应交增值税(进项税额)"科目,如果用于不可抵扣项目,则进项税额应计入工程物资成本,按实际支付的款项,贷记"银行存款"等科目。

(2)固定资产建造过程的核算

企业固定资产构建领用工程用物资时,按实际成本,借记"工程物资"科目;发生的其他建造费用,按实际成本,借记"在建工程"科目,贷记"应付职工薪酬""原材料""银

行存款”等科目。

(3)固定资产安装完毕交付使用的核算

企业应按全部成本结转计入固定资产价值,借记“固定资产”科目,贷记“在建工程”科目。

在确定自营工程成本时还需要注意以下几个方面的问题:

①为自制设备而购入工程物资所支付的增值税额,不应计入工程成本,应作为进项税额单独列示,从销项税额中抵扣。

②工程领用外购存货,应按成本转出,计入工程成本。

③工程领用自制半成品和产成品,应视同销售,按售价计算销项税额,连同自制半成品和产成品的生产成本一并计入工程成本。

④在建工程进行负荷联合试车发生的费用,应计入工程成本(待摊支出);试车期间形成可对外销售的产品或副产品对外销售或转为库存商品时,应按产品实际成本冲减工程成本(待摊支出)。

⑤建设期间发生的工程物资盘亏、报废及毁损净损失,应计入工程成本;盘盈的工程物资或处置净收益,应冲减工程成本。

⑥由于自然灾害等原因造成的工程物资报废或毁损,应按照扣除残料价值和过失人或保险公司等赔款后的净损失,计入当期营业外支出。

⑦工程完工后,对于已领出的剩余物资办理退库手续。

⑧在建工程达到预定可使用状态时,对发生的待摊支出应分配计算,计入各工程成本。

【例 2-79】　腾飞公司于 202×年 8 月拟自行建造一条生产流水线,发生下列经济业务:

①购入一批工程用材料,买价 300 000 元,增值税专用发票上注明的增值税进项税额 39 000 元,款项已由银行存款支付。

借:工程物资　　300 000
　应交税费——应交增值税(进项税额)　　39 000
　贷:银行存款　　339 000

②领用工程材料 250 000 元。

借:在建工程　　250 000
　贷:工程物资　　250 000

③领用生产用原材料一批,实际成本 20 000 元。

借:在建工程　　20 000
　贷:原材料　　20 000

④月末结算工程人员工资 60 000 元。

借:在建工程　　60 000

　贷:应付职工薪酬　　60 000

⑤工程完工交付使用。

借:固定资产　　330 000

　贷:在建工程　　330 000

【例 2-80】 南方软件有限公司自行建造一座仓库。为建造该仓库,发生的有关业务如下:

①202×年 1 月 2 日,购入一批工程物资,买价 200 000 元,增值税专用发票上注明的增值税进项税额为 26 000 元。

借:工程物资　　200 000

　应交税费——应交增值税(进项税额)　　26 000

　贷:银行存款　　226 000

②202×年 1 月 3 日,领用 1 月 2 日购入的工程物资 200 000 元。

借:在建工程　　200 000

　贷:工程物资　　200 000

③202×年 1 月 6 日,工程领用一批外购原材料 40 000 元。

借:在建工程　　45 200

　贷:原材料　　40 000

　　应交税费——应交增值税　　5 200

④202×年 1 月 31 日,计提工程人员的工资 50 000 元。

借:在建工程　　50 000

　贷:应付职工薪酬　　50 000

⑤202×年 1 月 31 日,退回剩余的工程物资。

借:工程物资　　20 000

　贷:在建工程　　20 000

⑥202×年 1 月 31 日,将剩余的工程物资 20 000 元转作生产用原材料。

借:原材料　　20 000

　贷:工程物资　　20 000

⑦202×年 1 月 31 日,工程完工并交付使用。

借:固定资产　　275 200

　贷:在建工程　　275 200

2) 出包建造固定资产

出包工程是指企业通过招标等方式将工程项目发包给建造商,由建造商组织施工的建筑工程和安装工程。企业采用出包方式进行的固定资产工程,其工程的具体支出

主要由建筑商进行核算。在这种情况下,"在建工程"账户主要是企业与建造商办理工程价款的结算账户,企业支付给建造商的工程价款作为工程成本,通过"在建工程"账户核算。

【例 2-81】　企业将建造仓库的工程出包,双方签订的合同约定工程总造价为400 000元,企业先预付工程价款的 50%,另 50%待工程竣工验收后再支付。编制会计分录如下:

(1)向承包单位预付 50%的工程价款时:

借:在建工程——建筑工程(仓库工程)　　200 000

　应交税费——应交增值税(进项税额)　　26 000(200 000×13%)

　贷:银行存款　　226 000

(2)工程竣工验收后支付另外 50%的工程价款时:

借:在建工程——建筑工程(仓库工程)　　200 000

　应交税费——应交增值税(进项税额)　　26 000(200 000×13%)

　贷:银行存款　　226 000

(3)工程完工交付使用时:

借:固定资产　　400 000

　贷:在建工程——建筑工程(仓库工程)　　400 000

3.其他方式取得的固定资产的核算

1)投资者投入固定资产

企业投资者作价投入的房屋、建筑物、机器设备等固定资产,应按投资合同或协议约定的价值(不公允的除外)作为固定资产的入账价值,按投资合同或协议约定的投资者在企业注册资本或股本中所占份额的部分作为实收资本或股本入账,投资合同或协议约定的价值(不公允的除外)超过投资者在企业注册资本或股本中所占份额的部分,记入"资本公积"(资本溢价或股本溢价)科目。接受投资时,借记"固定资产"科目;按取得增值税专用发票上注明的增值税进项税额,借记"应交税费——应交增值税(进项税额)"科目;按投资各方确认的价值在其注册资本中所占的份额,贷记"实收资本"或"股本"科目;按投资各方确认的价值与确认为实收资本或股本的差额,贷记"资本公积——资本溢价"或"资本公积——股本溢价"科目。

【例 2-82】　202×年 6 月 19 日,南方实业有限公司接受长虹公司投资的机床一台,协议价格为 50 000 元(公允价值),取得的增值税专用发票上注明的增值税税额为6 500元。

借:固定资产　　50 000

　应交税费——应交增值税(进项税额)　　6 500

　贷:实收资本　　56 500

在本例中,该项固定资产协议约定的价值与公允价值相符,南方实业有限公司接受长虹公司投入的固定资产按协议约定的价值与增值税进项税额作为实收资本,因此,可按56 500元的金额贷记"实收资本"科目。

2)融资租入固定资产

融资租赁是指实质上转移了与资产所有权有关的全部风险和报酬的租赁。企业对融资租入固定资产单设"融资租入固定资产"明细科目核算。

企业采用融资租赁方式租入的固定资产,虽然在法律形式上资产的所有权在租赁期间仍然属于出租人,但由于资产的租赁期基本上包括资产的有效使用年限,承租企业实质上获得了租赁资产所能提供的主要经济利益,同时承担了与资产所有权有关的风险。因此,承租企业应将融资租入资产作为一项固定资产入账,同时确认相应的负债,并采用与自有应折旧资产相一致的折旧政策计提折旧。

2.5.2 固定资产折旧

1.固定资产折旧的概念

固定资产折旧是指固定资产在使用期限内因不断地发生损耗,而逐渐转移到产品成本或有关费用中去的那部分价值。

固定资产的损耗分为有形损耗和无形损耗两种。有形损耗又称物质损耗或物质磨损,是指固定资产由于使用发生的物质磨损或自然力的影响,受到物理、化学或自然力等因素的作用而逐渐发生的一定程度的损耗或磨损,如设备使用中发生的磨损、房屋建筑物受到的自然侵蚀等。无形损耗,是指由于社会劳动生产率的提高,科学技术的发明和发现,使用原有机器设备变得很不经济,不得不提前退废,从而引起的价值损失。随着科学技术的迅猛发展,固定资产的无形损耗将更为明显。

从本质上讲,折旧也是一种费用。固定资产折旧的过程中,企业占用于固定资产形态上的资金因固定资产价值的逐步转移而不断减少,并以折旧方式转化为成本费用和随着收入的实现得到补偿。

2.影响固定资产折旧的因素

1)固定资产的折旧基数,即固定资产的原始价值

它表明在固定资产的整个使用期内,应将其取得时发生的原始成本通过计提折旧的方法,从各期收入中收回,以实现固定资产价值的补偿和实物的更新。

2)固定资产的净残值

固定资产的净残值是指预计固定资产报废时可以收回的残余价值扣除预计清理费用后的数额。净残值是在固定资产报废时对固定资产支出的一种价值回收,将固定资产原价减去报废时预计的净残值,即为固定资产在整个使用期间的应提折旧总额。在

计算折旧时，对固定资产的残余价值和清理费用只能人为估计，不可避免地存在主观随意性。为了避免人为调整净残值的数额和计提折旧额，我国财务制度规定，预计残值比例在原价的3%～5%以内，由企业自行在规定的范围内确定；由于情况特殊需要调整的，应报有关部门备案。

3）固定资产的使用年限

固定资产使用年限即固定资产的使用寿命其长短直接影响各期应计提的折旧额。企业在确定固定资产使用年限时，主要应考虑以下因素：

（1）该资产的预计生产能力或实物产量。

（2）该资产预计的有形损耗。

（3）该资产预计的无形损耗，如因新技术的出现而使现有的技术水平相对陈旧、市场需求变化使产品过时等。

（4）有关资产使用的法律或类似规定的限制。

具体到某一固定资产的预计使用寿命，企业应在考虑上述因素的基础上，结合不同固定资产的性质、消耗方式、所处环境等因素，作出判断。在相同环境条件下，对于同样的固定资产预计使用寿命应具有相同的预期。

4）固定资产的折旧方法

企业应根据与固定资产有关的经济利益的预期实现方式，合理选择固定资产折旧方法。可选用的折旧方法有年限平均法、工作量法、双倍余额递减法和年数总和法等。不同的折旧方法会对企业的成本费用、利润产生不同的影响，所以，固定资产折旧方法一经确定，不得随意变更。

有关固定资产预计使用年限、净残值、折旧方法等由企业自行确定，并按管理权限批准，作为计提折旧依据，一经确定不得随意变更。

3.固定资产折旧的范围

为了正确计算固定资产的折旧，应明确哪些固定资产应当计提折旧，哪些固定资产不应计提折旧，即要明确计提固定资产折旧的范围。

会计准则规定，企业应对所有固定资产计提折旧。但是下列固定资产不计提折旧：

（1）已提足折旧仍继续使用的固定资产。

（2）按照规定单独估价作为固定资产入账的土地。

（3）已全额计提减值准备的固定资产。

（4）提前报废的固定资产，不再补提折旧。

已达到预定可使用状态的固定资产，如果尚未办理竣工决算的，应当按照估计价值暂估入账，并计提折旧；待办理完竣工决算手续后，再按实际成本调整原来的暂估价值，但不需要调整原已计提的折旧额。

企业一般按月计提折旧，当月增加的固定资产，当月不计提折旧，从下月起计提折旧；当月减少的固定资产，当月仍计提折旧，从下月起不计提折旧。固定资产提足折旧后，不管能否继续使用，均不能再计提折旧；提前报废的固定资产，也不再补提折旧。

4.固定资产折旧的方法

企业应当根据与固定资产有关经济利益的预期实现方式，合理选择固定资产折旧的方法。可选用的折旧方法包括年限平均法、工作量法、双倍余额递减法和年数总和法等。其中，年限平均法和工作量法为直线法折旧；年数总和法和双倍余额递减法为加速法折旧。

1)年限平均法

年限平均法是将固定资产的折旧均衡地分摊到各期的一种方法。使用这种方法计算的每期折旧额均是等额的。其计算公式为：

$$\text{固定资产年折旧额}=\frac{\text{固定资产原值}-\text{预计净残值}}{\text{预计使用年限}}$$

$$\text{年折旧率}=\frac{1-\text{预计净残值率}}{\text{预计使用年限}}\times 100\%$$

$$\text{月折旧率}=\frac{\text{年折旧率}}{12}$$

$$\text{月折旧额}=\text{固定资产原值}\times\text{月折旧率}$$

使用年限平均法的优点是比较简单，且各期对会计利润影响相同。其缺点是没有考虑固定资产的各期所带来的经济利益不均衡问题。一般来说，固定资产在使用前期带来的经济利益较多，而在使用后期带来的经济利益较少；没有考虑固定资产在各期发生的维修费用不均衡问题，一般情况下，固定资产的维修费用将随着其使用时间的延长而不断增大。因此，这种方法适用于固定资产在各个使用期间的磨损较均衡的情况下采用。

【例2-83】 腾飞公司某项固定资产原价为50 000元，预计使用年限为10年，预计残值收入为3 000元，预计清理费用为1 000元，则：

固定资产年折旧额=[50 000-(3 000-1 000)]÷10=4 800(元)

固定资产年折旧率=[50 000-(3 000-1 000)]÷(10×50 000)×100%=9.6%

固定资产月折旧率=9.6%÷12=0.8%

固定资产月折旧额=50 000×0.8%=400(元)

上述折旧率是按个别固定资产单独计算的，称为个别折旧率，即某项固定资产在一定期间的折旧额与该项固定资产原价的比率。此外，还有分类折旧率和综合折旧率。

分类折旧率是指固定资产分类折旧额与该类固定资产原价的比率。采用这种方法，应先把性质、结构和使用年限接近的固定资产归为一类，再按类计算平均折旧率，用该类折旧率对该类固定资产计提折旧。分类折旧率的计算公式如下：

某类固定资产年分类折旧率=该类固定资产年折旧额之和÷该类固定资产原价之和

采用分类折旧率计算固定资产折旧，其优点是计算方法简单，但准确性不如个别折旧率。

综合折旧率是指某一期间企业全部固定资产折旧额与全部固定资产原价的比率。其计算公式如下：

固定资产年综合折旧率=各项固定资产年折旧额之和÷各项固定资产原价之和

2）工作量法

工作量法是指根据固定资产的实际工作量计提折旧额的一种方法。工作量可用行驶里程、工作小时以及产品产量等表示。其计算公式为：

$$每一工作量折旧额=固定资产原值\times\frac{1-预计净残值率}{预计总工作量}$$

固定资产月折旧额=该项固定资产当月工作量×每一工作量折旧额

采用工作量法的优点是固定资产的折旧额与其磨损程度相符，因而分摊较为合理。其缺点是只注重固定资产的使用程度，而忽略了其自然侵蚀的影响。这种方法适用于固定资产在各个使用期间的磨损程度较均衡的情况，一般适用于企业专业车队的客、货运汽车、大型设备等的折旧计算。

【例 2-84】 腾飞公司有运输卡车一辆，原值 200 000 元，预计行程 1 950 000 公里，预计残值 6 000 元，预计清理费用 1 000 元，本月行驶 1 000 公里。

单位里程折旧额=(200 000 −6 000 +1 000)÷1 950 000 =0.1(元/公里)

本月折旧额 = 0.1 × 1 000 =100(元)

3）双倍余额递减法

双倍余额递减法是指将直线法的年折旧率（不考虑净残值）加倍，固定资产余额价值为基数计算各年折旧额的一种折旧方法。其计算公式为：

$$年折旧率=\frac{2}{预计使用年限}\times100\%$$

年折旧额=每个折旧年度年初固定资产账面净值×年折旧率

月折旧额=年折旧额÷12

需要注意的是，由于双倍余额递减法是在不考虑固定资产残值的情况下，用每年年初固定资产账面余额和折旧率来计算各期折旧额的，因此，在采用这种方法时不能使固定资产残值账面折余价值低于它的预计净残值，一般在其固定资产折旧年限到期的最后两年改用直线法折旧。

【例 2-85】 腾飞公司某项固定资产原值为 25 000 元，预计折旧年限为 5 年，预计净残值率为4%,净残值为1 000元,计算年折旧率及年折旧额。

年折旧率=2÷5×100%=40%

第一年折旧额=(25 000-0)×40%=10 000(元)

第二年折旧额=(25 000-10 000)×40%=6 000(元)

第三年折旧额=(25 000-16 000)×40%=3 600(元)

第四、五年折旧额=(25 000-19 600-1 000)÷2=2 200(元)

4)年数总和法

年数总和法是将固定资产的原值减去净残值后的净额,乘以一个逐年递减的分数计算确定固定资产折旧额的一种方法。这个分数的分子代表固定资产尚可使用年数,分母代表使用年数的逐年数字的总和。这种方法的特点是计算折旧的基数不变,而折旧率则随着使用年数增加而逐年下降。因此,各年的折旧额也是逐渐递减的。其计算公式为:

$$年折旧率=\frac{尚可使用年限}{预计可使用年限的年数之和}$$

$$月折旧率=\frac{年折旧率}{12}$$

年折旧额=(固定资产原值-预计净残值)×年折旧率

月折旧额=年折旧额÷12。

其中:年数总和=预计使用寿命×(预计使用寿命+1)÷2

【例2-86】 腾飞公司一项固定资产的原价为100 000元,预计使用年限为5年,预计净残值为4 000元,按年数总和法计算年折旧额。

第一年:

折旧率=(5-0)/(1+2+3+4+5)= 5/15

折旧额=(100 000-4 000)×5/15=32 000(元)

第二年:

折旧率=(5-1)/(1+2+3+4+5)= 4/15

折旧额=(100 000-4 000)×4/15=25 600(元)

第三年:

折旧率=(5-2)/(1+2+3+4+5)= 3/15

折旧额=(100 000-4 000)×3/15=19 200(元)

第四年:

折旧率=(5-3)/(1+2+3+4+5)= 2/15

折旧额=(100 000-4 000)×2/15=12 800(元)

第五年:

折旧率=(5-4)/(1+2+3+4+5)=1/15

折旧额=(100 000-4 000)×1/15=6 400(元)

5.提取折旧的账务处理

企业每月计提的折旧额，应按照固定资产的用途和使用部门，记入不同的成本费用账户。企业基本生产车间所使用的固定资产，其计提的折旧应记入"制造费用"科目；管理部门所使用的固定资产，其计提的折旧应记入"管理费用"科目；销售部门所使用的固定资产，其计提的折旧应记入"销售费用"科目；经营租出的固定资产，其计提的折旧应记入"其他业务成本"科目；闲置不用的固定资产，其计提的折旧应记入"管理费用"科目。

【例 2-87】　腾飞公司采用年限平均法对固定资产计提折旧。202×年 7 月固定资产折旧如下：一车间为 560 000 元，二车间为 500 000 元，厂部为 200 000 元，销售部为 100 000 元。会计处理如下：

借：制造费用——一车间　　560 000

　　　　　　——二车间　　500 000

　　管理费用　　200 000

　　销售费用　　100 000

　贷：累计折旧　　1 360 000

【例 2-88】　腾飞公司采用年限平均法对固定资产计提折旧。2×19 年 12 月 31 日，购入设备，价值 6 100 000 元，预计折旧年限为 10 年，预计净残值为 100 000 元，请计算 2×20年该设备应计提的折旧并作出账务处理。(假设设备的折旧是按年计提的)

借：制造费用　　600 000

　贷：累计折旧　　600 000

2.5.3　固定资产的后续支出

固定资产的后续支出是指固定资产在使用过程中发生的更新改造支出、修理费用等。企业的固定资产投入使用后，为了适应新技术发展的需要，或者为了维护或提高固定资产的使用效能，往往需要对现有的固定资产进行维护、改建、扩建或者改良，这些支出就是固定资产的后续支出。固定资产的后续支出通常包括固定资产在使用过程中发生的日常修理费、大修理费、更新改造支出、房屋的装修费等。

如果这项支出增强了固定资产获取未来经济利益的能力，如延长了固定资产的使用寿命，使产品质量实质性提高或使产品成本实质性降低，使可能流入企业的经济利益超过了原先的估计，则应将该支出资本化，计入固定资产的账面价值；否则，应将这些后续支出予以费用化。

1.固定资产的更新改造

企业将固定资产进行更新改造的,如符合资本化的条件,应将固定资产的原价、已计提的累计折旧额和减值准备转销,将其账面价值转入在建工程,并停止计提折旧。固定资产发生的可资本化的后续支出,应通过“在建工程”账户核算。固定资产发生可资本化的后续支出时,企业应将该固定资产的原价、已计提的累计折旧和减值准备转销,将固定资产的账面价值转入在建工程,借记“在建工程”“累计折旧”“ 固定资产减值准备”等账户,贷记“固定资产”账户。固定资产发生的可资本化的后续支出,借记“在建工程”科目,发生后续支出取得增值税专用发票的,应按前述规定区分动产和不动产分别进行核算。如为动产,按增值税专用发票上注明的增值税进项税额,借记“ 应交税费——应交增值税(进项税额)”科目;如为不动产,借记“应交税费——应交增值税(进项税额)”科目。两者按应付或实际支付的金额,贷记“银行存款”等科目。在固定资产更新改造完工并达到可使用状态时,借记“固定资产”科目,贷记“在建工程”科目,并按重新确定的使用寿命、预计净残值和折旧方法计提折旧。

【例 2-89】 腾飞公司有一条生产线于 2×17 年 12 月建成并投入使用,建造成本为 500 000 元,采用年限平均法计提折旧,预计该生产线的使用寿命为 5 年,预计净残值率为原值的 3%。2×20 年 1 月 1 日,公司为满足生产发展的需要,决定对该生产线进行扩建以提高其生产能力。改扩建用时三个月,共发生支出 240 000 元, 取得的增值税专用发票上注明的增值税税额为 31 200 元(假定全部用银行存款支付)。改扩建后的生产线预计尚可使用 6 年,预计净残值率为改扩建后该生产线账面价值的 3%,折旧方法仍为年限平均法。该公司账务处理如下:

(1)2×18 年 1 月 1 日至 2×19 年 12 月 31 日,该生产线每年应计提的折旧额为 97 000 元,每月提取折旧 8 083. 33 元。两年期间,每月月末计提折旧的账务处理为:

借:制造费用	8 083. 33	
贷:累计折旧		8 083. 33

(2)2×20 年 1 月 1 日,该生产线的账面价值为 306 000(500 000-97 000×2)元,该生产线转入在建工程时的账务处理为:

借:在建工程	306 000	
累计折旧	194 000	
贷:固定资产		500 000

(3)2×20 年 1 月 1 日至 3 月 31 日,发生改扩建支出的账务处理为:

借:在建工程	240 000	
应交税费——应交增值税(进项税额)	31 200	
贷:银行存款		271 200

(4)改扩建工程达到预定可使用状态,后续支出全部资本化后的生产线的账面价值

为 546 000 元,转为固定资产。其账务处理为:

借:固定资产　　546 000

　贷:在建工程　　546 000

(5)改扩建后的生产线的年折旧额为 88 270 元,月折旧额为 7 355.83 元。2×20 年 4 月开始每月月末计提折旧的账务处理为:

借:制造费用　　7 355.83

　贷:累计折旧　　7 355.83

【例 2-90】　202×年 9 月 30 日,南方软件有限公司因生产经营方向调整,决定采用外包方式对该设备进行改良,改良工程验收合格后支付工程款。该设备于当日停止使用,开始改良。该设备原值为 6 100 000 元,计提折旧 975 000 元,计提固定资产减值准备 900 000 元。

借:在建工程　　4 225 000

　累计折旧　　975 000

　固定资产减值准备　　900 000

　贷:固定资产　　6 100 000

202×年 12 月 31 日,改良工程完工并验收合格,南方软件有限公司用银行存款支付工程款 625 000 元。

借:在建工程　　625 000

　贷:银行存款　　625 000

202×年 12 月 31 日,改良工程完工并验收合格,当日改良后的设备投入使用。

借:固定资产　　4 850 000

　贷:在建工程　　4 850 000

2.固定资产的修理

在一般情况下,固定资产投入使用后,由于磨损、各组成部分的耐用程度不同,可能会导致固定资产的局部损坏,为了维护固定资产的正常运转和使用,充分发挥其使用效能,企业应对固定资产进行必要的维护。固定资产的日常维护支出只是确保固定资产的正常工作状态,通常不满足资本化支出的确认条件,应在发生时费用化处理,计入当期损溢,不得采用待摊或预提的方式处理。

与固定资产有关的修理费用等后续支出,不符合固定资产确认条件的,应当根据不同情况分别在发生时计入当期管理费用或销售费用。因进行大修理而停用的固定资产,应当照旧计提折旧,计提的折旧应计入相关的成本费用。

【例 2-91】　202×年 10 月 24 日,腾飞公司对现有的一台管理用设备进行修理,修理过程中领用一批原材料,价值 50 000 元,应支付维护人员的工资为 15 000 元。账务处理如下:

借:管理费用　　65 000
　贷:原材料　　50 000
　　应付职工薪酬　　15 000

2.5.4 固定资产处置

1.固定资产的处置

固定资产处置,即固定资产的终止确认,具体包括固定资产的出售、转让、报废和毁损、对外投资、非货币性资产交换、债务重组等。为加强固定资产管理,充分合理地提高固定资产的利用效率,企业在处置固定资产时应严格按规定的程序进行审批,并填制相应的凭证,财会部门根据原始凭证,经审核无误后及时进行账务处理。

处置固定资产应通过"固定资产清理"科目核算。本科目借方反映转入清理的固定资产的净值、发生的清理费用和出售不动产时应缴纳的增值税等,贷方反映出售固定资产的价款、残料价值和变价收入以及应由保险公司或过失人赔偿的损失。期末借方余额,反映企业尚未清理完毕的固定资产清理净损失;期末如为贷方余额,反映企业尚未清理完毕的固定资产清理净收益。

2.固定资产处置的核算

1)企业因出售、报废或毁损等处置固定资产的账务处理及其步骤

(1)固定资产转入清理

出售、报废或毁损的固定资产转入清理时,应按清理固定资产的账面价值,借记"固定资产清理"科目;按已提的折旧,借记"累计折旧"科目;按已提的减值准备,借记"固定资产减值准备"科目;按固定资产原价,贷记"固定资产"科目。

(2)发生的清理费用以及应交的税费

固定资产清理过程中发生的清理费用,按实际发生额,借记"固定资产清理""应交税费——应交增值税(进项税额)"科目,贷记"银行存款"等科目。销售不动产,按税法的有关规定,应按其销售额计算应纳增值税,计算的增值税,借记"固定资产清理"科目,贷记"应交税费——应交增值税" 科目。

(3)出售收入、残料、保险赔偿等的处理

收回出售固定资产的价款、报废固定资产的变价收入时,按实际收到的出售价款,借记"银行存款"科目,贷记"固定资产清理""应交税费——应交增值税(销项税额)"科目。残料入库,按残料价值,借记"原材料"等科目,贷记"固定资产清理"科目。收到由保险公司或过失人赔偿的损失,借记"银行存款""其他应收款"等科目,贷记"固定资产清理"科目。

①一般纳税人。

a.销售自己使用过的固定资产。

销售自己使用过的2009年1月1日之前购进的固定资产，按照简易办法依照3%的征收率减按2%征收增值税，因为2009年1月1日之前购进的固定资产，其进项税额不得抵扣。

销售自己使用过的2009年1月1日至2018年9月30日购进或自制的固定资产，按照正常的销售货物计算销项税额即可（17%）。

销售自己使用过的2018年10月1日以后购进或自制的固定资产，按照正常的销售货物计算销项税额即可（16%）。

销售自己使用过的2019年4月1日以后购进或自制的固定资产，按照正常的销售货物计算销项税额即可（13%）。

b.自2013年8月1日起，一般纳税人购进自用的应征消费税的汽车、摩托车、游艇，其进项税额准予从销项税额中抵扣。

c.销售旧货。

一般纳税人销售旧货，按照简易办法依照3%的征收率减按2%征收增值税。

②小规模纳税人。

a.销售自己使用过的固定资产。

小规模纳税人销售自己使用过的固定资产，依照3%的征收率减按2%征收增值税。

b.销售自己使用过的非固定资产。

小规模纳税人销售自己使用过的非固定资产，依照3%的征收率征收增值税。

c.销售旧货。

小规模纳税人销售旧货，依照3%的征收率减按2%征收增值税。

（4）保险赔偿等的处理

应由保险公司或过失人赔偿的损失，借记“其他应收款”等科目，贷记“固定资产清理”科目。

（5）清理净损溢的处理

固定资产清理完成以后，对固定资产清理的净损溢，应区分不同情况进行账务处理：属于生产经营期间正常的处置损失，借记“资产处置损溢”科目，贷记“固定资产清理——处置非流动资产损失”科目；属于生产经营期间由于自然灾害等非正常原因造成的损失，借记“营业外支出——非常损失”科目，贷记“固定资产清理”科目。如为贷方余额，借记“固定资产清理”科目，贷记“资产处置损溢”或“营业外收入——非流动资产处置利得”科目。

【例2-92】　腾飞公司出售一座建筑物，原价2 000 000元，已使用6年，计提折旧300 000元，支付清理费用10 000元，出售收入为1 900 000元，增值税率为3%。根据房

屋销售发票、银行存款收款和付款凭证等,编制如下会计分录:

①固定资产转入清理时:

借:固定资产清理　　1 700 000

累计折旧　　300 000

贷:固定资产　　2 000 000

②支付清理费用时:

借:固定资产清理　　10 000

贷:银行存款　　10 000

③收到价款时:

借:银行存款　　1 957 000

贷:固定资产清理　　1 900 000

应交税费——应交增值税　　57 000

注:计算应缴纳的增值税为 57 000(1 900 000×3%)元。

④结转出售固定资产实现的(利得)净收益时:

借:固定资产清理　　190 000

贷:资产处置损溢　　190 000

【例 2-93】 腾飞公司有一幢旧厂房,原值 450 000 元,已提折旧 430 000 元,已计提的减值准备为 5 000 元。因使用期满经批准报废。在清理过程中,以银行存款支付自行清理费用 12 700 元,拆除的残料一部分作价 1 500 元,由仓库收作维修材料,另一部分变卖收入 6 000 元,增值税税额为 780 元(增值税税率为 13%),有关收入、支出均通过银行办理结算,编制如下会计分录:

①固定资产转入清理时:

借:固定资产清理　　15 000

累计折旧　　430 000

固定资产减值准备　　5 000

贷:固定资产　　450 000

②支付清理费用时:

借:固定资产清理　　12 700

贷:银行存款　　12 700

③材料入库并收到变价收入时:

借:原材料　　1 500

银行存款　　6 780

贷:固定资产清理　　7 500

应交税费——应交增值税(销项税额)　　780

④结转固定资产清理后的净损失＝15 000+12 700−7 500＝20 200(元)。

借:资产处置损溢　　20 200

　贷:固定资产清理　　20 200

【例 2-94】　腾飞公司因遭受台风袭击毁损一座仓库,该仓库原价为 400 000 元,已计提折旧 100 000 元,未计提减值准备。其残料估计价值 5 000 元,残料已办理入库。发生清理费用并取得增值税专用发票,注明的装卸费为 2000 元,增值税税额为 180 元,以银行存款支付。经保险公司核定应赔偿损失 150 000 元,增值税税额为 0 元,款项已存入银行。假定不考虑其他相关税费。该公司应编制如下会计分录:

①将毁损的仓库转入清理时:

借:固定资产清理　　300 000

　累计折旧　　100 000

　贷:固定资产　　400 000

②残料入库时:

借:原材料　　5 000

　贷:固定资产清理　　5 000

③支付清理费用时:

借:固定资产清理　　2 000

　应交税费——应交增值税(进项税额)　　180

　贷:银行存款　　2 180

④确定并收到保险公司理赔款项时:

借:其他应收款　　150 000

　贷:固定资产清理　　150 000

借:银行存款　　150 000

　贷:其他应收款　　150 000

⑤结转毁损固定资产发生的损失＝300 000−5 000+2 000−150 000＝147 000(元)。

借:营业外支出　　147 000

　贷:固定资产清理　　147 000

2)其他方式转出固定资产的核算

(1)对外投资转出固定资产的核算

企业对外投资转出的固定资产,按转出固定资产的账面价值加上应支付的相关税费,借记"固定资产清理"科目;按投出固定资产已计提折旧,借记"累计折旧"科目;按投出固定资产已计提的减值准备,借记"固定资产减值准备"科目;按投出固定资产的账面原值,贷记"固定资产"科目;按应支付的相关税费,贷记"银行存款""应交税费"等科目。转出投资不符合非货币性资产交换条件的,按转出固定资产净损溢,借记"长期股权投资”科目，贷记“固定资产清理”科目；转出投资符合非货币性资产交换条件的，应按投资确认的公允价值，借记“长期股权投资”科目，贷记“固定资产清理”科目，转出资产净损溢与投资确认价值的差额列为当期损溢，计入营业外支出。

【例 2-95】 腾飞公司向 A 公司投入厂房一栋，原价为 180 000 元，已提折旧50 000 元，应交增值税 7 500 元。此项投资不符合非货币性资产交换的条件。其账务处理如下：

借：固定资产清理　　137 500
　累计折旧　　50 000
　贷：固定资产　　180 000
　　应交税费——应交增值税　　7 500
借：长期股权投资　　137 500
　贷：固定资产清理　　137 500

（2）捐赠转出固定资产的核算

对外捐赠转出固定资产的账务处理与固定资产的出售、报废、毁损的处理基本一致，要通过“固定资产清理”账户核算。但期末应将“固定资产清理”账户的余额进行结转，借记“营业外支出——捐赠支出”科目，贷记“固定资产清理”科目。

【例 2-96】 腾飞公司将一辆小汽车捐赠给福利院，该小汽车的账面原值为 30 000 元，已提折旧 8 000 元，假设腾飞公司未对该项固定资产计提减值准备，此项捐赠也未发生相关税费，则腾飞公司应编制如下会计分录：

①固定资产转入清理
借：固定资产清理　　22 000
　累计折旧　　8 000
　贷：固定资产　　30 000
②转销固定资产清理余额
借：营业外支出——捐赠支出　　22 000
　贷：固定资产清理　　22 000

2.5.5　固定资产清查

1. 固定资产清查的概述

固定资产清查，是对固定资产的质量与数量所进行的清查与核对。企业应对固定资产定期或者至少每年年末实地盘点一次，如果发现盘盈、盘亏的固定资产，应填制固定资产盘盈盘亏报告表。清查固定资产的损溢，应及时查明原因，并按照规定程序报批处理。

2.固定资产清查的核算

1)盘盈

企业盘盈的固定资产,应作为前期差错通过“以前年度损溢调整”账户进行核算。按盘盈固定资产的重置价值减去估计价值损耗(估计折旧)后的余额,借记“固定资产”科目,贷记“以前年度损溢调整”科目。审批后,按盘盈的固定资产的净值,借记“以前年度损溢调整”科目,按应调整增加的所得税费用,贷记“应交税费——应交所得税”科目,按其余额,贷记“利润分配——未分配利润”科目。

【例2-97】 腾飞公司盘盈设备一台,市场价格为12 000元,估计损耗价值为5 000元。所得税税率为25%。则其账务处理如下:

(1)盘盈固定资产时:

借:固定资产	7 000	
贷:以前年度损溢调整		7 000

(2)经审核此项盘盈应调整所得税费用1 750(7 000×25%)元,余额转入“利润分配——未分配利润”科目:

借:以前年度损溢调整	1 750	
贷:应交税费——应交所得税		1 750
借:以前年度损溢调整	5 250	
贷:盈余公积——法定盈余公积		525
利润分配——未分配利润		4 725

2)盘亏

固定资产盘亏造成的损失,应当计入当期损溢。企业在财产清查中盘亏的固定资产,按盘亏固定资产的账面价值,借记“待处理财产损溢——待处理固定资产损溢”科目,按已计提的累计折旧,借记“累计折旧”科目,按已计提的减值准备,借记“固定资产减值准备”科目,按固定资产原价,贷记“固定资产”科目。

按管理权限报经批准后处理时,按可收回的保险赔偿或过失人赔偿,借记“其他应收款”科目,按盘亏的固定资产的账面价值,贷记“待处理财产损溢——待处理固定资产损溢”科目,借贷差额,借记“营业外支出——盘亏损失”科目。

【例2-98】 202×年年末,腾飞公司组织人员对固定资产进行清查时,发现丢失一台电机,该设备原价100 000元,已计提折旧40 000元。购入时增值税税额为13 000元。经查,设备丢失的原因在于设备管理员看守不当。经董事会批准,由设备管理员赔偿15 000元。其账务处理如下:

(1)发现电机设备盘亏时:

借:待处理财产损溢	60 000	

累计折旧　　40 000

贷:固定资产　　100 000

(2)转出不可抵扣的进项税额 7 800[(100 000-40 000)×13%]元。

借:待处理财产损溢　　7 800

贷:应交税费——应交增值税(进项税额转出)　　7 800

(3)董事会报经批准转销时:

借:其他应收款　　15 000

营业外支出——盘亏损失　　52 800

贷:待处理财产损溢　　67 800

根据现行增值税制度规定,购进货物及不动产发生非正常损失,其负担的进项税额不得抵扣,其中购进货物包括被确认为固定资产的货物。但是,如果盘亏的是固定资产,应按其账面净值(固定资产原价-已计提折旧)乘以适用税率计算不可以抵扣的进项税额。据此,在本例中,该电机因盘亏,其购入时的增值税进项税额不可从销项税额中抵扣的金额为 7 800 元,应借记"待处理财产损溢"科目,贷记"应交税费——应交增值税(进项税额转出)"科目。

2.5.6　固定资产减值

为了客观、真实、准确地反映期末固定资产的实际价值,企业在编制资产负债表日,应合理地确定固定资产的期末价值。固定资产价值的再确认,就是确定固定资产在期末或一定时点的可收回金额。

1.固定资产减值准备的概念及其确认条件

固定资产减值准备是指由于固定资产市价持续下跌,或技术陈旧、损坏、长期闲置等原因导致其可收回金额低于账面价值的,应当将可收回金额低于其账面价值的差额作为固定资产减值准备,并计入当期损溢。可收回金额,是指资产的销售净价与预期从该资产的持续使用和使用寿命结束时的处置中形成的现金流量的现值两者之中的较高者。其中,销售净价是指资产的销售价格减去处置资产所发生的相关税费后的余额;账面价值是指固定资产原值扣减已提累计折旧和固定资产减值准备后的净额。

企业可能发生减值准备的迹象主要包括以下几个方面:

(1)资产的市价当期大幅下跌,其跌幅明显高于因时间的推移或者正常使用而预计的下跌。

(2)企业经营所处的经济、技术或者法律等环境以及资产所处的市场在当期或者将在近期发生重大变化,从而对企业产生不利影响。

(3)市场利率或者其他市场投资报酬率在当期已经提高,从而影响企业计算资产预计未来现金流量现值的折现率,导致资产可收回金额大幅降低。

(4)有证据表明资产已经陈旧过时或者其实体已经损坏。

(5)资产已经或者将被闲置、终止使用或者计划提前处置。

(6)企业内部报告的证据表明资产的经济绩效已经低于或者将低于预期,如资产所创造的净现金流量或者实现的营业利润(或者亏损)远远低于(或者高于)预计金额等。

(7)其他表明资产可能已经发生减值的迹象。

当存在下列情况之一时,应当按照该项固定资产的账面价值全额计提固定资产减值准备:

(1)长期闲置不用,在可预见的未来不会再使用,且已无转让价值的固定资产。

(2)由于技术进步等原因,已不可使用的固定资产。

(3)虽然目前尚可使用,但使用后会产生大量不合格品的固定资产。

(4)已遭毁损,以至于不再具有使用价值和转让价值的固定资产。

(5)其他实质上已经不能再给企业带来经济利益的固定资产。

值得注意的是,已全额计提减值准备的固定资产,不再计提折旧。

2.固定资产减值准备的账务处理

企业应设置"固定资产减值准备"账户,贷方反映提取的减值准备数,借方反映资产减值损失,贷方余额反映企业已计提但尚未转销的固定资产减值准备。企业发生固定资产减值时,借记"资产减值损失"科目,贷记"固定资产减值准备"科目。固定资产减值损失一经确认,在以后会计期间不得转回。

【例 2-99】 202×年 12 月 31 日,腾飞公司的一台设备存在可能发生减值的迹象。该设备账面原值 70 万元,已提折旧 40 万元,经确认该设备的可收回金额合计为 25 万元。以前年度未对该设备计提过减值准备,则其账务处理如下:

资产减值=(700 000-400 000)-250 000=50 000(元)

借:资产减值损失　　50 000

　贷:固定资产减值准备　　50 000

2.6　无形资产的核算

2.6.1　无形资产的初始计量

无形资产通常是按实际成本计量,即以取得无形资产并使之达到预定用途而发生的全部支出,作为无形资产的成本。对于不同来源取得的无形资产,其成本构成也不尽相同。

1.外购的无形资产

外购的无形资产，其成本包括购买价款、相关税费以及直接归属于使该项资产达到预定用途所发生的其他支出。其中，相关税费不包括按照现行增值税制度规定，可以从销项税额中抵扣的增值税进项税额。直接归属于使该项资产达到预定用途所发生的其他支出，包括使无形资产达到预定用途所发生的专业服务费用、测试无形资产是否能够正常发挥作用的费用等，但不包括为引入新产品进行宣传发生的广告费、管理费用及其他间接费用，也不包括在无形资产已经达到预定用途以后发生的费用。

企业外购的无形资产，按实际支付的价款，借记“无形资产”账户，按实际支付的增值税进项税额，借记“应交税费——应交增值税（进项税额）”科目；按实际支付的款项，贷记 “银行存款”等科目。

【例2-100】 202×年11月1日，飞龙化工股份有限公司购入一项专利权，价款为300 000元，增值税税额为18 000元，取得发票一张，款已付。

借：无形资产　　300 000
　应交税费——应交增值税（进项税额）　　18 000
　贷：银行存款　　318 000

购买无形资产的价款超过正常信用条件延期支付，实质上具有融资性质的，无形资产的成本以购买价款的现值为基础确定。实际支付的价款与购买价款的现值之间的差额，除按照《企业会计准则第17号——借款费用》应予资本化的以外，应当在信用期间内计入当期损溢。

2.投资者投入的无形资产成本

投资者投入的无形资产成本，应当按照投资合同或协议约定的价值确定，如果合同或协议约定价值不公允时，应按无形资产的公允价值作为无形资产的初始成本。

【例2-101】 某有限公司接受甲投资者以其所拥有的专利权投资，专利权的账面价值为50 000元，投资合同约定的价值为45 000元，专利权的公允价值为36 000元，已办妥相关手续。编制会计分录如下：

借：无形资产　　36 000
　资本公积　　9 000
　贷：实收资本　　45 000

3.企业自行研究开发无形资产的成本

对于企业自行进行的研究开发项目，无形资产准则要求区分研究阶段与开发阶段两个部分分别进行核算。

（1）研究阶段和开发阶段的划分

研究阶段是指为获取新的技术和知识等进行的有计划的调查。从研究活动的特点

来看，其研究是否能在未来形成成果，即通过开发后是否会形成无形资产均有很大的不确定性，因此，研究阶段的有关支出在发生时应当费用化计入当期损溢。

开发阶段是指在进行商业性生产或使用前，将研究成果或其他知识应用于某项计划或设计，以生产出新的或具有实质性改进的材料、装置、产品等。由于开发阶段相对于研究阶段更进一步，且很大程度上形成一项新产品或新技术的基本条件已经具备，此时如果企业能够证明满足无形资产的定义及相关确认条件，所发生的开发支出可资本化，确认为无形资产的成本。

(2)开发阶段有关支出资本化的条件

在开发阶段，判断可以将有关支出资本化确认为无形资产，必须同时满足下列条件：①完成该无形资产以使其能够使用或出售在技术上具有可行性；②具有完成该无形资产并使用或出售的意图；③无形资产产生经济利益的方式，包括能够证明运用该无形资产生产的产品存在市场，无形资产将在内部使用的，应当证明其有用性；④有足够的技术、财务资源和其他资源支持，以完成该无形资产的开发，并有能力使用或出售该无形资产；⑤归属于该无形资产开发阶段的支出能够可靠计量。

(3)内部开发的无形资产的计量

内部开发活动形成的无形资产，其成本由可直接归属于该资产的创造、生产并使该资产能够以管理层预定的方式运作的所有必要支出组成。其成本包括：开发该无形资产时耗费的材料、劳务成本、注册费、在开发该无形资产过程中使用的其他专利权和特许权的摊销，按照《企业会计准则第 17 号——借款费用》的规定资本化的利息支出以及为使该无形资产达到预定用途前所发生的其他费用。

(4)内部研究开发支出的账务处理

①无形资产准则规定，企业研究阶段的支出全部费用化，计入当期损溢(管理费用)；开发阶段的支出符合条件的才能资本化，不符合资本化条件的计入当期损溢(管理费用)。如果确实无法区分研究阶段的支出和开发阶段的支出，应将其所发生的研发支出全部费用化，计入当期损溢。

②企业自行开发无形资产发生的研发支出，未满足资本化条件的，借记“研发支出——费用化支出”科目，满足资本化条件的，借记“研发支出——资本化支出”科目，贷记“原材料”“银行存款”“应付职工薪酬”等科目。自行研究开发无形资产发生的支出取得增值税专用发票可抵扣的进项税额，借记“应交税费——应交增值税(进项税额)”科目。

③企业购买正在进行中的研究开发项目，应按确定的金额，借记“研发支出——资本化支出”科目，贷记“银行存款”等科目。以后发生的研发支出，应当比照上述(2)的规定进行处理。

④研究开发项目达到预定用途形成无形资产的，应按“研发支出——资本化支出”

科目的余额，借记“无形资产”科目，贷记“研发支出——资本化支出”科目。

【例 2-102】 2×19 年 1 月 1 日，甲公司的董事会批准研发某项新型技术，该公司董事会认为，研发该项目具有可靠的技术和财务等资源的支持，并且一旦研发成功将降低该公司的生产成本。2×20 年 1 月 31 日，该项新型技术研发成功并已经达到预定用途。研发过程中所发生的直接相关的必要支出情况如下：

(1)2×19 年度发生材料费用 900 000 元，人工费用 450 000 元，计提专用设备折旧 75 000 元，以银行存款支付其他费用 300 000 元，总计 1 725 000 元，其中符合资本化条件的支出为 750 000 元。

(2)2×20 年 1 月 31 日前发生开发成本共计 300 000 元，全部符合资本化条件，假定符合《企业会计准则第 6 号——无形资产》规定的开发支出资本化的条件，取得的增值税专用发票上注明的增值税税额为 18 000 元。

甲公司的账务处理：

①2×19 年度发生研发支出：

借：研发支出——费用化支出　975 000

　　　　——资本化支出　750 000

　贷：原材料　900 000

　　应付职工薪酬　450 000

　　累计折旧　75 000

　　银行存款　300 000

②2×19 年 12 月 31 日，将不符合资本化条件的研发支出转入当期管理费用：

借：管理费用——研究费用　975 000

　贷：研发支出——××技术——费用化支出　975 000

③2×20 年 1 月份发生研发支出：

借：研发支出——××技术——资本化支出　300 000

　应交税费——应交增值税(进项税额)　18 000

　贷：银行存款　318 000

④2×20 年 1 月 31 日，该项新型技术已经达到预定用途：

借：无形资产——××技术　1 050 000

　贷：研发支出——××支出——资本化支出　1 050 000

2.6.2 无形资产的后续计量

无形资产的后续计量主要包括无形资产的摊销和无形资产的减值。

1.无形资产的摊销

在无形资产的初始确认和计量后，需对无形资产进行后续计量，使用寿命有限的无

形资产,应在其预计的使用寿命内采用系统合理的方法对应摊销金额进行摊销。其中,应摊销金额是指无形资产的成本扣除残值后的金额,已计提减值准备的无形资产,还应扣除已计提的无形资产减值准备累计金额。对于使用寿命不确定的无形资产,在持有期间内不需要摊销。

(1)无形资产使用寿命的确定

无形资产代表的未来经济利益要受到诸多因素的影响,具有高度的不确定性,所以,企业应对无形资产进行摊销时的使用寿命作出合理的估计。估计无形资产的使用寿命需考虑以下几个方面的因素:

①该资产通常的产品寿命周期,以及可获得的类似资产使用寿命的信息。

②技术、工艺等方面的现实情况及对未来发展的估计。

③以该资产在该行业运用的稳定性和生产的产品或服务的市场需求情况。

④现在或潜在的竞争者预期采取的行动。

⑤为维持该资产产生未来经济利益的能力所需要的维护支出,以及企业预计支付有关支出的能力。

⑥对该资产的控制期限以及对该资产使用的法律或类似限制。

⑦与企业持有的其他资产使用寿命的关联性等。

具体来讲,无形资产使用寿命可按以下原则进行确定:

a.源自合同性权利或其他法定权利的无形资产,其使用寿命不应超过合同性权利或其他法定权利的期限。

b.如果无形资产的预计使用期限短于合同性权利或其他法定权利规定的期限的,则应当按预计使用期限确认其使用寿命。

c.如果合同性权利或其他法定权利能够在到期时延续,而且此延续不需付出重大成本时,续约期应作为使用寿命的一部分。

d.没有明确的合同或法定期限的,应合理推定。当合理推定无法实现时,应界定为使用寿命不确定的无形资产,可以不摊销。

需要注意的是,技术更新日新月异,使无形资产贬值的风险越来越大,所以企业会计准则要求企业至少应当于每年年度终了对无形资产的使用寿命进行复核,如果有证据表明无形资产的使用寿命与以前估计不同的,应当改变摊销期限,对使用寿命不确定的无形资产的使用寿命进行复核;如果有证据表明无形资产的使用寿命是有限的,应当估计其使用寿命,按使用寿命有限的无形资产的有关规定处理。

(2)无形资产摊销方法

使用寿命有限的无形资产,其应摊销金额应当在其预计使用寿命内系统合理摊销,其摊销期应当自无形资产可供使用时起,至不再作为无形资产确认时止。即无形资产摊销的起始和停止日期为:当月增加可供使用的无形资产,当月开始摊销;当月减少的无形资产当月不再摊销。使用寿命不确定的无形资产不应进行摊销。

可供企业选择的无形资产的摊销方法有很多，如直线法、双倍余额递减法、年数总和法、生产总量法等。国际上普遍采用的是直线法。

(3)无形资产的残值

使用寿命有限的无形资产，其残值应当视为零，但下列情况除外：①有第三方承诺在无形资产使用寿命结束时购买该无形资产；②可以根据活跃市场得到预计残值信息，并且该市场在无形资产使用寿命结束时很可能存在。

(4)无形资产的摊销核算

现行会计准则借鉴了国际会计准则的做法，规定无形资产的摊销金额一般应确认为当期损溢，计入管理费用。如果某项无形资产包括的经济利益是通过所生产的产品或其他资产实现的，无形资产的摊销金额可以计入产品或其他资产的成本中。

无形资产摊销额通过“累计摊销”反映。企业按月计提无形资产摊销额时，借记“管理费用”“其他业务成本”等科目，贷记“累计摊销” 科目。本账户期末贷方余额，反映企业无形资产的摊销额。

【例 2-103】 2×19 年 1 月 1 日，飞龙化工股份有限公司购入一项专利权，发票价格为 144 000 元，款项已通过银行转账支付。该项专利权法律规定有效期为 10 年，经济使用寿命为 6 年。无形资产摊销方法采用直线法。

该项无形资产摊销期限自 2×19 年 1 月 1 日开始，每月摊销的金额 = 144 000÷6÷12=2 000(元)。

每月摊销时：

借：管理费用——无形资产摊销　　2 000

　贷：累计摊销　　2 000

2.无形资产的减值

无形资产在资产负债表日存在可能发生减值的迹象时，其可收回金额低于账面价值的，企业应当将该无形资产的账面价值减记至可收回金额。减记的金额确认为减值损失，计入当期损溢，计提相应的资产减值准备。

企业计提无形资产减值准备，应当设置“无形资产减值准备”科目，企业按应减记的金额，借记“资产减值损失——无形资产减值”科目，贷记“无形资产减值准备”科目。无形资产减值损失一经确认，在以后会计期间不得转回。

【例 2-104】 接【例 2-103】，2×19 年 12 月 31 日，专利权可收回金额为 100 000 元。

借：资产减值损失——计提的无形资产减值　　20 000

　贷：无形资产减值准备　　20 000

2.6.3　无形资产的处置

无形资产的处置，主要是指无形资产对外出租、出售、对外捐赠，或者是无法为企业带来未来经济利益时，应予转销并终止确认。

1.无形资产出租的核算

出租无形资产时，取得的租金收入，借记“银行存款”等科目，贷记“其他业务收入”等科目；摊销出租无形资产的成本并发生与转让有关的各种费用支出时，借记“其他业务成本”科目，贷记“其他业务成本”科目。

【例2-105】　接【例2-103】，2×20年1月1日，飞龙化工股份有限公司将专利权出租给南方软件有限公司，每年租金31 800（含6%的增值税）元，于当日收到第一年租金（假设都计入当期），该专利权每年摊销金额为24 000元。

借：银行存款　31 800
　贷：其他业务收入　30 000
　　应交税费——应交增值税（销项税额）　1 800
借：其他业务成本　24 000
　贷：累计摊销　24 000

2.无形资产出售的核算

企业处置无形资产，应当将取得的价款扣除无形资产账面价值以及出售相关税费后的差额作为资产处置损溢进行会计处理。

企业处置无形资产，应当按照实际收到或应收的金额等，借记“银行存款”“应收账款”等科目；按已摊销的累计摊销额，借记“累计摊销”科目；原已计提减值准备的，借记“无形资产减值准备”科目；按应支付的相关费用可抵扣的进项税额，借记“应交税费——应交增值税（进项税额）”科目；按照实际支付的相关费用，贷记“银行存款”科目；按无形资产账面余额，贷记“无形资产”科目；按照开具的增值税专用发票上注明的增值税销项税税额，贷记“应交税费——应交增值税（销项税额）”科目；按照其差额，贷记或借记“资产处置损溢”科目。

【例2-106】　202×年1月2日，南方软件公司将一项专利技术出售给北京奥普科技有限公司，售价为35 000元，应缴纳的增值税为售价的6%。该项专利技术的账面余额为48 000元，累计摊销额为3 600元，已计提的减值准备为14 400元。

借：银行存款　37 100
　累计摊销　3 600
　无形资产减值准备　14 400
　贷：无形资产　48 000
　　应交税费——应交增值税（销项税额）　2 100

资产处置损溢　　5 000

本例中，在出售时，企业该项专利技术的账面价值为 30 000（48 000-3 600-14 400）元，取得的出售价款为 35 000 元，企业出售该项专利技术实现净损溢为 5 000（37 100+3 600+14 400-48 000-2 100）元。

2.6.4　长期待摊费用的核算

长期待摊费用是指企业已经发生但应由本期和以后各期负担的分摊期限在一年以上的各项费用，如以经营租赁方式租入的固定资产发生的改良支出等。

企业应设置“长期待摊费用”科目对此类项目进行核算。“长期待摊费用”科目可按费用项目进行明细核算。

企业发生的长期待摊费用，借记“长期待摊费用”科目，取得可在当期抵扣的增值税进项税额，借记“应交税费——应交增值税（进项税额）”科目，贷记“原材料”“银行存款”等科目。摊销长期待摊费用，借记“管理费用”“销售费用”等科目，贷记“长期待摊费用”科目。“长期待摊费用”科目期末借方余额，反映企业尚未摊销完毕的长期待摊费用。

【例 2-107】　202×年 4 月 1 日，甲公司对以经营租赁方式新租入的办公楼进行装修，发生有关支出，领用生产用材料 800 000 元，相关增值税税额为 104 000 元，有关人员工资等职工薪酬为 400 000 元。

202×年 11 月 30 日，该办公楼装修完工，达到预定可使用状态并交付使用，按租赁期 10 年进行摊销。假定不考虑其他因素，甲公司应编制如下会计分录：

（1）装修领用原材料时：

借：长期待摊费用　　800 000

　贷：原材料　　800 000

同时，根据现行增值税制度规定，核算领用原材料的进项税额中以后期间可抵扣的部分（40%）。

借：应交税费——待抵扣进项税额　　41 600

　贷：应交税费——应交增值税（进项税额转出）　　41 600

（2）确认工程人员职工薪酬时：

借：长期待摊费用　　400 000

　贷：应付职工薪酬　　400 000

（3）202×年 12 月摊销装修支出时：

借：管理费用　　10 000

　贷：长期待摊费用　　10 000

在本例中，甲公司发生的办公楼装修支出合计为 1 200 000（800 000+400 000）元，202×年 12 月应分摊的装修支出为 10 000（1 200 000÷10÷12）元。

第二部分
负债、权益与投资管理

第3章　负债与权益管理

3.1　流动负债的核算

3.1.1　短期借款的核算

短期借款是指企业向银行或其他金融机构等借入的期限在1年以内(含1年)的各种借款。短期借款一般是企业为维持正常生产经营或者为抵偿某项债务而借入的款项。

1.短期借款的取得

企业应通过“短期借款”科目,核算短期借款的取得及偿还情况。该科目贷方登记企业借入的各种短期借款,借方登记企业按期归还的各种短期借款,期末贷方余额反映企业尚未到期归还的各种短期借款数额。在该账户下,应按债权人设置明细账,并按借款种类进行明细核算。

企业取得短期借款时,借记“银行存款”科目,贷记“短期借款” 科目。

【例3-1】 202×年1月1日,光大制造厂与中国银行湖里支行签订一项借款合同,借款1 000 000元,期限6个月,年利率为6%。利息按季支付,到期归还本金。该公司制度规定按月计提利息。

借:银行存款　　1 000 000

　贷:短期借款　　1 000 000

2.短期借款的利息

短期借款的利息,作为财务费用,计入当期损溢。其方法应分不同情况处理:

(1)如果短期借款的利息按月支付,或者利息是在借款到期归还本金时一并支付,但是数额不大的,可以在实际支付或收到银行的计息通知时,直接借记“财务费用”科目,贷记“银行存款” 科目。

(2)如果短期借款的利息按期支付(如按季、半年),或者利息是在借款到期归还本金时一并支付,并且数额较大的,为了正确计算各期损溢,可以按月预提计入当月的财务费用。预提时,按预提的借款利息,借记“财务费用”科目,贷记“应付利息” 科目;实

际支付利息时，借记“应付利息”科目，贷记“银行存款” 科目。

【例 3-2】　承【例 3-1】，202×年 1 月 31 日，计提利息。

借：财务费用　　5 000

　贷：应付利息　　5 000

2 月末计提利息时，

借：财务费用　　5 000

　贷：应付利息　　5 000

3 月末计提利息时，

借：财务费用　　5 000

　贷：应付利息　　5 000

202×年 4 月 3 日，支付第一季度利息。

借：应付利息　　15 000

　贷：银行存款　　15 000

3. 短期借款的归还

企业到期偿还本金时，借记“短期借款”“应付利息”科目，贷记“银行存款” 科目。

【例 3-3】　承【例 3-2】，202×年 7 月 1 日，支付第二季度利息 15 000 元和本金 1 000 000元。

借：短期借款　　1 000 000

　应付利息　　15 000

　贷：银行存款　　1 015 000

3.1.2　应付票据的核算

1.应付票据的内容

应付票据是指企业购买材料、商品和接受劳务供应等而开出、承兑的商业汇票。应付票据是一种商业凭证，是付款人允诺在一定时期内支付一定金额给收款人或持票人的书面证明。

应付票据按照承兑人的不同，可分为商业承兑汇票和银行承兑汇票。

应付票据按照是否带息，可分为不带息票据和带息票据。不带息票据按面值归还；带息票据按面值加利息的合计数归还。

2. 应付票据的核算

为了总括地核算和监督企业商业汇票的签发、承兑和支付情况，应设置“应付票据”账户。该账户贷方登记企业签发、承兑商业汇票的面值和带息票据已计算的应付利息；借方登记企业到期支付（或结转）票款数额；余额在贷方，表示企业尚未到期的应付票据本息。

1)应付票据发生的核算

企业开出并承兑商业汇票购货时,借记“在途物资”“材料采购”“原材料”“应交税费——应交增值税(进项税额)”等科目,贷记“应付票据”科目。若企业开出的是银行承兑汇票,须按票面金额支付一定的手续费,借记“财务费用”科目,贷记“银行存款”科目。

【例 3-4】 202×年 1 月 1 日,江宁电器公司从光大制造厂购入一批商品,开出一张面值为 33 900 元、期限为 3 个月的不带息商业承兑汇票支付货款,商品已入库。增值税专用发票上注明的材料价款为 30 000 元,增值税额为 3 900 元。

借:库存商品　　30 000
　应交税费——应交增值税(进项税额)　　3 900
　贷:应付票据　　33 900

2)应付票据到期偿还本息的核算

商业承兑汇票到期,如期付款时,借记“应付票据”科目,贷记“银行存款”科目。若为带息票据,应于期末计算应付利息,按应计利息借记“财务费用”科目,贷记“应付票据”科目。票据到期支付本息时,按票据账面余额,借记“应付票据”科目;按应计未计的利息,借记“财务费用”科目;按实际支付的金额,贷记“银行存款”科目。

【例 3-5】 承【例 3-4】,202×年 4 月 1 日,商业承兑汇票到期,以银行存款支付。

借:应付票据　　33 900
　贷:银行存款　　33 900

3)应付票据到期无力偿还的核算

应付票据到期,如企业无力支付票款,属商业承兑汇票的,应按应付票据账面余额,借记“应付票据”科目,贷记“应付账款”科目;属银行承兑汇票的,应按应付票据账面余额,借记“应付票据”科目,贷记“短期借款”科目。

应付票据的会计处理如表 3-1 所示。

表 3-1　应付票据的会计处理

项目		带息票据	不带息票据
计价		票据面值	票据面值
期末计息		计提的利息计入当期财务费用并增加应付票据的账面价值	无
到期会计处理	如期支付	借:应付票据 　财务费用 　贷:银行存款	借:应付票据 　贷:银行存款

续表

项目		带息票据	不带息票据
到期会计处理	不能如期支付的银行承兑汇票	借:应付票据 　财务费用 　贷:短期借款	借:应付票据 　贷:短期借款
	不能如期支付的商业承兑汇票	借:应付票据 　财务费用 　贷:应付账款	借:应付票据 　贷:应付账款

【例 3-6】　甲公司为增值税一般纳税人,于 202×年 3 月 5 日开出一张面值为 58 000元、期限为 5 个月的不带息商业汇票,用于采购材料,原材料已入库。增值税专用发票上注明的材料价款为 50 000 元,增值税额为 6 500 元。其会计处理如下:

(1)甲公司收到增值税专用发票,材料验收入库。

借:原材料　　50 000

　应交税费——应交增值税(进项税额)　　6 500

　贷:应付票据　　56 500

(2)假设上例中的商业汇票为银行承兑汇票,甲公司已交纳承兑手续费 35 元。

借:财务费用　　35

　贷:银行存款　　35

(3)202×年 8 月 5 日,甲公司开出的商业汇票到期。甲公司通知其银行支付票款。

借:应付票据　　56 500

　贷:银行存款　　56 500

(4)如果商业汇票为银行承兑汇票,到期时甲公司无力支付票款。

借:应付票据　　56 500

　贷:短期借款　　56 500

(5)如果商业汇票为商业承兑汇票,到期时甲公司无力支付票款。

借:应付票据　　56 500

　贷:应付账款　　56 500

3.1.3　应付和预收款项的核算

1.应付账款的核算

应付账款是指企业在生产经营过程中因购买材料、商品、物资或接受劳务供应等业务应支付给供应者的款项。这是买卖双方在购销活动中由于取得物资与支付货款在时间上不一致而产生的负债。一般来说,应付账款应在与所购买物资所有权有关的风险

和报酬已经转移或劳务已经接受时确认。在实际工作中,应区别如下情况进行处理:

(1)在物资和发票账单同时到达的情况下,如果在物资验收入库时支付货款,不通过"应付账款"科目核算;如果物资验收入库后仍未付款,则根据发票账单登记入账。

(2)在物资和发票账单不同时到达的情况下,如果发票账单已到,物资未到且没有及时付款,应当直接根据发票账单入账;如果发票账单未到,物资已到,但无法确定实际成本,则应于月末按暂估价确认物资和应付账款,待下月初再用红字冲回。

为了核算和监督企业应付账款的发生及偿还情况,应设置"应付账款"账户。该账户贷方登记企业因购货、接受劳务供应而产生的应付款项以及因无法支付到期应付票据而转入应付账款的金额;借方登记企业偿还、抵付的应付账款以及转销无法支付的应付账款;余额一般在贷方,表示企业尚未支付的应付账款。该账户应按供应单位设置明细账,进行明细分类核算。

1)发生应付账款的核算

企业在购买材料、商品或接受劳务时所产生的应付账款,应按应付账款金额入账。按照有关凭证记载的实际价款或暂估价值,借记"原材料""材料采购"等科目;按照可以抵扣的增值税额,借记"应交税费——应交增值税(进项税额)"科目;按照应付的款项,贷记"应付账款"科目。

2)偿还应付账款的核算

企业偿还应付账款或开出商业汇票抵付应付账款时,借记"应付账款"科目,贷记"银行存款""应付票据"等科目。

3)转销应付账款

应付账款由于债权单位撤销或其他原因无法支付时,借记"应付账款"科目,贷记"营业外收入"科目。

【例 3-7】 202×年 3 月 1 日,江宁电器公司从光大制造厂购入一批商品,增值税专用发票上注明的材料价款为 20 000 元,增值税额为 2 600 元。款项尚未支付,商品已验收入库。

借:库存商品　　20 000

　应交税费——应交增值税(进项税额)　　2 600

　　贷:应付账款——光大制造厂　　22 600

202×年 4 月 1 日,以转账支票支付 3 月 1 日的购货款。

借:应付账款——光大制造厂　　22 600

　　贷:银行存款　　22 600

【例 3-8】 腾飞公司为增值税一般纳税人,存货按实际成本计价核算。202×年 9 月 5 日,向 A 公司购入一批原材料,取得的增值税专用发票上注明的价款为 50 000 元,

增值税税额为 6 500 元，A 公司代垫运杂费 1 000 元，发票账单等结算凭证已经收到，材料已验收入库，但货税款尚未支付。其会计处理如下：

（1）收到发票账单等结算凭证，商品验收入库。

借：原材料　51 000

　应交税费——应交增值税（进项税额）　6 500

　贷：应付账款——A 公司　57 500

（2）9 月 12 日，开出转账支票支付所欠 A 公司货税款 57 500 元。

借：应付账款——A 公司　57 500

　贷：银行存款　57 500

（3）若信用期满公司存款不足，无法支付款项，经协商改为票据结算。

借：应付账款——A 公司　57 500

　贷：应付票据　57 500

（4）若 A 公司已撤销，无法支付这笔款项，应将其转销。

借：应付账款　57 500

　贷：营业外收入　57 500

2. 预收账款的核算

预收账款是企业按照合同规定向购货单位预收的款项。它是买卖双方协议商定，由供货方或提供劳务方预先向购货方或接受劳务方收取一部分货款或定金而形成的一项负债。这项负债需要用以后的商品、劳务等偿付。

为了核算和监督预收账款的形成及结算情况，企业应设置“预收账款”账户。该账户贷方登记企业收到购货方预付的货款及补付的货款，借方登记企业实际发出产品的价税款及退回的余额。期末贷方余额，表示企业向购货单位预收的款项；期末如为借方余额，表示应由购货单位补付的款项，即应收款项。该账户应按购货单位设置明细账，进行明细分类核算。

预收账款的核算应视企业的具体情况而定。如果预收账款业务比较多，可以设置“预收账款”科目；如果预收账款业务不多，可以不设置“预收账款”科目，而直接将预收账款并入“应收账款”科目进行核算。

企业向购货单位预收的款项，借记“银行存款”科目，贷记“预收账款”科目；销售实现时，按实现的收入，借记“预收账款”科目，贷记“主营业务收入”“应交税费——应交增值税（销项税额）”等科目。

【例 3-9】　202×年 2 月 1 日，江宁电器公司收到光大制造厂的预付货款30 000元。

借：银行存款　30 000

　贷：预收账款——光大制造厂　30 000

202×年 2 月 4 日，江宁电器公司发货并开出发票，增值税专用发票上注明的价款为

24 000 元,增值税税额为 3 120 元。

借:预收账款——光大制造厂 27 120

贷:主营业务收入 24 000

应交税费——应交增值税(销项税额) 3 120

202×年 2 月 4 日,江宁电器公司发出甲产品 2 000 千克,每千克 10 元。

借:主营业务成本 20 000

贷:库存商品 20 000

202×年 2 月 6 日将多余的预收款退回。

借:预收账款——光大制造厂 2 880

贷:银行存款 2 880

3.其他应付款的核算

其他应付款是指企业除应付票据、应付账款、应付职工薪酬、应付股利等以外的应付、暂收其他单位或个人的款项。通常情况下,该科目只核算企业应付其他单位或个人的零星款项,如应付经营租入固定资产和包装物的租金、存入保证金、应付统筹退休金等。

企业应通过"其他应付款"账户,核算其他应付款的增减变动及其结存情况。该账户贷方登记企业发生的应付、暂收款项,借方登记企业偿还或转销的应付、暂收款项。期末贷方余额,反映企业应付、暂收的结存金额。本账户按应付和暂收等款项的类别和单位或个人设置明细账。

企业发生其他各种应付、暂收款项时,借记"管理费用"等科目,贷记"其他应付款"科目;支付或退回其他各种应付、暂收款项时,借记"其他应付款"科目,贷记"银行存款"等科目。

【例 3-10】 从 202×年 1 月 1 日起,腾飞公司以经营租赁方式租入管理用办公设备一批,每月租金 3 500 元,按季支付。3 月 31 日,腾飞公司以银行存款支付应付租金。其会计处理如下:

(1)1 月 31 日计提应付租赁方式租入固定资产租金:

借:管理费用 3 500

贷:其他应付款 3 500

2 月底计提应付租赁方式租入固定资产租金同上。

(2)3 月 31 日支付租金时:

借:其他应付款 7 000

管理费用 3 500

贷:银行存款 10 500

3.1.4 应交税费的核算

应交税费是指企业按国家税法规定应该缴纳的各种税金。它是企业对各级政府的一项负债,具有政策性、强制性、无偿性等特点。主要包括增值税、消费税、营业税、企业所得税、资源税、土地增值税、城市维护建设税、房产税、土地使用税、车船税、教育费附加、矿产资源补偿费、排污费、代扣代缴的个人所得税、印花税、耕地占用税、契税等。

为了总括地核算企业各种税金的计提和缴纳情况,应设置"应交税费"账户。该账户贷方登记企业按规定计算结转应交的各种税金,借方登记企业实际缴纳的各种税金和应抵扣的税金。若余额在贷方,反映企业尚未缴纳的税金;若余额在借方,反映企业多交的或尚未抵扣的税金。该账户按应交税费的种类设置明细账,进行明细分类核算。企业不需要预计应交所有的税金。

值得注意的是,房产税、土地使用税、车船税、印花税,不可以通过"管理费用"科目核算,必须通过"税金及附加"科目进行核算,并且要先计提,然后缴纳的时候冲减"应交税费"科目。企业缴纳的印花税、耕地占用税等不需要预计应交的税金,不通过"应交税费"科目核算。

企业代扣代交的个人所得税,也通过"应交税费"账户核算。

1.应交增值税的核算

1)增值税概述

增值税是以商品(含应税劳务、应税行为)在流转过程中实现的增值额作为计税依据而征收的一种流转税。按照我国现行增值税制度的规定,在我国境内销售货物、提供加工、修理修配劳务、服务、无形资产和不动产以及进口货物的企业、单位和个人为增值税的纳税人。其中,"服务"是指提供交通运输服务、建筑服务、邮政服务、电信服务、金融服务、现代服务、生活服务。增值税是一种价外税。

根据经营规模大小及会计核算水平的健全程度,增值税的纳税人分为小规模纳税人和一般纳税人两类。

(1)小规模纳税人

小规模纳税人是指年应税销售额未超过规定标准,并且会计核算不健全,不能够提供准确税务资料的增值税纳税人。

①自2018年5月1日起,统一增值税小规模纳税人标准,即增值税小规模纳税人的划分标准为年应征增值税销售额500万元及以下。年应税销售额是指纳税人在连续不超过12个月或四个季度的经营期内累计应征增值税销售额,包括纳税申报销售额、稽查查补销售额、纳税评估调整销售额。

②小规模纳税人会计核算健全,能够提供准确税务资料的,可以向税务机关申请登记为一般纳税人,不再作为小规模纳税人。会计核算健全,是指能够按照国家统一的会

计制度设置账簿，根据合法、有效凭证核算。

小规模纳税人实行简易征税办法，并且一般不使用增值税专用发票，但基于增值税征收管理中一般纳税人与小规模纳税人之间客观存在的经济往来的实情，小规模纳税人可以到税务机关代开增值税专用发票。

住宿业、建筑业和鉴证咨询业等行业小规模纳税人试点自行开具增值税专用发票（销售其取得的不动产除外），税务机关不再代开。

（2）一般纳税人

一般纳税人，是指年应税销售额超过财政部、国家税务总局规定的小规模纳税人标准的企业和企业性单位。

增值税一般纳税人实行“登记制”，除另有规定外，应当向税务机关办理登记手续。但下列纳税人不办理一般纳税人登记：

①按照政策规定，选择按照小规模纳税人纳税的。

②年应税销售额超过规定标准的其他个人。

纳税人自一般纳税人生效之日起，按照增值税一般计税方法计算应纳税额，并可以按照规定领用增值税专用发票，财政部、国家税务总局另有规定的除外。

纳税人登记为一般纳税人后，不得转为小规模纳税人，国家税务总局另有规定的除外。

（3）增值税计算方法

计算增值税的方法分为一般计税方法和简易计税方法。

增值税的一般计税方法，是先按当期销售额和适用的税率计算出销项税额，然后以该销项税额对当期购进项目支付的税款（即进项税额）进行抵扣，从而间接算出当期的应纳税额。应纳税额的计算公式为：

$$应纳税额=当期销项税额-当期准予抵扣的进项税额$$

公式中的“当期销项税额”是指纳税人当期销售货物、加工修理修配劳务、服务、无形资产和不动产时按照销售额和增值税税率计算并收取的增值税税额。其中，销售额是指纳税人销售货物、加工修理修配劳务、服务、无形资产和不动产向购买方收取的全部价款和价外费用，但是不包括收取的销项税额。销项税额的计算公式为：

$$销项税额=销售额\times增值税税率$$

此处的“销售额”是指不含增值税销售额，若收取的价款中含有销项税额的，则应先计算出不含增值税销售额，再据以计算销项税额。销售额的计算公式为：

$$销售额=\frac{含增值税销售额}{1+增值税税率}$$

当期进项税额是指纳税人购进货物、加工修理修配劳务、应税服务、无形资产或者不动产，支付或者负担的增值税额。下列进项税额准予从销项税额中抵扣：①从销售方

取得的增值税专用发票(含税控机动车销售统一发票,下同)上注明的增值税税额。②从海关取得的海关进口增值税专用缴款书上注明的增值税税额。③购进农产品,除取得增值税专用发票或者海关进口增值税专用缴款书外,如用于生产销售或委托加工9%税率的农产品,按照农产品收购发票或者销售发票上注明的农产品买价和9%的扣除率计算的进项税额;如用于生产销售或委托加工13%税率的农产品,按照农产品收购发票或者销售发票上注明的农产品买价和12%的扣除率计算的进项税额。④从境外单位或者个人购进服务、无形资产或者不动产,自税务机关或者扣缴义务人取得的解缴税款的完税凭证上注明的增值税额。⑤一般纳税人支付的道路、桥、闸通行费,凭取得的通行费发票上注明的收费金额和规定的方法计算可抵扣的增值税进项税额。

当期销项税额小于当期进项税额不足抵扣时,其不足部分可以结转下期继续抵扣。

一般纳税人采用的税率分为13%、9%、6%和零税率。

一般纳税人销售或者进口货物、加工修理修配劳务、提供有形资产租赁服务,税率为13%。

一般纳税人销售或者进口粮食等农产品、食用植物油、自来水、暖气、冷气、热水、煤气、石油液化气、天然气、沼气、居民用煤炭制品、图书、报纸、杂志、饲料、化肥、农药、农膜以及国务院及其有关部门规定的其他货物,税率为9%;提供交通运输、邮政、基础电信、建筑、不动产租赁服务,销售不动产,转让土地使用权,税率为9%;其他应税行为,税率为6%。

一般纳税人出口货物,税率为零,但是,国务院另有规定的除外。境内单位和个人发生的跨境应税行为税率为零,具体范围由财政部和国家税务总局另行规定。

增值税的简易计税方法是按照销售额与征收率的乘积计算应纳税额,不得抵扣进项税额。应纳税额的计算公式为:

应纳税额=销售额×征收率

公式中的销售额不包括其应纳税额,如果纳税人采用销售额和应纳税额合并定价方法的,应按照公式:销售额=含税销售额÷(1+征收率)还原为不含税销售额计算。

增值税一般纳税人计算增值税大多采用一般计税方法;小规模纳税人一般采用简易计税方法;一般纳税人发生财政部和国家税务总局规定的特定应税销售行为,也可以选择简易计税方式计税,但是不得抵扣进项税额。

采用简易计税方法的增值税征收率为3%,国家另有规定的除外。

2)一般纳税人增值税的核算

(1)增值税核算应设置的会计科目

为了核算企业应交增值税的发生、抵扣、缴纳、退税及转出等情况,一般纳税企业应在“应交税费”账户下设置“应交增值税”“待认证进项税额”“未交增值税”“预交增值税”“待转销项税额”“简易计税”“转让金融商品应交增值税”“代扣代交增值税”等明细账户。

①“应交增值税”明细科目。

增值税一般纳税人应在“应交增值税”明细账内设置“进项税额”“销项税额抵减”“已交税金”“转出未交增值税”“转出多交增值税”“减免税款”“出口抵减内销产品应纳税额”“销项税额”“出口退税”“进项税额转出”等专栏进行明细核算。

月份终了,企业应将“应交增值税”明细账户的余额转入“未交增值税”明细账户。

“应交增值税”明细账设置以下专栏:

a.“进项税额”专栏,记录一般纳税人购进货物、加工修理修配劳务、应税服务、无形资产或者不动产而支付或者负担的、准予从销项税额中抵扣的增值税额。

b.“销项税额抵减”专栏,记录一般纳税人按照现行增值税制度规定因扣减销售额而减少的销项税额。

c.“已交税金”专栏,记录一般纳税人当月已缴纳的应交增值税额。

d.“转出未交增值税”和“转出多交增值税”专栏,分别记录一般纳税人月度终了转出当月应交未交或多交的增值税。

e.“减免税款”专栏,记录一般纳税人按现行增值税制度规定准予减免的增值税额。

f.“出口抵减内销产品应纳税额”专栏,记录实行“免、抵、退”办法的一般纳税人按规定计算的出口货物的进项税抵减内销产品的应纳税额。

g.“销项税额”专栏,记录一般纳税人销售货物、加工修理修配劳务、服务、无形资产和不动产应收取的增值税额。

h.“出口退税”专栏,记录一般纳税人购进货物、加工修理修配劳务、服务、无形资产按规定退回的增值税额。

i.“进项税额转出”专栏,记录一般纳税人购进货物、加工修理修配劳务、服务、无形资产或不动产等发生非正常损失以及其他原因而不应从销项税额中抵扣、按规定转出的进项税额。

②“未交增值税”明细科目,核算一般纳税人月度终了从“应交增值税”或“预交增值税”明细科目转入当月应交未交、多交或预交的增值税额以及当月交纳以前期间未交的增值税额。

③“预交增值税”明细科目,核算一般纳税人转让不动产、提供不动产经营租赁服务、提供建筑服务、采用预收方式销售自行开发的房地产项目等,以及其他按现行增值税制度应预交的增值税额。

④“待认证进项税额”明细科目,核算一般纳税人由于未经税务机关认证而不得从当期销项税额中抵扣的进项税额。包括:一般纳税人已取得增值税扣税凭证、按照现行增值税制度规定准予从销项税额中抵扣,但尚未经税务机关认证的进项税额;一般纳税人已申请稽核但尚未取得稽核相符结果的海关缴款书进项税额。

⑤“待转销项税额”明细科目，核算一般纳税人销售货物、加工修理修配劳务、服务、无形资产和不动产，已确认相关收入（或利得）但尚未发生增值税纳税义务而需以后期间确认为销项税额的增值税额。

⑥“简易计税”明细科目，核算一般纳税人采用简易计税方法发生的增值税计提、扣减、预缴、缴纳等业务。

⑦“转让金融商品应交增值税”明细科目，核算增值税纳税人转让金融商品发生的增值税额。

⑧“代扣代交增值税”明细科目，核算增值税纳税人购进在境内未设经营机构的境外单位或个人在境内的应税行为代扣代缴的增值税。

（2）应交增值税的账务处理

①一般纳税人购进货物、加工修理修配劳务、服务、无形资产或者不动产，按应计入相关成本费用或资产的金额，借记“材料采购”“在途物资”“原材料”“库存商品”“生产成本”“无形资产”“固定资产”“管理费用”等科目，借记“应交税费——待认证进项税额”科目，按应付或实际支付的金额，贷记“应付账款”“应付票据”“银行存款”等科目。购进货物等发生的退货，应根据税务机关开具的红字增值税专用发票编制相反的会计分录，如原增值税专用发票未做认证，应将发票退回并作相反的会计分录。

企业购进农产品，除取得增值税专用发票或者海关进口增值税专用缴款书外，如用于生产销售或委托加工9%税率的农产品，按照农产品收购发票或者销售发票上注明的农产品买价和9%的扣除率计算的进项税额；如用于生产销售或委托加工13%税率的农产品，按照农产品收购发票或者销售发票上注明的农产品买价和10%的扣除率计算的进项税额，借记“材料采购”“在途物资”“原材料”“库存商品”等科目，按应付或实际支付的价款，贷记“应付账款”“应付票据”“银行存款”等科目。

【例3-11】 伟天股份有限公司为增值税一般纳税人，适用的增值税税率为13%，原材料按实际成本核算，销售商品价格为不含增值税的公允价值。

202×年6月5日，购入原材料一批，增值税专用发票上注明的价款为100 000元，增值税税额为13 000元，材料尚未到达，全部款项已用银行存款支付。

借：在途物资	100 000	
应交税费——应交增值税（进项税额）	13 000	
贷：银行存款		113 000

6月10日，收到5日购入的原材料并验收入库，实际成本总额为100 000元。同日，与运输公司结清运输费用，增值税专用发票上注明的运输费用为5 000元，增值税税额为450元，运输费用和增值税税额已用转账支票付讫。

借：原材料	105 000	
应交税费——应交增值税（进项税额）	450	

贷:银行存款　　5 450

在途物资　　100 000

6月15日,购入一台不需要安装的生产设备,增值税专用发票上注明的价款为30 000元,增值税税额为3 900元,款项尚未支付。

借:固定资产　　30 000

应交税费——应交增值税(进项税额)　　3 900

贷:应付账款　　33 900

6月22日,伟天股份有限公司购进玫瑰花一批,农产品收购发票上注明的买价为30 000元,规定的扣除率为9%,货物尚未到达,价款已用银行存款支付。则会计处理如下:

借:在途物资　　27 300

应交税费——应交增值税(进项税额)　　2 700

贷:银行存款　　30 000

进项税额=购买价款×扣除率=30 000×9%=2 700(元)

6月26日,企业管理部门委托外单位修理机器设备,取得对方开具的增值税专用发票上注明的修理费用为20 000元,增值税税额为2 600元,款项已用银行存款支付。

借:管理费用　　20 000

应交税费——应交增值税(进项税额)　　2 600

贷:银行存款　　22 900

【例3-12】 伟天股份有限公司为增值税一般纳税人,适用的增值税税率为13%。202×年1月,该公司购入一批生产用原材料,增值税专用发票上注明的价款为300 000元,增值税税额为39 000元。材料已到达并验收入库,货款尚未支付。该公司当期销售一批产品,不含税售价为700 000元,应收取增值税税额为91 000元,货款尚未收到。其账务处理如下:

购进原材料时:

借:原材料　　300 000

应交税费——应交增值税(进项税额)　　39 000

贷:应付账款　　339 000

销售商品时:

借:应收账款　　791 000

贷:主营业务收入　　700 000

应交税费——应交增值税(销项税额)　　91 000

②购进不动产或不动产在建工程的进项税额的分年抵扣。按现行增值税制度规定,一般纳税人自2016年5月1日后取得并按固定资产核算的不动产或者2016年5月

1 日后取得的不动产在建工程，其进项税额自取得之日起分 2 年从销项税额中抵扣的，第一年抵扣比例为 60%，第二年抵扣比例为 40%。

企业作为一般纳税人，自 2016 年 5 月 1 日后取得并按固定资产核算的不动产或者 2016 年 5 月 1 日后取得的不动产在建工程，取得增值税专用发票并通过税务机关认证时，应按增值税专用发票上注明的价款作为固定资产成本，借记“固定资产”“ 在建工程”科目；其进项税额按现行增值税制度规定自取得之日起分 2 年从销项税额中抵扣，应按增值税专用发票上注明的增值税进项税额的 60%作为当期可抵扣的进项税额。借记“应交税费——应交增值税（进项税额）”科目；按增值税专用发票上注明的增值税进项税额的 40%作为自本月起第 13 个月可抵扣的进项税额，借记“应交税费——待抵扣进项税额”科目，按应付或实际支付的金额，贷记“应付账款”“银行存款”等科目。上述待抵扣进项税额在下年度同月允许抵扣时，按允许抵扣的金额，借记“应交税费——应交增值税（进项税额）”科目，贷记“应交税费——待抵扣进项税额”科目。

一般纳税人自 2019 年 4 月 1 日后取得并按固定资产核算的不动产或者 2019 年 4 月1 日后取得的不动产在建工程，其购进不动产或不动产在建工程的进项税额，按现行增值税制度规定，从销项税额中抵扣。

【例 3-13】 伟天股份有限公司为增值税一般纳税人，适用的增值税税率为 13%。202×年 6 月，该公司购进一幢简易办公楼作为固定资产核算，并于当月投入使用。取得增值税专用发票并通过认证，增值税专用发票上注明的价款为 3 000 000 元，增值税税额为390 000元，款项已用银行存款支付。不考虑其他相关因素。

购入办公楼时，编制如下会计分录：

借：固定资产　　3 000 000

　应交税费——应交增值税（进项税额）　　390 000

　贷：银行存款　　3 390 000

③货物等已验收入库但尚未取得增值税扣税凭证。企业购进的货物等已到达并验收入库，但尚未收到增值税扣税凭证并未付款的，应在月末按货物清单或相关合同协议上的价格暂估入账，不需要将增值税的进项税额暂估入账。下月初，用红字冲销原暂估入账金额，待取得相关增值税扣税凭证并经认证后，按应计入相关成本费用或资产的金额，借记“原材料” “库存商品”“固定资产”“无形资产”等科目，按可抵扣的增值税额，借记“应交税费——应交增值税（进项税额）”科目，按应付或实际支付的价款，贷记“应付账款”“应付票据”“银行存款”等科目。

【例 3-14】 202×年 6 月 30 日，伟天股份有限公司购进一批原材料，已验收入库，但尚未收到增值税扣税凭证，款项也未支付。随货同行的材料清单列明的原材料销售价格为 260 000 元。伟天股份有限公司应进行如下会计处理：

借：原材料　　260 000

贷:应付账款——暂估应付账款　　260 000

下月初,用红字冲销原暂估入账金额:

借:原材料　　[260 000]

　贷:应付账款——暂估应付账款　　[260 000]

7月10日,取得相关增值税专用发票上注明的价款为260 000元,增值税税额为33 800元,增值税专用发票已经认证,全部款项以银行存款支付。该公司应进行如下的账务处理:

借:原材料　　260 000

　应交税费——应交增值税(进项税额)　　33 800

　贷:银行存款　　293 800

④进项税额转出。企业已单独确认进项税额的购进货物、加工修理修配劳务、服务、无形资产或者不动产但事后改变用途(如用于简易计税方法计税项目、免征增值税项目、非增值税应税项目等),或发生非正常损失,原已计入进项税额、待认证进项税额,按照现行增值税制度规定不得从销项税额中抵扣。这里所说的"非正常损失",根据现行增值税制度规定,是指因管理不善造成货物被盗、丢失、霉烂变质,以及因违反法律法规造成货物或者不动产被依法没收、销毁、拆除的情形。

进项税额转出的会计处理为,借记"待处理财产损溢""在建工程""应付职工薪酬""固定资产""无形资产"等科目,贷记"应交税费——应交增值税(进项税额转出)"或"应交税费——待认证进项税额""材料采购""原材料""生产成本""库存商品"等科目。属于转作待处理财产损失的进项税额,应与非正常损失的购进货物、在产品或库存商品、固定资产和无形资产的成本一并处理。

【例3-15】 202×年6月10日,伟天股份有限公司库存材料因管理不善发生火灾损失,材料实际成本为20 000元,相关增值税专用发票上注明的增值税税额为2 600元。该公司将毁损库存材料作为待处理财产损溢入账。

借:待处理财产损溢　　22 600

　贷:原材料　　20 000

　　应交税费——应交增值税(进项税额转出)　　2 600

6月20日,领用一批外购原材料用于集体福利,该批原材料的实际成本为60 000元,相关增值税专用发票上注明的增值税税额为7 800元。

借:应付职工薪酬　　67 800

　贷:原材料　　60 000

　　应交税费——应交增值税(进项税额转出)　　7 800

需要说明的是,一般纳税人购进货物、加工修理修配劳务、服务、无形资产或不动产,用于简易计税方法计税项目、免征增值税项目、集体福利或个人消费等,即使取得的

增值税专用发票上已注明增值税进项税额，该税额按照现行增值税制度也不得从销项税额中抵扣的，取得增值税专用发票时，应将待认证的目前不可抵扣的增值税进项税额，借记"应交税费——待认证进项税额"科目，贷记"银行存款""应付账款"等科目。经税务机关认证为不可抵扣的增值税进项税额时，借记"应交税费——应交增值税（进项税额）"科目，贷记"应交税费——待认证进项税额"科目；同时，将增值税进项税额转出，借记"相关成本费用或资产"科目，贷记"应交税费——应交增值税（进项税额转出）"科目。

【例 3-16】　202×年 6 月 25 日，伟天股份有限公司外购空调扇 300 台作为福利发放给直接从事生产的职工，取得的增值税专用发票上注明的价款为 150 000 元，增值税税额为 19 500 元，以银行存款支付全部款项，增值税专用发票尚未经税务机关认证。应编制如下会计分录：

购入时：

借：库存商品——空调扇	150 000	
应交税费——待认证进项税额	19 500	
贷：银行存款		169 500

经税务机关认证不可抵扣时：

借：应交税费——应交增值税（进项税额）	19 500	
贷：应交税费——待认证进项税额		19 500

同时：

借：库存商品——空调扇	19 500	
贷：应交税费——应交增值税（进项税额转出）		19 500

实际发放时：

借：应付职工薪酬——非货币性福利	169 500	
贷：库存商品——空调扇		169 500

⑤企业销售货物、加工修理修配劳务、服务、无形资产或不动产，应当按应收或已收的金额，借记"应收账款""应收票据""银行存款"等科目，按取得的收入金额，贷记"主营业务收入""其他业务收入""固定资产清理""工程结算"等科目，按现行增值税制度规定计算的销项税额（或采用简易计税方法计算的应纳增值税额），贷记"应交税费——应交增值税（销项税额）"或"应交税费——简易计税"科目。

企业销售货物等发生销售退回的，应根据税务机关开具的红字增值税专用发票做相反的会计分录。按照国家统一的会计制度确认收入或利得的时点早于按照现行增值税制度确认增值税纳税义务发生时点的，应将相关销项税额记入"应交税费——待转销项税额"科目，待实际发生纳税义务时再转入"应交税费——应交增值税（销项税额）"或"应交税费——简易计税"科目。按照增值税制度确认收入或利得的时点的，应将应纳增值税额,借记“应收账款”科目,贷记“应交税费——应交增值税(销项税额)”或“应交税费——简易计税”科目,按照国家统一的会计制度确认收入或利得时,应按扣除增值税销项税额后的金额确认收入。

【例 3-17】 202×年 6 月,伟天股份有限公司发生的与销售相关的交易或事项如下:

6 月 16 日,销售一批产品,开具增值税专用发票上注明的价款为 800 000 元,增值税税额为 104 000 元,提货单和增值税专用发票已交给买方,款项尚未收到。

借:应收账款　　904 000

　贷:主营业务收入　　800 000

　　应交税费——应交增值税(销项税额)　　104 000

6 月 26 日,为外单位代加工电脑桌 500 个,每个收取加工费 80 元,已加工完成。开具的增值税专用发票上注明的价款为 40 000 元,增值税税额为 5 200 元,款项已收到并存入银行。

借:银行存款　　45 200

　贷:主营业务收入　　40 000

　　应交税费——应交增值税(销项税额)　　5 200

⑥视同销售的账务处理。企业有些交易和事项按照现行增值税制度规定,应视同对外销售处理,计算应交增值税。视同销售需要缴纳增值税的事项有:企业将自产或委托加工的货物用于集体福利或个人消费,将自产、委托加工或购买的货物作为投资、提供给其他单位或个体工商户、分配给股东或投资者、对外捐赠等。在这些情况下,企业应当根据视同销售的具体内容,按照现行增值税制度规定计算的销项税额(或采用简易计税方法计算的应纳增值税额),借记“长期股权投资”“应付职工薪酬”“利润分配”“营业外支出”等科目,贷记“应交税费——应交增值税(销项税额)”或“应交税费——简易计税”科目。

【例 3-18】 202×年 6 月,伟天股份有限公司发生的视同销售交易或事项如下:

6 月 5 日,伟天股份有限公司将自己生产的产品用于在建工程。产品的成本为 250 000元,计税价格为 300 000 元。该产品的增值税税率为 13%。其账务处理为:

借:在建工程　　289 000

　贷:库存商品　　250 000

　　应交税费——应交增值税(销项税额)　　39 000

6 月 10 日,以公司生产的产品对外捐赠,该批产品的实际成本为 200 000 元,售价为300 000元,开具的增值税专用发票上注明的增值税税额为 39 000 元。

借:营业外支出　　239 000

　贷:库存商品　　200 000

应交税费——应交增值税(销项税额)　　39 000

公司以自产产品对外捐赠应交的增值税销项税额=300 000×13%=39 000(元)

6月20日,伟天股份有限公司用一批原材料对飞龙化工股份有限公司投资,该批原材料实际成本为500 000元,双方协议不含税价值为600 000元,开具的增值税专用发票上注明的增值税税额为78 000元。

借:长期股权投资　　678 000

　贷:其他业务收入　　600 000

　　应交税费——应交增值税(销项税额)　　78 000

同时:

借:其他业务成本　　500 000

　贷:原材料　　500 000

公司对外投资原材料应交的增值税销项税额=600 000×13%=78 000(元)

⑦出口退税的账务处理。按照国际惯例,出口货物应以不含税价格进入国际市场,所以,我国规定,企业出口货物的增值税适用零税率,即出口货物不开具增值税专用发票,不收取销项税额。但企业在国内采购这些货物或者生产这些货物采购原材料时已支付了进项税额,这些已支付的增值税额应由税务机关退还企业。企业向海关办理报关出口手续后,凭出口报关单等有关凭证,按月向税务机关办理出口货物进项税额的退税。当企业收到退回的税款时,借记"银行存款"科目,贷记"应交税费——应交增值税(出口退税)"科目。

⑧缴纳增值税的账务处理。企业缴纳当月应交的增值税,借记"应交税费——应交增值税——已交税金"科目,贷记"银行存款"科目;企业缴纳以前期间未交的增值税,借记"应交税费——未交增值税"科目,贷记"银行存款"科目。

【例3-19】　假设伟天股份有限公司202×年某月当月发生的增值税销项税额合计为320 000元,增值税进项税额转出为30 000元,增值税进项税额合计为345 000元。伟天股份有限公司当月应交增值税计算结果如下:

当月应交增值税=320 000+30 000-345 000=5 000(元)

月末,假设伟天股份有限公司用银行存款缴纳当月增值税税款为4 000元,伟天股份有限公司编制如下会计分录:

借:应交税费——应交增值税(已交税金)　　4 000

　贷:银行存款　　4 000

⑨月末结转应交未交或多交增值税。月末终了,企业应将本月应交未交增值税自"应交增值税"明细科目转入"未交增值税"明细科目,借记"应交税费——应交增值税(转出未交增值税)"科目,贷记"应交税费——未交增值税"科目;将本月多交的增值税自"应交增值税"明细科目转入"未交增值税"明细科目,借记"应交税费——未交增值

税”科目，贷记“应交税费——应交增值税（转出多交增值税）”科目。

【例3-20】 伟天股份有限公司本月发生的增值税销项税额合计30万元，进项税额转出5万元，进项税额10万元，已交增值税9万元，本月应交未交增值税16（30+5-10-9）万元，转入“未交增值税”明细科目。

借：应交税费——应交增值税（转出未交增值税） 160 000

　贷：应交税费——未交增值税 160 000

需要说明的是，企业购入材料、商品等不能取得增值税专用发票的，发生的增值税应计入材料采购成本，借记“材料采购”“在途物资”“原材料”“库存商品”等科目，贷记“银行存款”等科目。

3）小规模纳税人增值税的核算

小规模纳税人核算增值税采用简化的方法，即购进货物、应税劳务或应税行为，取得增值税专用发票上注明的增值税，一律不予抵扣，直接计入相关成本费用或资产。小规模纳税人销售货物、应税劳务或应税行为时，按照不含税的销售额和规定的增值税征收率计算应缴纳的增值税（应纳税额），但不得开具增值税专用发票。

一般来说，小规模纳税人采用销售额和应纳税额合并定价的方法向客户结算款项，销售货物、应税劳务或应税行为后，应进行价税分离，确定不含税的销售额。不含税销售额的计算公式为：

不含税销售额＝含税销售额÷(1+征收率)

应纳税额＝不含税销售额×征收率

公式中的销售额不包括其应纳税额，如果纳税人采用销售额和应纳税额合并定价方法的，应按小规模纳税人进行账务处理，只需在“应交税费”科目下设置“应交增值税”明细科目，该明细科目不再设置增值税专栏。“应交税费——应交增值税”科目贷方登记应缴纳的增值税，借方登记已缴纳的增值税；期末贷方余额，反映小规模纳税人尚未缴纳的增值税，期末借方余额，反映小规模纳税人多缴的增值税。

小规模纳税人购进货物、服务、无形资产或不动产，按照应付或实际支付的全部款项（包括支付的增值税税额），借记“材料采购”“在途物资”“原材料”“库存商品”等科目，贷记“应付账款”“应付票据”“银行存款”等科目；销售货物、服务、无形资产或不动产，应按全部价款（包括应交的增值税税额），借记“银行存款”等科目，按不含税的销售额，贷记“主营业务收入”等科目，按应交增值税税额，贷记“应交税费——应交增值税”科目。

【例3-21】 某企业为小规模纳税人，适用的增值税征收率为3%，原材料按实际成本核算。该企业发生经济交易如下：购入一批原材料，取得增值税专用发票上注明的价款为30 000元，增值税税额为3 900元，款项以银行存款支付，材料已验收入库。销售一批产品，开具的普通发票上注明的货款（含税）为51 500元，款项已存入银行。用银

行存款缴纳增值税 1 500 元。该企业应编制如下会计分录：

(1)购入原材料时：

借:原材料　　33 900

　贷:银行存款　　33 900

(2)销售产品时：

借:银行存款　　51 500

　贷:主营业务收入　　50 000

　　应交税费——应交增值税　　1 500

不含税销售额=含税销售额÷(1+征收率)= 51 500÷(1+3%)= 50 000(元)。

(3)缴纳增值税时：

借:应交税费——应交增值税(已交税金)　　1 500

　贷:银行存款　　1 500

【例 3-22】 腾飞公司为增值税小规模纳税人,202×年 10 月购买一批材料,取得的增值税专用发票上注明的价款为 100 000 元,增值税税额为 13 000 元。材料已验收入库,货款以转账支票付讫。该公司本月销售一批产品,含税价格为 148 320 元,款项已收。该公司增值税征收率为 3%。

(1)购买材料时：

借:原材料　　113 000

　贷:银行存款　　113 000

(2)销售商品时：

借:银行存款　　148 320

　贷:主营业务收入　　144 000

　　应交税费——应交增值税　　4 320

不含税销售额=含税销售额÷(1+征收率)= 148 320÷(1+3%)= 144 000(元)

(3)缴纳增值税时：

借:应交税费——应交增值税　　4 320

　贷:银行存款　　4 320

4)差额征税的账务处理

根据财政部和国家税务总局"营改增"试点政策的规定,对于企业发生的某些业务(如金融商品转让、经纪代理服务、融资租赁和融资性售后回租业务、一般纳税人提供客运场站服务、试点纳税人提供旅游服务、选择简易计税方法提供建筑服务等)无法通过抵扣机制避免重复征税的,应采用差额征税方式计算缴纳增值税。

(1)企业按规定相关成本费用允许扣减销售额的账务处理

按现行增值税制度规定,企业发生相关成本费用允许扣减销售额的,发生成本费用时，按应付或实际支付的金额，借记“主营业务成本”“工程施工”等科目，贷记“应付账款”“应付票据”“银行存款”等科目。待取得合规增值税扣税凭证且纳税义务发生时，按照允许抵扣的税额，借记“应交税费——应交增值税（销项税额抵减）”或“应交税费——简易计税”科目（小规模纳税人应借记“应交税费——应交增值税”科目），贷记“主营业务成本”“工程施工”等科目。

【例 3-23】 某旅行社为增值税一般纳税人，应交增值税采用差额征税方式核算。202×年 8 月，该旅行社为甲公司提供职工境内旅游服务，向甲公司收取含税价款318 000 元，其中增值税为 18 000 元，全部款项已收妥入账。该旅行社以银行存款支付其他接团旅游企业的旅游费用和其他单位相关费用共计 254 400 元，其中，因允许扣减销售额而减少的销项税额为 14 400 元。该旅行社应编制如下会计分录：

①确认旅游服务收入：

借：银行存款	318 000	
贷：主营业务收入		300 000
应交税费——应交增值税		18 000

②支付住宿费等旅游费用：

借：主营业务成本	254 400	
贷：银行存款		254 400

③根据增值税扣税凭证抵减销项税额，并调整成本：

借：应交税费——应交增值税（销项税额抵减）	14 400	
贷：主营业务成本		14 400

上述分录② ③可合并编制如下会计分录：

借：主营业务成本	240 000	
应交税费——应交增值税	14 400	
贷：银行存款		254 400

（2）企业转让金融商品按规定以盈亏相抵后的余额作为销售额

按现行增值税制度规定，企业实际转让金融商品，月末，如产生转让收益，则按应纳税额，借记“投资收益”等科目，贷记“应交税费——转让金融商品应交增值税”科目；如产生转让损失，则按可结转下月抵扣税额，借记“应交税费——转让金融商品应交增值税”科目，贷记“投资收益”等科目。缴纳增值税时，应借记“应交税费——转让金融商品应交增值税”科目，贷记“银行存款”科目。年末，“应交税费——转让金融商品应交增值税”科目，如有借方余额，则借记“投资收益”等科目，贷记“应交税费——转让金融商品应交增值税”科目。

2.应交消费税的核算

消费税是国家对某些需要限制和调节的消费品或消费行为征收的一种流转税。凡

是在我国境内生产、委托加工和进口应税消费品的单位和个人，均应按规定计算缴纳消费税。现行消费税的征收范围主要包括：烟，酒及酒精，鞭炮、焰火，高档化妆品，成品油，贵重首饰及珠宝玉石，高尔夫球及球具，高档手表，游艇，木制一次性筷子，实木地板，电池，涂料，摩托车，小汽车等税目，有的税目还进一步划分为若干子目。消费税实行从价定率计征、从量定额计征、从价定率和从量定额复合计税三种征收方法。采取从价定率方法征收的消费税，以不含增值税的销售额为税基，按照税法规定的税率计算。企业的销售收入包括增值税的，应将其换算为不含增值税的销售额。采取从量定额方法征收的消费税，按税法确定的企业应税消费品的数量和单位应税消费品应缴纳的消费税计算确定。采取复合计税计征的消费税，由以不含增值税的销售额为税基，按照税法规定的税率计算的消费税和根据按税法确定的企业应税消费品的数量和单位应税消费品应缴纳的消费税计算的消费税合计确定。

企业按税法规定应交的消费税在"应交税费"账户下设置"应交消费税"明细账户核算，其账户贷方登记按规定应缴纳的消费税，借方登记企业已缴纳的消费税，期末贷方余额为尚未缴纳的消费税，借方余额为多缴纳的消费税。

1）销售应税消费品的账务处理

企业生产需要缴纳消费税的消费品，在销售时应当按照应交消费税额借记"税金及附加"科目，贷记"应交税费——应交消费税"科目。实际缴纳消费税时，借记"应交税费——应交消费税"科目，贷记"银行存款"科目。发生销货退回及退税时作相反的分计分录。

【例3-24】　南方汽车制造厂为增值税一般纳税人，202×年2月21日销售20辆轿车给光大制造厂，每辆不含增值税的售价为100 000元，货款尚未收到，轿车的单位成本为80 000元。轿车的增值税税率为13%，消费税税率为10%。南方汽车制造厂应进行如下财务处理：

取得价款和税款时：

借：应收账款　　　　2 260 000

　贷：主营业务收入　　　　2 000 000

　　应交税费——应交增值税（销项税额）　　　　260 000

结转成本时：

借：主营业务成本　　　　1 600 000

　贷：库存商品　　　　1 600 000

计算应缴纳的消费税时：

借：税金及附加　　　　200 000

　贷：应交税费——应交消费税　　　　200 000

2）生产应税消费品用于在建工程、非生产机构等的账务处理

企业将生产的应税消费品用于在建工程、非生产机构等其他方面的，按规定应缴纳的消费税，借记“固定资产”“在建工程”“营业外支出”等科目，贷记“应交税费——应交消费税”科目。

【例3-25】 腾飞公司在建工程领用价值100 000元的自产柴油，按规定应交增值税15 600元，应纳消费税12 000元。编制会计分录如下：

借：在建工程　　127 600
　贷：库存商品　　100 000
　　应交税费——应交增值税（销项税额）　　15 600
　　　　　——应交消费税　　12 000

【例3-26】 腾飞公司下设的职工食堂享受企业提供的补贴，本月领用自产产品一批，该产品的账面成本为20 000元，市场价格为30 000元，适用的增值税税率为13%，消费税税率为10%，编制会计分录如下：

借：应付职工薪酬——职工福利费　　33 900
　贷：主营业务收入　　30 000
　　应交税费——应交增值税（销项税额）　　3 900
借：税金及附加　　3 000
　贷：应交税费——应交消费税　　3 000
同时：
借：主营业务成本　　20 000
　贷：库存商品　　20 000

3）以自产应税消费品投资的账务处理

企业以自产的应税消费品作为投资按规定应缴纳的消费税，借记“长期股权投资”科目，贷记“应交税费——应交消费税”科目。

3.应交城市维护建设税的核算

城市维护建设税是国家为了加强城市的维护建设，扩大和稳定城市维护建设资金的来源而开征的一种税。城市维护建设税的计税依据是企业实际缴纳的增值税、消费税的税额，规定税率因纳税人所在地区不同而异，税率从1%至7%不等。

城市维护建设税税率根据地区的不同分为三档：纳税人所在地在市区的，税率为7%；所在地在县城、镇的，税率为5%；其他地区的税率为1%。其计算公式为：

应交城市维护建设税=（应交增值税+应交消费税）×适用税率

企业应当在“应交税费”账户下设置“应交城市维护建设税”明细账户，专门用来核算企业应交城市维护建设税的发生和缴纳情况。该账户的贷方反映企业按税法规定计

算出的应当缴纳的城市维护建设税，借方反映企业已缴纳的城市维护建设税，余额在贷方反映企业应交而未交的城市维护建设税。企业按规定计算应交的城市维护建设税，借记“税金及附加”科目，贷记“应交税费——应交城市维护建设税”科目。企业以银行存款实际缴纳城市维护建设税时，借记“应交税费——应交城市维护建设税”科目，贷记“银行存款”科目。

【例 3-27】　腾飞公司 10 月实际缴纳增值税 562 000 元，缴纳消费税 89 000 元。城市维护建设税适用税率为 7%，则应进行如下账务处理：

计算出应交城市维护建设税时：

借：税金及附加　　45 570

　贷：应交税费——应交城市维护建设税　　45 570

用银行存款缴纳城市维护建设税时：

借：应交税费——应交城市维护建设税　　45 570

　贷：银行存款　　45 570

4.应交教育费附加的核算

教育费附加是指为了加快发展地方教育事业、扩大地方教育经费资金来源而向企业征收的附加费用。教育费附加以各单位实际缴纳的增值税、消费税的税额为计征依据，按其一定比例分别与增值税、消费税同时缴纳。教育费附加是一种专门用于教育事业的款项，即以纳税人实际缴纳的流转税（即增值税及消费税）税额为计征依据按 3%的税率征收。凡缴纳流转税的单位和个人，都是教育费附加的纳税义务人。企业计算出应缴纳的教育费附加时，借记“税金及附加”科目，贷记“应交税费——应交教育费附加”科目。实际缴纳时，借记“应交税费——应交教育费附加”科目，贷记“银行存款”科目。

【例 3-28】　腾飞公司按税法规定计算，202×年本期应交教育费附加 19 530 元，款项以银行存款支付。该公司应编制如下会计分录：

计算出应交教育费附加时：

借：税金及附加　　19 530

　贷：应交税费——应交教育费附加　　19 530

用银行存款缴纳教育费附加时：

借：应交税费——应交教育费附加　　19 530

　贷：银行存款　　19 530

5.应交其他税费的核算

1）资源税

资源税是国家对在我国境内开采矿产品或者生产盐的单位和个人征收的一种税，

体现了使用资源的社会责任。

企业对外销售应税矿产品，在按资源税条例规定计算出应纳资源税税额时，借记“税金及附加”等科目，贷记“应交税费——应交资源税”等科目；上交资源税时，借记“应交税费——应交资源税”科目，贷记“银行存款”科目。

2）土地增值税

土地增值税是对在我国境内有偿转让国有土地使用权、地上建筑物及其附着物并取得收入的单位和个人，就其转让房地产所取得的增值额征收的一种税。土地增值税采用四级超率累进税率，其中最低税率为30%，最高税率为60%。计算出土地增值税，直接借记“税金及附加”“固定资产清理”等科目，贷记“应交税费——应交土地增值税”科目。缴纳土地增值税时，借记“应交税费——应交土地增值税”科目，贷记“银行存款”科目。

3）个人所得税

个人所得税是以个人（自然人）取得的各项应税所得为对象征收的一种税。

企业按规定计算的代扣代缴的职工个人所得税，借记“应付职工薪酬”科目，贷记“应交税费——应交个人所得税”科目；企业缴纳个人所得税时，借记“应交税费——应交个人所得税”科目，贷记“银行存款”科目。

【例3-29】 某企业结算本月应付职工工资总额为300 000元，按税法规定应代扣代缴的职工个人所得税共计3 000元，实发工资总额为297 000元。该企业应进行如下会计处理：

（1）代扣个人所得税时：

借：应付职工薪酬	3 000	
贷：应交税费——应交个人所得税		3 000

（2）缴纳个人所得税时：

借：应交税费——应交个人所得税	3 000	
贷：银行存款		3 000

4）应交房产税、城镇土地使用税、车船税、印花税和矿产资源补偿费

（1）房产税，是以房屋为征税对象，按房屋的计税余值或租金收入为计税依据，向产权所有人征收的一种财产税。房产税依照房产原值一次减除9%～30%后的余额计算缴纳。没有房产原值作为依据的，由房产所在地税务机关参考同类房产核定；房产出租的，以房产租金收入为房产税的计税依据。

（2）城镇土地使用税，是指在城市、县城、建制镇、工矿区范围内使用土地的单位和个人，以实际占用的土地面积为计税依据，依照规定由土地所在地的税务机关征收的一种税赋。

(3)车船税,是对在中华人民共和国境内车辆、船舶(以下简称车船)的所有人或者管理人所征收的一种税。

(4)印花税,是对经济活动和经济交往中书立、领受的应税经济凭证所征收的一种税。

所有书立、领受"应税凭证"的单位和个人都应缴纳印花税。印花税税率从借款合同金额的0.005%到财产租赁合同、财产保险合同金额的0.1%不等。

不在印花税税目范围内书立合同不需缴纳印花税。

(5)矿产资源补偿费,是指在中华人民共和国领域和其他管辖海域开采矿产资源而征收的费用。矿产资源补偿费应当按照矿产品销售收入的一定比例计征,由采矿人缴纳。

企业计算出应缴纳的各种税费时,借记"税金及附加"科目,贷记"应交税费——应交××税"科目。实际缴纳时,借记"应交税费——应交××税"科目,贷记"银行存款"科目。

3.1.5　应付职工薪酬的核算

1.应付职工薪酬的内容

职工薪酬,是指企业为获得职工提供的服务或解除劳动关系而给予的各种形式的报酬或补偿。职工薪酬包括短期薪酬、离职后福利、辞退福利和其他长期职工福利。企业提供给职工配偶、子女、受赡养人、已故员工遗属及其他受益人等的福利,也属于职工薪酬。

这里所说的"职工",主要包括三类人员:一是与企业订立劳动合同的所有人员,含全职、兼职和临时职工;二是未与企业订立劳动合同,但由企业正式任命的企业治理层和管理层人员,如董事会成员、监事会成员等;三是在企业的计划和控制下,虽未与企业订立劳动合同或未由其正式任命,但向企业所提供服务与职工所提供服务类似的人员,如通过企业与劳务中介公司签订用工合同而向企业提供服务的人员。

职工薪酬包括以下内容:

1)短期薪酬

短期薪酬是指企业在职工提供相关服务的年度报告期间结束后12个月内需要全部予以支付的职工薪酬,因解除与职工的劳动关系给予的补偿除外。短期薪酬主要包括以下内容:

(1) 职工工资、奖金、津贴和补贴,是指按照构成工资总额的计时工资、计件工资、支付给职工的超额劳动报酬和增收节支的劳动报酬、为补偿职工特殊或额外的劳动消耗和因其他特殊原因支付给职工的津贴,以及为保证职工工资水平不受物价影响支付给职工的物价补贴等。其中,企业按照短期奖金计划向职工发放的奖金属于短期薪酬,按照长期奖金计划向职工发放的奖金属于其他长期职工福利。

(2) 职工福利费,是指企业向职工提供的生活困难补助费、丧葬补助费、抚恤费、职工异地安家费、防暑降温费等职工福利支出。

(3)社会保险费,是指企业按照国家规定的基准和比例计算,向社会保险经办机构缴纳的养老保险费(包括基本养老保险费和补充养老保险费)、医疗保险费、工伤保险费、失业保险费和生育保险费。

(4) 住房公积金,是指企业按照国家规定的基准和比例计算,向住房公积金管理机构缴存的住房公积金。

(5) 工会经费和职工教育经费,是指企业为了改善职工文化生活、为职工学习先进技术和提高文化水平和业务素质,用于开展工会活动和职工教育及职业技能培训等相关支出。

(6)短期带薪缺勤,是指职工虽然缺勤但企业仍向其支付报酬的安排,包括年休假、病假、婚假、产假、丧假、探亲假等。长期带薪缺勤属于其他长期职工福利。

(7)短期利润分享计划,是指因职工提供服务而与职工达成的基于利润或其他经营成果提供薪酬的协议。长期利润分享计划属于其他长期职工福利。

(8)其他短期薪酬,是指除上述薪酬以外的其他为获得职工提供的服务而给予的短期薪酬。

2)离职后福利

离职后福利,是指企业为获得职工提供的服务而在职工退休或与企业解除劳动关系后,提供的各种形式的报酬和福利,短期薪酬和辞退福利除外。企业应当将离职后福利计划分类为设定提存计划和设定受益计划。离职后福利计划,是指企业与职工就离职后福利达成的协议,或者企业为向职工提供离职后福利制定的规章或办法等。其中,设定提存计划,是指向独立的基金缴存固定费用后,企业不再承担进一步支付义务的离职后福利计划;设定受益计划,是指除设定提存计划以外的离职后福利计划。

3)辞退福利

辞退福利,是指企业在职工劳动合同到期之前解除与职工的劳动关系,或者为鼓励职工自愿接受裁减而给予职工的补偿。

4)其他长期职工福利

其他长期职工福利,是指除短期薪酬、离职后福利、辞退福利之外所有的职工薪酬,包括长期带薪缺勤、长期残疾福利、长期利润分享计划等。

2.应付职工薪酬的核算

企业应设置“应付职工薪酬”科目,核算企业应付职工薪酬的提取、结算、使用等情况。该科目的贷方登记已分配计入有关成本费用项目的职工薪酬的数额;借方登记实

际发放职工薪酬的数额,包括扣还的款项等;余额一般在贷方,表示已经计算并计入当期成本费用而尚未支付的职工薪酬。

"应付职工薪酬"科目应按照"工资、奖金、津贴和补贴""职工福利费""社会保险费""住房公积金""工会经费和职工教育经费""非货币性福利""带薪缺勤""利润分享计划""设定提存计划""设定受益计划义务""辞退福利"等职工薪酬项目设置明细账进行明细核算。

1)短期薪酬的核算

企业应当在职工为其提供服务的会计期间,将实际发生的短期薪酬确认为负债,并计入当期损溢,其他会计准则要求或允许计入资产成本的除外。

(1)货币性职工薪酬

①工资、奖金、津贴和补贴

对于职工工资、奖金、津贴和补贴等货币性职工薪酬,企业应当在职工为其提供服务的会计期间,将实际发生的职工工资、奖金、津贴和补贴等,根据职工提供服务的受益对象,将应确认的职工薪酬,借记"生产成本""制造费用""劳务成本""管理费用""销售费用"等科目,贷记"应付职工薪酬——工资、奖金、津贴和补贴"科目。

【例 3-30】 202×年 7 月,南方实业有限公司应付职工工资总额为 693 000 元,"工资费用分配汇总表"中列示的产品生产人员工资为 480 000 元,车间管理人员工资为 105 000 元,行政管理人员薪酬为 90 600 元,专设销售机构人员工资为 17 400 元。南方实业有限公司应进行如下会计处理:

借:生产成本——基本生产成本　480 000
　制造费用　105 000
　管理费用　90 600
　销售费用　17 400
　贷:应付职工薪酬——工资、奖金、津贴和补贴　693 000

实务中,企业一般在每月发放工资前,根据"工资费用分配汇总表"中的"实发金额"栏的合计数,通过开户银行支付给职工或从开户银行提取现金,然后再向职工发放。

企业按照有关规定向职工支付工资、奖金、津贴和补贴等,借记"应付职工薪酬——工资、奖金、津贴和补贴"科目,贷记"银行存款""库存现金"等科目;企业从应付职工薪酬中扣还的各种款项(如代垫的家属医药费、个人所得税等),借记"应付职工薪酬——工资、奖金、津贴和补贴"科目,贷记"银行存款""库存现金""其他应收款""应交税费——应交个人所得税"等科目。

【例 3-31】 承【例 3-30】,南方实业有限公司根据"工资费用分配汇总表"结算本月应付职工工资总额 693 000 元,其中企业代扣职工房租 32 000 元、代垫职工家属医药费 8 000 元,实发工资为 653 000 元。南方实业有限公司应进行如下会计处理:

a.向银行提取现金：

借：库存现金　　653 000

　贷：银行存款　　653 000

b.用现金发放工资：

借：应付职工薪酬——工资、奖金、津贴和补贴　　653 000

　贷：库存现金　　653 000

注：如果通过银行发放工资，该企业应编制如下会计分录：

借：应付职工薪酬——工资、奖金、津贴和补贴　　653 000

　贷：银行存款　　653 000

c.代扣款项：

借：应付职工薪酬——工资、奖金、津贴和补贴　　40 000

　贷：其他应付款——职工房租　　32 000

　　其他应收款——代垫医药费　　8 000

②职工福利费

对于职工福利费，企业应当在实际发生时根据实际发生额计入当期损溢或相关资产成本，借记“生产成本”“制造费用”“管理费用”“销售费用”等科目，贷记“应付职工薪酬——职工福利费”科目。

【例 3-32】 南方实业有限公司下设一所职工食堂，每月根据在岗职工数量及岗位分布情况、相关历史经验数据等计算需要补贴食堂的金额，从而确定企业每期因补贴职工食堂需要承担的福利费金额。202×年 7 月，企业在岗职工共计 200 人，其中管理部门 30 人，生产车间生产人员 170 人，企业的历史经验数据表明，每个职工每月需补贴食堂 150 元。该公司应进行如下会计处理：

借：生产成本——基本生产成本　　25 500

　管理费用　　4 500

　贷：应付职工薪酬——职工福利费　　30 000

本例中，该公司应当计提的职工福利费＝150×200＝30 000（元）。

【例 3-33】 承【例 3-32】，202×年 8 月，南方实业有限公司支付 30 000 元补贴给食堂。该公司应进行如下的会计处理：

借：应付职工薪酬——职工福利费　　30 000

　贷：银行存款　　30 000

③国家规定计提标准的职工薪酬

对于国家规定了计提基础和计提比例的医疗保险费、工伤保险费、生育保险费等社会保险费和住房公积金，以及按规定提取的工会经费和职工教育经费，企业应当在职工为其提供服务的会计期间，根据规定的计提基础和计提比例计算确定相应的职工薪酬

金额，并确认相关负债，按照受益对象计入当期损溢或相关资产成本，借记“生产成本”“制造费用”“管理费用”“销售费用”等科目，贷记“应付职工薪酬”科目。

【例 3-34】　承【例 3-30】，202×年 7 月，南方实业有限公司根据相关规定，分别按照职工工资总额的 2%和 8%的计提标准，确认应付工会经费和职工教育经费。该公司应进行如下会计处理：

借：生产成本——基本生产成本　　48 000
　制造费用　　10 500
　管理费用　　9 060
　销售费用　　1 740
　贷：应付职工薪酬——工会经费　　13 860
　　　　　　　　　——职工教育经费　　55 440

本例中，应确认的应付职工薪酬=(480 000+105 000+90 600+17 400)×(2%+8%)=69 300(元)。其中，工会经费为 13 860 元，职工教育经费为 55 440 元。

本例中，应记入“生产成本”科目的金额=480 000×(2%+8%)=48 000(元)；应记入“制造费用”科目的金额=105 000×(2%+8%)=10 500(元)；应记入“管理费用”科目的金额=90 600×(2%+8%)=9 060(元)；应记入“销售费用”科目的金额=17 400×(2%+8%)=1 740(元)。

【例 3-35】　202×年 12 月，南方实业有限公司根据国家规定的计提标准，计算应向社会保险经办机构缴纳职工基本医疗保险费共计 97 020 元，其中，应计入生产成本的金额为 67 200 元，应计入制造费用的金额为 14 700 元，应计入管理费用的金额为15 120 元。该公司应进行如下会计处理：

借：生产成本——基本生产成本　　67 200
　制造费用　　14 700
　管理费用　　15 120
　贷：应付职工薪酬——社会保险费　　97 020

④短期带薪缺勤

对于职工带薪缺勤，企业应当根据其性质及职工享有的权利，分为累积带薪缺勤和非累积带薪缺勤两类。企业应当对累积带薪缺勤和非累积带薪缺勤分别进行会计处理。如果带薪缺勤属于长期带薪缺勤的，企业应当作为其他长期职工福利处理。

累积带薪缺勤是指带薪权利可以结转到下期的带薪缺勤，本期尚未用完的带薪缺勤权利可以在未来期间使用。企业应当在职工提供了服务从而增加了其未来享有的带薪缺勤权利时，确认与累积带薪缺勤相关的职工薪酬，并以累积未行使权利而增加的预期支付金额计量。确认累积带薪缺勤时，借记 “管理费用”等科目，贷记“应付职工薪酬——带薪缺勤——短期带薪缺勤——累积带薪缺勤”科目。

【例 3-36】 某公司共有 2 000 名职工,从 2×19 年 1 月 1 日起,该企业实行累积带薪缺勤制度。该制度规定,每个职工每年可享受 5 个工作日带薪年休假,未使用的年休假只能向后结转一个公历年度,超过 1 年未使用的权利作废,在职工离开企业时也无权获得现金支付;职工休年假时,首先使用当年可享受的权利,不足部分再从上年结转的带薪年休假中扣除。

2×19 年 12 月 31 日,该公司预计 2×20 年有 1 900 名职工将享受不超过 5 天的带薪年休假,剩余 100 名职工每人将平均享受 6 天半年休假,假定这 100 名职工全部为总部各部门经理,该公司平均每名职工每个工作日工资为 300 元。不考虑其他相关因素。2×19年 12 月 31 日,该公司应进行如下会计处理:

借:管理费用　　45 000

　贷:应付职工薪酬——短期带薪缺勤——累积带薪缺勤　　45 000

该公司在 2×19 年 12 月 31 日应当预计由于职工累积未使用的带薪年休假权利而导致的预期支付的金额,即相当于 150[100×(6.5-5)]天的年休假工资金额 45 000(150×300)元。

非累积带薪缺勤,是指带薪权利不能结转到下期的带薪缺勤,本期尚未用完的带薪缺勤权利予以取消,并且职工离开企业时也无权获得现金支付。我国企业职工休婚假、产假、丧假、探亲假、病假期间的工资通常属于非累积带薪缺勤。由于职工提供服务本身不能增加其能够享受的福利金额,企业在职工未缺勤时不应当计提相关费用和负债。为此,企业应当在职工实际发生缺勤的会计期间确认与非累积带薪缺勤相关的职工薪酬。

企业确认职工享有的与非累积带薪缺勤权利相关的薪酬,视同职工出勤确认的当期损溢或相关资产成本。通常情况下,与非累积带薪缺勤相关的职工薪酬已经包括在企业每期向职工发放的工资等薪酬中,因此,不必额外作相应的账务处理。

(2) 非货币性职工薪酬

企业以其自产产品作为非货币性福利发放给职工的,应当根据受益对象,按照该产品的含税公允价值计入相关资产成本或当期损溢,同时确认应付职工薪酬,借记“生产成本”“制造费用”“管理费用”等科目,贷记“应付职工薪酬——非货币性福利”科目。将企业拥有的房屋等资产无偿提供给职工使用的,应当根据受益对象,将该住房每期应计提的折旧计入相关资产成本或当期损溢,同时确认应付职工薪酬,借记“生产成本”“制造费用”“管理费用”等科目,贷记“应付职工薪酬——非货币性福利”科目,并同时借记“应付职工薪酬——非货币性福利”科目,贷记“累计折旧”科目。租赁住房等资产供职工无偿使用的,应当根据受益对象,将每期应付的租金计入相关资产成本或当期损溢,并确认应付职工薪酬,借记“生产成本”“制造费用”“管理费用”等科目,贷记“应付职工薪酬——非货币性福利”科目。难以认定受益对象的非货币性福利,直接计入当期

损溢和应付职工薪酬。

【例 3-37】 某公司为家电生产企业,共有职工 200 名,其中 170 名为直接参加生产的职工,30 名为总部管理人员。202×年 12 月,该公司以其生产的每台成本为 900 元的电暖器作为春节福利发放给公司每名职工。该型号的电暖器不含增值税的市场售价为每台 1 000 元,该公司适用的增值税税率为 13%。该公司应进行如下会计处理:

借:生产成本　　192 100

　管理费用　　33 900

　贷:应付职工薪酬——非货币性福利　　226 000

本例中,应确认的应付职工薪酬=200×1 000+200×1 000×13%=226 000(元)。其中,应计入"生产成本"科目的金额=170×1 000+170×1 000×13%=192 000(元);应计入"管理费用"科目的金额=30×1 000+30×1 000×13%=33 900(元)。

【例 3-38】 某公司为总部各部门经理级别以上职工提供汽车免费使用,同时为副总裁以上高级管理人员每人租赁一套住房。该公司总部部门经理以上职工共有 20 名,每人提供一辆汽车免费使用,假定每辆汽车每月计提折旧 1 000 元;该公司副总裁以上高级管理人员共有 5 名,公司为其每人租赁一套面积为 200 平方米的公寓,月租金为每套 8 000 元(含税)。该公司应进行如下会计处理:

确认提供汽车的非货币性福利:

借:管理费用　　20 000

　贷:应付职工薪酬——非货币性福利　　20 000

借:应付职工薪酬——非货币性福利　　20 000

　贷:累计折旧　　20 000

企业提供汽车供职工使用的非货币性福利=20×1 000=20 000(元)。

确认为职工租赁住房的非货币性福利:

借:管理费用　　40 000

　贷:应付职工薪酬——非货币性福利　　40 000

企业租赁住房供职工使用的非货币性福利=5×8 000=40 000(元)。

企业以其自产产品作为职工薪酬发放给职工时,应确认主营业务收入,借记"应付职工薪酬——非货币性福利"科目,贷记"主营业务收入"科目,同时结转相关成本,涉及增值税销项税额的,还应进行相应的处理,借记"应付职工薪酬——非货币性福利"科目,贷记"应交税费——应交增值税(销项税额)"科目。企业支付租赁住房等资产供职工无偿使用所发生的租金,借记"应付职工薪酬——非货币性福利"科目,贷记"银行存款"等科目。

【例 3-39】 承【例 3-37】和【例 3-38】,某公司向职工发放电暖器作为福利,应确认主营业务收入,同时根据现行增值税制度规定,计算增值税销项税额。该公司应进行

如下会计处理:

借:应付职工薪酬——非货币性福利　226 000

　贷:主营业务收入　200 000

　　应交税费——应交增值税(销项税额)　26 000

借:主营业务成本　180 000

　贷:库存商品　180 000

该公司应确认的主营业务收入=200×1 000=200 000(元)。

该公司应确认的增值税销项税额=200×1 000×13%=26 000(元)。

该公司应结转的销售成本=200×900=180 000(元)。

该公司每月支付副总裁以上高级管理人员住房租金时,应进行如下的会计处理:

借:应付职工薪酬——非货币性福利　40 000

　贷:银行存款　40 000

2)设定提存计划的核算

对于设定提存计划,企业应当根据在资产负债表日为换取职工在会计期间提供的服务而应向单独主体缴存的提存金,确认为应付职工薪酬,并计入当期损溢或相关资产成本,借记“生产成本”“制造费用”“管理费用”等科目,贷记“应付职工薪酬——设定提存计划”科目。

【例 3-40】　承【例 3-30】,南方实业有限公司所在地政府规定,按照职工工资总额的 12%计提基本养老保险费,缴存当地社会保险经办机构。202×年 7 月,该公司缴存的基本养老保险费,应计入生产成本的金额为 57 600 元,应计入制造费用的金额为 12 600 元,应计入管理费用的金额为 10 872 元,应计入销售费用的金额为 2 088 元。该公司应进行如下会计处理:

借:生产成本——基本生产成本　57 600

　制造费用　12 600

　管理费用　10 872

　销售费用　2 088

　贷:应付职工薪酬——设定提存计划——基本养老保险费　83 160

3.1.6　其他流动负债的核算

1.应付股利

应付股利是指企业根据股东大会或类似机构审议批准的利润分配方案确定分配给投资者的现金股利或利润。企业股东大会或类似机构审议批准的利润分配方案、宣告分派的现金股利或利润,在实际支付前,形成企业的负债。企业董事会或类似机构通过的利润分配方案中拟分配的现金股利或利润,不应确认为负债,不作账务处理,但应在

附注中披露。企业分配的股票股利，不通过“应付股利”科目核算。

企业应通过“应付股利”科目，核算企业确定或宣告支付但尚未实际支付的现金股利或利润。企业根据股东大会或类似机构审议批准的利润分配方案，确认应付给投资者的现金股利或利润时，借记“利润分配——应付现金股利或利润”科目，贷记“应付股利”科目；向投资者实际支付现金股利或利润时，借记“应付股利”科目，贷记“银行存款”等科目。

【例 3-41】　腾飞公司 202×年实现净利润 8 000 000 元，根据股东大会或类似机构审议批准 202×年度分配股利 5 000 000 元，已银行存款支付。

借：利润分配——应付现金股利或利润　　5 000 000

　贷：应付股利　　5 000 000

借：应付股利　　5 000 000

　贷：银行存款　　5 000 000

2.应付利息

应付利息是指金融企业根据存款或债券金额及其存续期限和规定的利率，按期计提应支付给单位和个人的利息。应付利息应按已计提但尚未支付的金额入账。

企业应设置“应付利息”科目来核算企业按照合同约定应支付的利息，包括吸收存款、分期付息到期还本的长期借款、企业债券等应支付的利息。本科目可按存款人或债权人进行明细核算。

资产负债表日，应按摊余成本和实际利率计算确定的利息费用，借记“财务费用”“在建工程”“利息支出”“研发支出”等科目，按合同利率计算确定的应付未付利息，贷记“应付利息”科目，按借贷双方之间的差额，借记或贷记“长期借款——利息调整”等科目。合同利率与实际利率差异较小的，也可以采用合同利率计算确定利息费用。实际支付利息时，借记“应付利息”科目，贷记“银行存款”等科目。

【例 3-42】　伟天企业借入 5 年期、到期还本每年付息的长期借款 5 000 000 元，合同约定年利率为 3.5%，假定不符合资本化条件。该企业的有关会计处理如下：

(1)每年计算确定利息费用时：

借：财务费用　　175 000

　贷：应付利息　　175 000

企业每年应支付的利息 = 5 000 000×3.5% = 175 000(元)。

(2)每年实际支付利息时：

借：应付利息　　175 000

　贷：银行存款　　175 000

3.2 非流动负债的核算

3.2.1 长期借款的核算

1.长期借款概述

长期借款是指企业从银行或其他金融机构借入的期限在1年以上(不含1年)的各种借款。它一般用于固定资产购置、固定资产建造工程以及流动资产的正常需要等方面。长期借款具有借款数额大、借款期限长等特点。

企业应通过“长期借款”科目,核算长期借款的借入、归还等情况。该科目贷方登记长期借款本息的增加额,借方登记长期借款本息的减少额,余额在贷方,表示企业尚未偿还的长期借款。该科目分别设置“本金”“利息调整”等明细科目。

2.长期借款的账务处理

1) 取得长期借款的核算

企业取得长期借款时,应按实际收到的金额,借记“银行存款”科目,贷记“长期借款——本金”科目;如存在差额,还应借记“长期借款——利息调整”科目。

2)长期借款利息的核算

长期借款利息,可根据借款合同规定,采用分期支付或到期还本时一次支付的方式。不论是分期支付还是一次支付,均应按权责发生制原则,将应由本期负担的长期借款利息计提入账。

长期借款利息费用应当在资产负债表日按照实际利率法计算确定,实际利率与合同利率差异较小的,也可以采用合同利率计算确定利息费用。长期借款计算确定的利息费用,应当按以下原则计入有关成本费用:属于筹建期间的,计入管理费用;属于生产经营期间的,计入财务费用。用于购建固定资产的,在固定资产尚未达到预定可使用状态前,所发生的应当资本化的利息支出数,计入在建工程成本;固定资产达到预定可使用状态后发生的利息支出,以及按规定不予资本化的利息支出,计入财务费用。

长期借款按合同利率计算确定的应付未付利息,借记“在建工程”“财务费用”“管理费用”等科目,贷记“应付利息”科目。

3)偿还长期借款本息的核算

企业偿还长期借款本息时,借记“长期借款”科目,贷记“银行存款”科目。

【例3-43】 2×19年1月1日,光大制造有限公司与中国银行湖里支行签订一项借款合同,借款100万元,期限2年,年利率为9%。每年付息一次,期满后一次性还清

本金。

借:银行存款　　1 000 000

贷:长期借款——本金　　1 000 000

2×19 年 1 月 1 日,支付工程款 600 000 元。

借:在建工程　　600 000

贷:银行存款　　600 000

2×19 年 12 月 31 日,计提本年利息(为工程取得的专门借款,不考虑未使用借款的收益)。

借:在建工程　　90 000

贷:应付利息　　90 000

2×19 年 12 月 31 日,支付本年的长期借款利息。

借:应付利息　　90 000

贷:银行存款　　90 000

2×20 年 1 月 1 日,支付工程款 400 000 元。

借:在建工程　　400 000

贷:银行存款　　400 000

2×20 年 8 月 31 日,该项工程达到预定可使用状态,计提该期应计入工程成本的利息 60 000 元。

借:在建工程　　60 000

贷:应付利息　　60 000

2×20 年 8 月 31 日,该项工程验收合格,结转其成本 1 150 000 元。

借:固定资产　　1 150 000

贷:在建工程　　1 150 000

2×20 年 12 月 31 日,计提 9—12 月的利息 30 000 元。

借:财务费用　　30 000

贷:应付利息　　30 000

2×20 年 12 月 31 日,支付 2×17 年度长期借款的利息 90 000 元。

借:应付利息　　90 000

贷:银行存款　　90 000

2×21 年 1 月 1 日,偿还长期借款本金 1 000 000 元(已通过银行账户扣付)。

借:长期借款　　1 000 000

贷:银行存款　　1 000 000

3.2.2 应付债券的核算

1.应付债券概述

1)应付债券的内容

应付债券是指企业为筹集资金而对外发行的期限在1年以上的长期借款性质的书面证明。它是约定在一定期限内还本付息的一种书面承诺，其特点是期限长、数额大、到期无条件支付本息。

2)应付债券的发行价格

应付债券的发行价格主要取决于债券发行时的市场利率。市场利率是指债券发行时金融市场上资金供求双方竞争形成的利率(相当于同期银行存款利率)。由于企业发行债券时票面利率可能等于也可能高于或低于市场利率，因此，企业发行债券可按三种方式确定价格。

(1)按面值发行

当企业债券的票面利率与发行时的市场利率相同时，债券发行价格等于债券面值，企业债券就可按面值发行，即平价发行。

(2)溢价发行

当企业债券的票面利率高于发行时的市场利率时，债券发行价格就会高于债券面值，债券发行价格高于债券面值的差额称为债券溢价。债券在溢价发行时，债券购买者因溢价而多付出的价款，可以从以后各期多得的利息收入中获得补偿；而债券发行企业因溢价多得的收入，实质上是在债券到期前对企业各期多付利息的一种补偿，也是对债券利息费用的一项调整。因而，不能将债券溢价视为发行时的收益，而应在债券还款期限内，通过分期摊销陆续冲减企业债券的利息费用。

(3)折价发行

当企业债券的票面利率低于发行时的市场利率时，债券发行价格就会低于债券面值，债券发行价格低于债券面值的差额称为债券折价。债券在折价发行时，债券购买者因折价而少付出的价款，是对以后各期少得利息收入的预先补偿；而债券发行企业因折价少得的收入，实质上是预先付给债券购买者的利息，它可以从以后各期少付利息中获得补偿，因而同样是对债券利息费用的一项调整。企业的债券折价应在债券还款期限内分期摊销，陆续增加企业债券的利息费用。

2.应付债券的核算

企业发行的长期债券应设置“应付债券”账户进行核算，并设置“面值”“利息调整”“应计利息”等明细账户按债券种类对应付债券进行明细核算。该账户核算企业为筹集长期资金而实际发行的债券及应付的利息，贷方登记应付债券的本金和利息，借方

登记归还应付债券的本金和利息。期末贷方余额，反映企业尚未偿付的债券本息。

1）发行债券的核算

企业发行的一般公司债券，无论是按面值发行，还是溢价发行，抑或折价发行，均按债券面值记入“应付债券——面值”科目，实际收到的款项与面值的差额，记入“应付债券——利息调整”科目。企业发行债券时，按实际收到的款项，借记“银行存款”“库存现金”等科目，按债券票面价值，贷记“应付债券——面值”科目，按实际收到的款项与票面价值之间的差额，贷记或借记“应付债券——利息调整”科目。

2）债券利息的核算

利息调整应在债券存续期间内采用实际利率法进行摊销。

资产负债表日，对于分期付息、一次还本的债券，企业应按应付债券的摊余成本和实际利率计算确定的债券利息费用，借记“在建工程”“制造费用”“财务费用”等科目，按票面利率计算确定的应付未付利息，贷记“应付利息”科目，按其差额，借记或贷记“应付债券——利息调整”科目。

对于一次还本付息的债券，应于资产负债表日按摊余成本和实际利率计算确定的债券利息费用，借记“在建工程”“制造费用”“财务费用”等科目，按票面利率计算确定的应付未付利息，贷记“应付债券——应计利息”科目，按其差额，借记或贷记“应付债券——利息调整”科目。

3）债券偿还的核算

对于分期付息、一次还本的债券，在每期支付利息时，借记“应付利息”科目，贷记“银行存款”科目。债券到期偿还本金应支付最后一期利息时，借记“应付债券——面值”“在建工程”“制造费用”“财务费用”等科目，贷记“银行存款”科目，按借贷双方之间的差额，借记或贷记“应付债券——利息调整”科目。

对于一次还本付息的债券，企业应于债券到期支付债券本息时，借记“应付债券——面值”“应付债券——应计利息”科目，贷记“银行存款”科目。

【例 3-44】　2×19 年 12 月 31 日，腾飞公司发行票面利率为 6%，期限为 5 年的分期付息、一次还本的债券 10 000 000 元，债券利息在每年 12 月 31 日支付。假定债券发行时的市场利率为 5%，公司实际取得银行存款 10 432 700 元，全部用于生产经营。

根据上述资料，采用实际利率和摊余成本计算确定的利息费用情况如表 3-2 所示。

表 3-2　利息费用情况

计息日期	应付利息	利息费用	摊销的利息调整	应付债券摊余成本
2×19 年 12 月 31 日				10 432 700
2×20 年 12 月 31 日	600 000	521 635	78 365	10 354 335

续表

计息日期	应付利息	利息费用	摊销的利息调整	应付债券摊余成本
2×21 年 12 月 31 日	600 000	517 716.75	82 283.25	10 272 051.75
2×22 年 12 月 31 日	600 000	513 602.59	86 397.41	10 185 654.34
2×23 年 12 月 31 日	600 000	509 282.72	90 717.28	10 094 937.06
2×24 年 12 月 31 日	600 000	505 062.94	94 937.06	10 000 000

(1)2×19 年 12 月 31 日收到债券款时,编制会计分录如下:

借:银行存款　　10 432 700

　贷:应付债券——面值　　10 000 000

　　　　　　——利息调整　　432 700

(2)2×20 年 12 月 31 日,计提利息费用,编制会计分录如下:

借:财务费用　　521 635

　应付债券——利息调整　　78 365

　贷:应付利息　　600 000

(3)实际支付 2×20 年利息时,编制会计分录如下:

借:应付利息　　600 000

　贷:银行存款　　600 000

(4)2×21 年 12 月 31 日,计提利息费用,编制会计分录如下:

借:财务费用　　517 716.75

　应付债券——利息调整　　82 283.25

　贷:应付利息　　600 000

(5)2×22 年 12 月 31 日,计提利息费用,编制会计分录如下:

借:财务费用　　513 602.59

　应付债券——利息调整　　86 397.41

　贷:应付利息　　600 000

(6)2×23 年 12 月 31 日,计提利息费用,编制会计分录如下:

借:财务费用　　509 282.72

　应付债券——利息调整　　90 717.28

　贷:应付利息　　600 000

(7)实际支付 2×21 年、2×22 年、2×23 年利息的会计分录处理同(3)。

(8)2×24 年 12 月 31 日,归还债券本金及最后一年利息费用,编制会计分录如下:

借:财务费用　　505 062.94

　应付债券——面值　　10 000 000

——利息调整　　　　94 937.06

贷:银行存款　　　　10 600 000

3.2.3　长期应付款的核算

1.长期应付款概述

长期应付款是指除长期借款、应付债券以外的其他各种长期应付款项,主要包括应付融资租入固定资产的租赁费、以分期付款方式购入固定资产发生的应付款项、采用补偿贸易方式引进国外设备发生的应付款项等。企业通过长期应付款取得固定资产,可以减少进行长期项目投资所承担的风险,并不必在取得固定资产的同时支付款项,所以,也是企业筹集长期资金的一种较好的办法。

长期应付款除具有长期负债的一般特点外,还具有两个特点:一是具有分期付款性质,如融资租入固定资产的租赁费是在整个租赁期内逐期偿还的;二是长期应付款涉及外币债务较多。外币债务不仅在核算上有特殊性,而且汇率的变动会影响负债的还款数额及负债费用。

为了核算企业的各种长期应付款的发生和归还情况,企业应设置"长期应付款"账户。该账户的贷方登记应付款项的发生数额,借方登记应付款项的归还数额,期末贷方余额,反映企业尚未支付的各种长期应付款。企业还应按长期应付款的种类设置明细账,进行明细核算。

2.长期应付款的核算

1)应付补偿贸易引进设备款的账务处理

补偿贸易是一种以信贷为基础的贸易方式,即双方商定,卖方向买方提供机器设备、专有技术等,买方在投产以后,以一定数量的产品或其他双方商定的商品分期计价偿还,偿还期限最长可达7年。简单来说,补偿贸易就是企业从国外引进设备,然后用该设备生产的产品归还设备价款。

企业以补偿贸易方式引进设备时,应按设备、工具、零配件等的价款以及国外运杂费的外币金额和规定的汇率折合为人民币记账,借记"在建工程""原材料"等账户,贷记"长期应付款"账户;企业支付引进设备的进口关税、国内运杂费和安装费时,借记"在建工程""原材料"等账户,贷记"银行存款""长期借款"等账户;引进设备验收交付使用时,应按其全部价值,借记"固定资产"账户,贷记"在建工程"账户;企业以该项设备所生产产品的销售额等归还引进设备款时,借记"长期应付款"账户,贷记"银行存款""应收账款"等账户。

【例3-45】　腾飞公司开展补偿贸易业务,从国外引进设备的价款折合人民币100万元(不需要安装设备),按协议规定,企业需以该设备所生产产品归还引进设备款。引进设备投产后，第一批生产产品 100 件，单位售价 300 元，增值税为 3 900 元，单位产品销售成本 200 元，该批产品全部出口，价款用于偿还设备款。编制会计分录如下：

(1)引进设备时：

借：固定资产　　1 000 000

　贷：长期应付款——应付补偿贸易引进设备款　　1 000 000

(2)第一批产品实现销售时：

借：应收账款　　33 900

　贷：主营业务收入　　30 000

　　应交税费——应交增值税(销项税额)　　3 900

(3)结转已售产品销售成本时：

借：主营业务成本　　20 000

　贷：库存商品　　20 000

(4)以第一批产品价款偿还设备款时：

借：长期应付款——应付补偿贸易引进设备款　　30 000

　贷：应收账款　　30 000

2)应付融资租入固定资产租赁费的账务处理

企业采用融资租赁方式租入固定资产，由于在租赁期内承租企业实质上获得了该资产所提供的主要经济利益，同时承担了与资产有关的风险，因此承租企业应将融资租入资产作为一项固定资产计价入账，同时确认相应的负债，并且要计提固定资产折旧。但为了区别融资租入固定资产和企业其他自有固定资产，企业应对融资租入固定资产单独设立"融资租入固定资产"明细科目核算。

融资租入的固定资产，在租赁开始日，按租赁开始日租赁资产的原账面价值与最低租赁付款额的现值两者中较低者作为入账价值，借记"在建工程"或"固定资产——融资租入固定资产"科目，按最低租赁付款额，贷记"长期应付款——应付融资租赁款"科目；按其差额，借记"未确认融资费用"科目。按期摊销未确认的融资租赁费用时，借记"财务费用"科目，贷记"未确认融资费用"科目。按期支付融资租赁款时，借记"长期应付款——应付融资租赁款"科目，贷记"银行存款"科目。租赁期满，如合同规定将设备所有权转归承租企业，应对已入账的固定资产进行转账，从"融资租入固定资产"明细科目转入固定资产的其他有关明细科目。

【例 3-46】　腾飞公司采用融资租赁方式租入一台生产设备，按照租赁合同的规定，双方确定的租赁资产公允价值为 2 000 万元，租赁期限为 5 年，最低租赁付款额为 2 400万元。

借：在建工程　　20 000 000

未确认融资费用　　4 000 000

贷:长期应付款——应付融资租赁款　　24 000 000

(1)企业支付了生产设备的运输费、保险费、安装调试费等共计30万元,增值税为2.7万元(增值税税率为9%)。

借:在建工程　　300 000

应交税费——应交增值税(进项税额)　　27 000

贷:银行存款　　327 000

(2)融资租入固定资产安装调试完工后投入使用时:

借:固定资产——融资租入固定资产　　20 300 000

贷:在建工程　　20 300 000

(3)未确认的融资费用应当在租赁期内各个期间进行合理分摊,每年分摊的金额为80万元,假设按年限平均法摊销,每年分摊时的会计处理如下:

借:财务费用　　800 000

贷:未确认融资费用　　800 000

(4)按照租赁合同的规定,租金应于每年年初支付,每年支付租金480万元,在支付租金时的会计处理如下:

借:长期应付款——应付融资租赁款　　4 800 000

贷:银行存款　　4 800 000

(5)假定该设备预计使用年限为10年,在不考虑净残值的情况下,采用直线法计提折旧,每年计提的固定资产折旧为203万元。

借:制造费用　　2 030 000

贷:累计折旧　　2 030 000

(6)融资租赁期限届满后,若选择购买权,则企业应将固定资产从"融资租入固定资产"明细科目转入"固定资产"科目。

借:固定资产　　20 300 000

贷:固定资产——融资租入固定资产　　20 300 000

3.3　所有者权益的核算

3.3.1　实收资本的核算

1.实收资本概述

按照我国有关法律规定,投资者设立企业首先必须投入资本。实收资本是投资者投入资本形成法定资本的价值,所有者向企业投入的资本,在一般情况下无须偿还,可以长期周转使用。实收资本的构成比例,即投资者的出资比例或股东的股份比例,通常是确定所有者在企业所有者权益中所占的份额和参与企业财务经营决策的基础,也是企业进行利润分配或股利分配的依据,同时是企业清算时确定所有者对净资产的要求权的依据。

2.实收资本的核算

股份有限公司应设置"股本"科目,核算公司实际发行股票的面值总额。除股份有限公司外,其他企业应设置"实收资本"科目,核算投资者投入资本的增减变动情况。

1)实收资本(或股本)取得的核算

(1)接受现金资产投资

股份有限公司发行股票收到现金资产时,应以实际收到的金额,借记"银行存款"等科目,按每股股票面值和发行股份总额的乘积计算的金额,贷记"股本"科目,实际收到的金额与该股本之间的差额,贷记"资本公积——股本溢价"科目。股份有限公司发行股票发生的手续费、佣金等交易费用,应从溢价中抵扣,冲减资本公积。

股份有限公司以外的企业接受现金投资时,应以实际收到的金额,借记"银行存款"等科目,按投资合同或协议约定的投资者在企业注册资本中所占的份额,贷记"实收资本"科目,企业实际收到的金额超过投资者在企业注册资本中所占的份额部分,贷记"资本公积——资本溢价"科目。

【例3-47】 202×年1月1日,长江投资有限公司、莲花投资有限公司、山海投资有限公司三家公司共同投资设立南方软件有限公司,注册资本500万元。这三家公司的持股比例依次是50%、30%、20%。其出资方式中:货币资金出资300万元(长江投资有限公司投入250万元,莲花投资有限公司投入50万元)。

分录	借方	贷方
借:银行存款	3 000 000	
贷:实收资本——长江投资有限公司		2 500 000
实收资本——莲花投资有限公司		500 000

莲花投资有限公司投入一批原材料,取得的增值税专用发票上注明的价款为854 000元,增值税为111 020元。

分录	借方	贷方
借:原材料	854 000	
应交税费——应交增值税(进项税额)	111 020	
贷:实收资本——莲花投资有限公司		965 020

【例3-48】 腾飞有限责任公司注册资本为1 000 000元。根据合同约定,该公司收到甲企业投入的货币资金100 000元,占腾飞有限责任公司注册资本的10%,该款项全部存入企业的开户银行。根据上述业务编制如下会计分录:

分录	借方	贷方
借:银行存款	100 000	

贷:实收资本——投资者甲企业　　100 000

若上例中,甲企业投入的货币资本 100 000 元只占腾飞有限责任公司注册资本的 8%。则账务处理如下:

借:银行存款　　100 000

　贷:实收资本——投资者甲企业　　80 000

　　资本公积——资本溢价　　20 000

【例 3-49】 腾飞股份有限公司委托某证券公司代理发行普通股 5 000 万股,每股面值 1 元,每股发行价格 5 元。假定腾飞股份有限公司按发行收入的 1%向证券公司支付发行费用,证券公司从发行收入中抵扣。股票发行成功,股款已划入腾飞股份有限公司的银行账户。腾飞股份有限公司的账务处理如下:

股票发行费用 = 50 000 000×5×1% = 2 500 000(元)

实际收到的股款 = 50 000 000×5−2 500 000 = 247 500 000(元)

借:银行存款　　247 500 000

　贷:股本　　50 000 000

　　资本公积——股本溢价　　197 500 000

(2)接受非现金资产投资

企业接受固定资产、原材料、无形资产等非现金资产投资时,应按投资合同或协议约定的价值(不公允的除外)作为固定资产、原材料、无形资产的入账价值,按投资合同或协议约定的投资者在企业注册资本或股本中所占份额的部分作为实收资本或股本入账,投资合同或协议约定的价值超过投资者在企业注册资本或股本中所占份额的部分,计入资本公积。

【例 3-50】 腾飞公司注册资本为 1 000 000 元。根据合同约定,投资者甲公司投入一台不需要安装的设备,合同约定该设备的价值为 200 000 元,增值税进项税额为 26 000元(由投资方支付税款,并提供或开具增值税专用发票)。经约定,腾飞公司接受甲公司的投入资本为 226 000 元,全部作为实收资本。合同约定的固定资产价值与公允价值相符,即在该企业注册资本的份额为 200 000 元,不考虑其他因素。

借:固定资产　　200 000

　应交税费——应交增值税(进项税额)　　26 000

　贷:实收资本——甲公司　　226 000

【例 3-51】 腾飞公司收到投资单位作为资本投入的一项专利权,双方协议约定价值为 500 000 元,并且该约定价值是公允的,增值税进项税额为 65 000 元(由投资方支付税款,并提供或开具增值税专用发票)。该公司应作会计分录如下:

借:无形资产　　500 000

　应交税费——应交增值税(进项税额)　　65 000

贷:实收资本　565 000

【例 3-52】 腾飞公司收到投资单位作为资本投入的一批原材料,该批原材料投资合同或协议约定价值(不含可抵扣的增值税进项税额部分)为 100 000 元,增值税进项税额为 13 000 元(由投资方支付税款,并提供或开具增值税专用发票)。合同约定的价值与公允价值相符,不考虑其他因素。腾飞公司对原材料按实际成本进行日常核算。该公司应作会计分录如下:

借:原材料　100 000

　应交税费——应交增值税(进项税额)　13 000

　贷:实收资本　113 000

2)实收资本(或股本)增加的核算

根据我国有关法律规定,企业资本(或股本)在经营期间不得随意变动,只有符合增资条件,并经有关部门批准,才可以增加注册资本,并相应作出会计处理。一般企业增加注册资本主要有三个途径:一是将资本公积转为实收资本或者股本;二是将盈余公积转为实收资本;三是投资者(包括企业原投资者)追加投资。

(1)将资本公积转为实收资本或者股本

企业将资本公积转为实收资本或股本时,应借记"资本公积——资本溢价"或"资本公积——股本溢价"科目,贷记"实收资本"或"股本"科目。

【例 3-53】 承【例 3-47】,202×年 12 月 31 日,南方软件有限公司为了扩大经营规模,经批准,按照原出资比例将资本公积 3 000 000 元转增资本。

借:资本公积——资本溢价　3 000 000

　贷:实收资本——长江投资有限公司　1 500 000

　　实收资本——莲花投资有限公司　900 000

　　实收资本——山海投资有限公司　600 000

(2)将盈余公积转为实收资本

企业将盈余公积转为实收资本时,应借记"盈余公积"科目,贷记"实收资本"科目。

需要注意的是,资本公积和盈余公积均属于所有者权益,转为实收资本时,如为独资企业比较简单,直接结转即可;如为股份公司或有限责任公司,应按原投资者所持股份同比例增加各股东的股权,股份公司具体可以采取发放新股的办法。

【例 3-54】 腾飞股份有限公司按股东大会决议,并办理增资手续,将法定公积金 1 000 000元转增普通股股本。应作会计分录如下:

借:盈余公积——法定盈余公积　1 000 000

　贷:实收资本　1 000 000

(3)投资者追加投资

企业按规定增资扩股,接受原股东追加投资和新增加的投资者投资时,应按实际收

到的款项或其他资产，借记“银行存款”“固定资产”“原材料”等科目；按增加的实收资本或股本金额，贷记“实收资本”或“股本”科目；实际收到新增加的投资者投入企业的资产超过其在该企业注册资本中所占份额的部分，贷记“资本公积——资本溢价”或“资本公积——股本溢价”科目。

【例 3-55】　腾飞公司是由甲、乙、丙三位投资者共同投资的有限责任公司，原注册资本为 400 万元，甲、乙、丙分别出资 50 万元、200 万元、150 万元。为了扩大经营规模，腾飞公司注册资本扩大为 500 万元。202×年 11 月 28 日，甲、乙、丙按原投资比例分别追加投资 125 000 元、500 000 元、375 000 元。收到款项时，应作会计分录如下：

借：银行存款　　1 000 000
　贷：实收资本——投资者甲　　125 000
　　　　　　——投资者乙　　500 000
　　　　　　——投资者丙　　375 000

3）实收资本（或股本）减少的核算

企业实收资本减少的原因大体有两种：一是资本过剩而减资；二是企业发生重大亏损而需要减少实收资本。

企业因资本过剩而减资，一般要返还投资。按返还投资的数额，借记“实收资本”科目，贷记“库存现金”“银行存款”等科目。

股份有限公司采用收购本公司股票方式减资的，按股票面值和注销股数计算的股票面值总额，借记“股本”科目，按注销库存股的账面余额，贷记“库存股”科目，按其差额借记“资本公积——股本溢价”科目。股本溢价不足冲减的，应借记“盈余公积”“利润分配——未分配利润”科目。如果购回股票支付的价款低于面值总额的，应按股票面值总额，借记“股本”科目，按所注销的库存股账面余额，贷记“库存股”科目，按其差额，贷记“资本公积——股本溢价”科目。

【例 3-56】　202×年 12 月 31 日，广陵股份有限公司的股本为 1 000 万股，每股面值为 1 元，资本公积（股本溢价）为 250 万元，盈余公积为 1 500 万元。经股东大会批准，广陵股份有限公司以现金回购本公司股票 300 万股并注销，每股回购价为 0. 8 元。

（1）回购本公司股票时：

借：库存股　　2 400 000
　贷：银行存款　　2 400 000

（2）注销本公司股票时：

借：股本　　3 000 000
　贷：库存股　　2 400 000
　　资本公积——股本溢价　　600 000

【例 3-57】　承【例 3-56】，假如广陵股份有限公司每股回购价为 1. 5 元，编制会计分录如下：

(1)回购本公司股票时：

借：库存股　　4 500 000

　贷：银行存款　　4 500 000

(2)注销本公司股票时：

借：股本　　3 000 000

　资本公积——股本溢价　　1 500 000

　贷：库存股　　4 500 000

【例3-58】 承【例3-56】，假如广陵股份有限公司每股回购价为3元，编制会计分录如下：

(1)回购本公司股票时：

借：库存股　　9 000 000

　贷：银行存款　　9 000 000

(2)注销本公司股票时：

借：股本　　3 000 000

　资本公积——股本溢价　　2 500 000

　盈余公积　　3 500 000

　贷：库存股　　9 000 000

3.3.2 资本公积的核算

1.资本公积概述

资本公积是企业收到投资者出资额超出其在注册资本(或股本)中所占份额的部分，以及直接计入所有者权益的利得和损失等。在我国，资本公积形成的来源主要包括资本(或股本)溢价、拨款转入和直接计入所有者权益的利得和损失。

资本(或股本)溢价是指企业投资者投入的资金超过其在注册资本中所占份额的部分，其中在股份有限公司称为股本溢价。形成资本溢价(或股本溢价)的原因有溢价发行股票、投资者超额缴入资本等。

拨款转入是指企业收到国家拨入的专门用于技术改造、技术研究等的拨款，项目完成后，按规定转入资本公积的部分，企业应按转入金额入账。

直接计入所有者权益的利得和损失，是指不应计入当期损溢、会导致所有者权益发生增减变动的、与所有者投入资本或者向所有者分配利润无关的利得或者损失。如企业的长期股权投资采用权益法核算时，因被投资单位除净损溢以外所有者权益的其他变动，投资企业按应享有份额而增加或减少的资本公积。

资本公积与实收资本虽然都属于投入资本范畴，但两者存在一定区别。实收资本

一般是投资者投入的、为了谋求投资利益的法定资本,与企业注册资本相一致,因此,实收资本在来源和资金上,都有严格限制;资本公积有特定来源,由全体所有者享有,但有些来源形成的资本公积,并不需要由原投资者投入,也并不一定需要谋求投资利益。

资本公积与净利润不同。在会计中通常需要划分资本和收益的界限,收益是企业经营活动产生的结果,可分配给股东。资本公积是企业所有者投入资本的一部分,具有资本属性,与企业净利润无关,所以不能作为净利润的一部分。

2.资本公积核算

企业应通过“资本公积”科目核算资本公积的增减变动情况,该账户按“资本溢价”和“其他资本公积”两个明细科目进行会计核算。其贷方登记企业资本公积的增加数,借方登记资本公积的减少数,期末余额在贷方,反映企业资本公积实有数。

1)资本溢价(或股本溢价)的核算

(1)资本溢价

企业创立时,要经过筹建、试生产经营、开辟市场等过程,这种投资具有风险性。当企业进入正常生产经营,资本利润率一般要高于创立阶段,这是企业创立者付出了代价的,所以新加入的投资者要付出大于原有投资者的出资额,才能取得与原有投资者相同的投资比例。投资者投入的资本中按其投资比例计算的出资额部分,应记入“实收资本”账户,超出部分记入“资本公积——资本溢价”账户。

【例 3-59】　腾飞有限责任公司由甲、乙、丙三位股东各自出资 150 万元设立,设立时的实收资本为 450 万元。经过两年的经营,该公司留存收益为 150 万元。这时又有丁投资者有意加入该公司,并表示愿意出资 200 万元,而仅占该公司股份的 25%。则会计分录如下:

借:银行存款	2 000 000	
贷:实收资本		1 500 000
资本公积——资本溢价		500 000

(2)股本溢价

在股票溢价发行时,公司发行股票的收入,相当于股票面值部分记入“股本”账户,超过股票面值的溢价收入记入“资本公积”账户。与发行权益性证券直接相关的手续费、佣金等交易费用,借记“资本公积——股本溢价”等账户,贷记“银行存款”等账户。

【例 3-60】　腾飞股份有限公司委托 A 证券公司代理发行普通股 2 000 000 股,每股面值 1 元,按每股 1. 2 元的价格发行。该公司与受托单位约定,按发行收入的 3%收取手续费,从收入中扣除。假定收到的股款已存入银行,则会计分录如下:

公司收到受托发行单位交来的现金=2 000 000×1. 2×(1-3%)= 2 328 000(元)

借:银行存款	2 328 000	
贷:股本		2 000 000

资本公积——股本溢价　　328 000

2)其他资本公积的核算

其他资本公积是指除资本溢价(或股本溢价)项目以外所形成的资本公积,其中主要包括直接计入所有者权益的利得和损失。

直接计入所有者权益的利得和损失主要由以下交易和事项引起:

(1)股权投资价值变动

股权投资价值变动是投资单位对被投资单位的长期股权投资采用权益法核算时,在持股比例不变的情况下,被投资单位除净损溢以外所有者权益的其他变动,如接受捐赠、增资扩股等原因所引起的被投资单位所有者权益发生变动,投资单位按其持股比例计算应享有的份额。企业采用权益法核算长期股权投资时,长期投资的账面价值将随着被投资单位所有者权益的增减而增加或减少,以使长期股权投资的账面价值与应享有被投资单位所有者权益的份额基本保持一致。被投资单位净资产的变动除了实际的净损溢会影响净资产外,还有其他原因增加的资本公积。企业应按其持股比例计算应享有的份额,借记"长期股权投资——其他权益变动"科目,贷记"资本公积——其他资本公积"科目。

【例 3-61】 腾飞公司持有甲公司 30%的股份,采用权益法对长期股权投资进行核算。202×年甲公司资本公积增加 1 000 000 元,腾飞公司享有的份额为 300 000 元。做有关会计分录如下:

借:长期股权投资——其他权益变动　　300 000

　贷:资本公积——其他资本公积　　300 000

(2)以权益结算的股份支付

以权益结算的股份支付是指企业为获取服务以股份或其他权益工具作为对价进行结算的交易。在会计处理上,以权益结算的股份支付换取职工提供服务的,应按照确定的金额,借记"管理费用"等科目,贷记"资本公积——其他资本公积"科目。

在行权日,应按实际行权的权益工具数量计算确定的金额,借记"资本公积——其他资本公积"科目,按计入实收资本或股本的金额,贷记"实收资本"或"股本"科目,按其差额,贷记"资本公积——资本溢价"科目。

(3)自用房地产或存货转换为投资性房地产

自用房地产或存货转换为采用公允价值模式计量的投资性房地产时,应按该项房地产在转换日的账面价值,借记"投资性房地产——成本"科目;按已计提的累计摊销或累计折旧,借记"累计摊销""累计折旧"等科目;已计提减值准备的,借记"存货跌价准备""无形资产减值准备""固定资产减值准备"等科目;按其账面余额,贷记"库存商品""无形资产""固定资产"科目。同时,按该项房地产在转换日的公允价值大于其账面价值的差额,借记"投资性房地产——公允价值变动"科目,贷记"资本公积——其他资本

公积”科目。

(4)可供出售金融资产的公允价值变动及减值损失

资产负债表日,可供出售金融资产的公允价值高于其账面余额的差额,借记“可供出售金融资产”科目,贷记“资本公积——其他资本公积”科目;公允价值低于其账面余额的差额,作相反的会计分录。

确定可供出售金融资产发生减值的,按应减值的金额,借记“资产减值损失”科目;按应从所有者权益中转出原计入资本公积的累计损失金额,贷记“资本公积——其他资本公积”科目;按其差额,贷记“可供出售金融资产——公允价值变动”科目。

对于已确认减值损失的可供出售金融资产,在随后的会计期间公允价值上升的,应在原已计提的减值准备金额内,按恢复增加的金额,借记“可供出售金融资产”科目,贷记“资本公积——其他资本公积”科目。

3.3.3　留存收益的核算

1.留存收益概述

留存收益是企业从历年实现的净利润中提取或形成的留存于企业内部的积累,由企业净利润转化形成,它与企业的生产经营活动密切相关,也可看成是经营中所形成的。留存收益包括盈余公积和未分配利润两部分。

2.盈余公积的核算

盈余公积是指企业按照规定从净利润中提取的企业积累资金,包括法定盈余公积和任意盈余公积两部分。

1)盈余公积的种类

(1)法定盈余公积

法定盈余公积是国家统一规定必须提取的公积金,它的提取顺序在弥补亏损之后,按当年税后利润的10%提取。当提取的法定盈余公积达到注册资本的50%时可不再提取。非公司制企业法定盈余公积的提取比例可超过净利润的10%。

(2)任意盈余公积

任意盈余公积是根据公司章程及股东会的决议,从公司盈余中提取的公积金。《中华人民共和国公司法》规定,公司从税后利润中提取法定公积金后,经股东会决议,可以提取任意公积金。任意公积金的提取与否及提取比例由股东会根据公司发展的需要和盈余情况决定,法律不作强制规定。

2)盈余公积的用途

企业提取的盈余公积可用于弥补亏损、扩大生产经营或者转增资本等。法定公积金转为资本时,留存的盈余公积数额不得少于注册资本的25%。无论是企业提取盈余公积，还是用盈余公积弥补亏损或转增资本，企业的所有者权益总额不会发生变动，只不过是在企业所有者权益内部结构的转换。

需要注意的是，资本公积不得用于弥补公司亏损。

3）盈余公积的账务处理

为了反映和监督盈余公积的提取、使用和结存情况，企业应设置“盈余公积”账户，实际的提取额记入贷方，使用和转出数记入借方，余额在贷方，反映期末盈余公积的结存数。该账户应分别设置“法定盈余公积”“任意盈余公积”明细账户进行核算。

（1）提取盈余公积时，借记“利润分配——提取法定（或任意）盈余公积”科目，贷记“盈余公积——法定（或任意）盈余公积”科目。

【例 3-62】 202×年腾飞公司实现净利润 1 000 万元，法定盈余公积提取比例为 10%，经股东会决议按净利润的 5%提取任意盈余公积。提取盈余公积时，应作会计分录如下：

借：利润分配——提取盈余公积　　1 500 000

　贷：盈余公积——法定盈余公积　　1 000 000

　　　　　　——任意盈余公积　　500 000

（2）用盈余公积弥补亏损或者转增资本时，借记“盈余公积——法定（或任意）盈余公积”科目，贷记“利润分配——盈余公积补亏”“实收资本”或者“股本”等科目。

【例 3-63】 腾飞股份有限公司经股东大会决议，决定将盈余公积 50 万元转增资本，按规定增资程序获得批准后，该公司应作会计分录如下：

借：盈余公积——法定盈余公积　　500 000

　贷：股本　　500 000

【例 3-64】 腾飞股份有限公司发生经营亏损 10 万元，经股东大会决议，用盈余公积弥补，该公司应作会计分录如下：

借：盈余公积——法定盈余公积　　100 000

　贷：利润分配——盈余公积补亏　　100 000

3.未分配利润的核算

未分配利润是企业未作分配的利润，其有两层含义：一是这部分净利润没有分给企业投资者；二是这部分净利润未指定用途。它在以后年度可继续进行分配，在未进行分配之前，属于所有者权益的组成部分。从数量上看，未分配利润是期初未分配利润加上本期实现的净利润，减去提取的各种盈余公积和分出的利润后的余额。

未分配利润的核算是通过“利润分配——未分配利润”账户进行的。

第4章　投资性房地产的核算

4.1　投资性房地产概述

4.1.1　投资性房地产的概念与特征

投资性房地产是指为赚取租金或资本增值,或者两者兼有而持有的房地产。房地产通常是土地和房屋及其权属的总称。在我国,土地归国家或集体所有,企业只能取得土地使用权。因此,房地产中的土地是指土地使用权。房屋是指土地上的房屋等建筑物及构筑物。

投资性房地产具有以下特征:

(1)投资性房地产是一种经营性活动。就某些企业而言,投资性房地产属于日常经营性活动,形成的租金收入或转让增值收益确认为企业的主营业务收入,但对于大部分企业而言,属于与经营性活动相关的其他经营活动,形成的租金收入或转让增值收益构成企业的其他业务收入。

(2)投资性房地产在用途、状态、目的等方面区别于作为生产经营场所的房地产和用于销售的房地产;企业用于生产经营的房地产作为固定资产核算,房地产开发企业用于销售的房地产作为存货核算。

(3)投资性房地产有两种后续计量模式,包括成本模式和公允价值模式。

4.1.2　投资性房地产的范围

投资性房地产的范围限定为已出租的土地使用权、持有并准备增值后转让的土地使用权、已出租的建筑物。

1.已出租的土地使用权

已出租的土地使用权是指企业通过出让或转让方式取得的、以经营租赁方式出租的土地使用权。企业取得的土地使用权通常包括在一级市场上以缴纳土地出让金的方式取得的土地使用权,以及在二级市场上接受其他单位转让的土地使用权。例如,甲公司与乙公司签署了土地使用权租赁协议,甲公司以年租金660万元租赁使用乙公司拥有的40万平方米土地使用权。那么,自租赁协议约定的租赁期开始日起,这项土地使用权属于乙公司的投资性房地产。

对于以经营租赁方式租入土地使用权再转租给其他单位的,不能确认为投资性房地产。

2.持有并准备增值后转让的土地使用权

持有并准备增值后转让的土地使用权,是指企业取得的、准备增值后转让的土地使用权。这类土地使用权很可能给企业带来资本增值收益,符合投资性房地产的定义。按照国家有关规定,认定的闲置土地不属于持有并准备增值后转让的土地使用权,也就不属于投资性房地产。

3.已出租的建筑物

已出租的建筑物是指企业拥有产权的、以经营租赁方式出租的建筑物,包括自行建造或开发活动完成后用于出租的建筑物。例如,甲公司将其拥有的某栋厂房整体出租给乙公司,租赁期为4年。对于甲公司而言,自租赁期开始日起,该栋厂房属于投资性房地产。

企业在判断和确认已出租的建筑物时,应当把握以下要点:

(1)用于出租的建筑物是指企业拥有产权的建筑物。

(2)已出租的建筑物是企业已经与其他方签订了租赁协议,约定以经营租赁方式出租的建筑物。

(3)企业将建筑物出租,按租赁协议向承租人提供的相关辅助服务在整个协议中不重大的,应当将该建筑物确认为投资性房地产。

下列项目不属于投资性房地产:

(1)自用房地产。自用房地产是指为生产商品、提供劳务或者经营管理而持有的房地产,如企业生产经营用的厂房和办公楼属于固定资产,企业生产经营用的土地使用权属于无形资产。

(2)作为存货的房地产。作为存货的房地产通常是指房地产开发企业在正常经营过程中销售的或为销售而正在开发的商品房和土地。这部分房地产属于房地产开发企业的存货。

4.1.3 投资性房地产的确认

将某个项目确认为投资性房地产,首先应当符合投资性房地产的概念,其次要同时满足投资性房地产的两个确认条件:

(1)与该投资性房地产相关的经济利益很可能流入企业。

(2)该投资性房地产的成本能够可靠地计量。

4.2　采用成本模式计量的投资性房地产

根据投资性房地产准则的规定,投资性房地产应当按照成本进行初始确认和计量。在后续计量时,通常应当采用成本模式,满足特定条件的情况下也可以采用公允价值模式。但是,同一企业只能采用一种模式对所有投资性房地产进行后续计量,不得同时采用两种计量模式。

成本模式的会计处理比较简单,主要涉及"投资性房地产""投资性房地产累计折旧(摊销)""投资性房地产减值准备"等科目,可比照"固定资产""无形资产""累计折旧""累计摊销""固定资产减值准备""无形资产减值准备"等相关科目进行处理。

4.2.1　投资性房地产的初始计量

1.外购或自行建造的投资性房地产

外购采用成本模式计量的土地使用权和建筑物,应当按照取得时的实际成本进行初始计量,其成本包括购买价款、相关税费和可直接归属于该资产的其他支出。企业购入的房地产,部分用于出租(或资本增值)、部分自用,用于出租(或资本增值)的部分应当予以单独确认的,应按照不同部分的公允价值占公允价值总额的比例将成本在不同部分之间进行合理分配。

自行建造采用成本模式计量的投资性房地产,其成本由建造该项资产达到预定可使用状态前发生的必要支出构成,包括土地开发费、建安成本、应予以资本化的借款费用、支付的其他费用和分摊的间接费用等。建造过程中发生的非正常性损失直接计入当期损溢,不计入建造成本。

【例 4-1】　202×年 8 月 1 日,南方实业有限公司购入写字楼,价款为 1 000 万元,增值税税率为 9%,支付价款共计 1 090 万元。即日租给林业公司。(南方实业有限公司对投资性房地产采用成本模式)。

借:投资性房地产——写字楼	10 000 000
应交税费——应交增值税(进项税额)	900 000
贷:银行存款	10 900 000

【例 4-2】　202×年 6 月,甲企业从其他单位购入一块土地的使用权,并在该块土地上开始自行建造三栋厂房。202×年 9 月,甲企业预计厂房即将完工,与乙公司签订了经营租赁合同,将其中的一栋厂房租赁给乙公司使用。租赁合同约定,该厂房于完工(达到预定可使用状态)时开始起租。202×年 10 月 5 日,三栋厂房同时完工(达到预定可使用状态)。该块土地使用权的成本为 600 万元;三栋厂房的造价均为 1 000 万元,能够单

独出售。

甲企业的账务处理如下：

土地使用权中的对应部分同时转换为投资性房地产[600×(1 000÷3 000)= 200 万元]。

借:投资性房地产——厂房　　10 000 000

　贷:在建工程　　10 000 000

借:投资性房地产——土地使用权　　2 000 000

　贷:无形资产——土地使用权　　2 000 000

2.非投资性房地产转换为投资性房地产

房地产的转换,是因房地产用途发生改变而对房地产进行的重新分类。企业必须有确凿证据表明房地产用途发生改变,才能将投资性房地产转换为非投资性房地产或者将非投资性房地产转换为投资性房地产。这里的确凿证据包括两个方面:一是企业董事会或类似机构应当就改变房地产用途形成正式的书面决议;二是房地产因用途改变而发生实际状态上的改变,从自用状态改为出租状态。

1)作为存货的房地产转换为投资性房地产

作为存货的房地产转换为投资性房地产,通常是指房地产开发企业将其持有的开发产品以经营租赁的方式出租,存货相应地转换为投资性房地产。这种情况下,转换日通常为房地产的租赁期开始日。租赁期开始日是指承租人有权行使其使用租赁资产权利的日期。

企业将作为存货的房地产转换为采用成本模式计量的投资性房地产,应当按该项存货在转换日的账面价值,借记"投资性房地产"科目,原已计提跌价准备的,借记"存货跌价准备"科目。按其账面余额,贷记"开发产品"等科目。

【例 4-3】　甲企业为一家房地产开发企业,202×年 3 月 10 日,甲企业与乙企业签订了租赁协议,将其开发的一栋写字楼出租给乙企业使用,租赁期开始日为 202×年 4 月 15 日。202×年 4 月 15 日,该写字楼的账面余额为 55 000 万元,未计提存货跌价准备。甲企业的账务处理如下:

借:投资性房地产——写字楼　　550 000 000

　贷:开发产品　　550 000 000

2)自用房地产转换为投资性房地产

企业将原本用于生产商品、提供劳务或者经营管理的房地产改用于出租,通常应于租赁期开始日,将相应的固定资产或无形资产转换为投资性房地产。企业将自用建筑物或土地使用权转换为以成本模式计量的投资性房地产时,应当按该项建筑物或土地使用权在转换日的原价、累计折旧、减值准备等,分别转入"投资性房地产""投资性房地

产累计折旧(摊销)”“投资性房地产减值准备”科目。按其账面余额,借记“投资性房地产”科目,贷记“固定资产”或“无形资产”科目,按已计提的折旧或摊销,借记“累计折旧”或“累计摊销”科目,贷记“投资性房地产累计折旧(摊销)”科目,原已计提减值准备的,借记“固定资产减值准备”或“无形资产减值准备”科目,贷记“投资性房地产减值准备”科目。

【例 4-4】　甲企业拥有一栋办公楼,用于本企业总部办公。202×年 3 月 10 日,甲企业与乙企业签订了经营租赁协议,将这栋办公楼整体出租给乙企业使用,租赁期开始日为 202×年 4 月 15 日,为期 5 年。202×年 4 月 15 日,这栋办公楼的账面余额为55 000 万元,已计提折旧 300 万元。甲企业的账务处理如下:

借:投资性房地产——写字楼　　550 000 000

　累计折旧　　3 000 000

　贷:固定资产　　550 000 000

　　投资性房地产累计折旧(摊销)　　3 000 000

4.2.2　投资性房地产的后续计量

采用成本模式进行后续计量的投资性房地产,应当按照固定资产或无形资产的有关规定,按期(月)计提折旧或摊销,借记“其他业务成本”等科目,贷记“投资性房地产累计折旧”科目。取得的租金收入,借记“银行存款”等科目,贷记“其他业务收入”等科目。

投资性房地产存在减值迹象的,还应当适用资产减值的有关规定。经减值测试后确定发生减值的,应当计提减值准备,借记“资产减值损失”科目,贷记“投资性房地产减值准备”科目。如果已经计提减值准备的投资性房地产的价值又得以恢复,不得转回。

【例 4-5】　甲企业将一栋办公楼出租给乙企业使用,已确认为投资性房地产,采用成本模式进行后续计量。假设该栋办公楼的成本为 1 800 万元,按照直线法计提折旧,使用寿命为 20 年,预计净残值为零。按照经营租赁合同约定,乙企业每月支付甲企业含税租金为 8 万元,增值税税率为 9%。当年 12 月,这栋办公楼发生减值迹象,经减值测试,其可收回金额为 1 200 万元,此时办公楼的账面价值为 1 500 万元,以前未计提减值准备。甲企业的账务处理如下:

(1)计提折旧 。

每月计提折旧 = 1 800÷20÷12 = 7. 5(万元)

借:其他业务成本　　75 000

　贷:投资性房地产累计折旧　　75 000

(2)确认租金。

借:银行存款(或其他应收款)　　80 000

贷:其他业务收入 73 394.5[80 000÷(1+9%)]

应交税费——应交增值税(销项税额) 73 394.5

(3)计提减值准备。

借:资产减值损失 3 000 000

贷:投资性房地产减值准备 3 000 000

【例 4-6】 承【例 4-1】,202×年 12 月 31 日,计提投资性房地产累计折旧 500 000元。

借:其他业务成本 500 000

贷:投资性房地产累计折旧 500 000

202×年 12 月 31 日,南方实业有限公司收到对方租金 2 000 000 元,增值税税率为 9%。

借:银行存款 2 180 000

贷:其他业务收入 2 000 000

应交税费——应交增值税(销项税额) 180 000

4.2.3 投资性房地产的处置

当投资性房地产被处置,或者永久退出使用却不能从其处置中取得经济利益时,应当终止确认该投资性房地产。

企业可以通过对外出售或转让的方式处置投资性房地产取得投资收益。对于那些由于使用而不断磨损直到最终报废,或者由于遭受自然灾害等非正常损失发生毁损的投资性房地产应当及时进行清理。此外,企业因其他原因,如非货币性交易等而减少投资性房地产也属于投资性房地产的处置。企业出售、转让、报废投资性房地产或者发生投资性房地产毁损,应当将处置收入扣除其账面价值和相关税费后的金额计入当期损溢。

处置采用成本模式计量的投资性房地产时,应当按实际收到的金额,借记“银行存款”等科目,贷记“其他业务收入”等科目;按该项投资性房地产的账面价值,借记“其他业务成本”科目;按其账面余额,贷记“投资性房地产”科目;按照已计提的折旧额(摊销额),借记“投资性房地产累计折旧(摊销)”科目;原已计提减值准备的,借记“投资性房地产减值准备”科目。

【例 4-7】 甲公司将其出租的一栋写字楼确认为投资性房地产,采用成本模式计量。租赁期届满后,甲公司将该栋写字楼出售给乙公司,合同价款为 3 000 万元,增值税税率为 9%,乙公司已用银行存款付清。出售时,该栋写字楼的成本为 2 800 万元,已计提折旧 300 万元。甲企业的账务处理如下:

借:银行存款 32 700 000

贷:其他业务收入 30 000 000

应交税费——应交增值税(销项税额) 2 700 000(3 000 000×9%)

借:其他业务成本 25 000 000

投资性房地产累计折旧(摊销) 3 000 000

贷:投资性房地产——写字楼 28 000 000

4.3 采用公允价值模式计量的投资性房地产

企业存在确凿证据表明其投资性房地产的公允价值能够持续可靠取得的,可以采用公允价值计量模式。企业选择公允价值模式,就应当对其所有投资性房地产采用公允价值模式进行后续计量,不得对一部分采用成本模式进行后续计量,对另一部分采用公允价值模式进行后续计量。

采用公允价值模式计量投资性房地产,应当同时满足两个条件:一是投资性房地产所在地有活跃的房地产交易市场;二是企业能够从房地产交易市场上取得同类或类似房地产的市场价格及其他相关信息,从而对投资性房地产的公允价值做出科学合理的估计。

投资性房地产的公允价值,是指在公平交易中熟悉情况的当事人之间自愿进行房地产交易的价格。确定投资性房地产的公允价值时,应当参照活跃市场上同类或类似房地产的现行市场价格(市场公开报价);无法取得同类或类似房地产现行市场价格的,可以参照活跃市场上同类或类似房地产的最近交易价格,并考虑交易情况、交易日期、所在区域等因素。上述所说"同类或类似"的房地产,对于建筑物而言,是指所处地理位置和地理环境相同、性质相同、结构类型相同或相近、新旧程度相同或相近、可使用状况相同或相近的建筑物;对于土地使用权而言,是指同一位置区域、所处地理环境相同或相近、可使用状况相同或相近的土地。

4.3.1 投资性房地产的初始计量

1.外购或自行建造的投资性房地产

外购或自行建造的采用公允价值模式计量的投资性房地产,应当按照取得时的实际成本进行初始计量。其实际成本的确定与外购或自行建造的采用成本模式计量的投资性房地产一致。企业应当在"投资性房地产"科日下设置"成本""公允价值变动"两个明细科目,外购或自行建造时发生的实际成本,记入"投资性房地产——成本"科目。

2.非投资性房地产转换为投资性房地产

1)作为存货的房地产转换为投资性房地产

企业将作为存货的房地产转换为采用公允价值模式计量的投资性房地产时,应当按该项房地产在转换日的公允价值，借记"投资性房地产——成本"科目；原已计提跌价准备的，借记"存货跌价准备"科目；按其账面余额，贷记"开发产品"等科目。同时，转换日的公允价值小于账面价值的，按其差额，借记"公允价值变动损溢"科目；转换日的公允价值大于账面价值的，按其差额，贷记"其他综合收益"科目。待该项投资性房地产处理时，因转换计入其他综合收益的部分应转入当期损溢。

2）自用房地产转换为投资性房地产

企业将自用房地产转换为采用公允价值模式计量的投资性房地产时，应当按该项土地使用权或建筑物在转换日的公允价值，借记"投资性房地产——成本"科目；按已计提的累计摊销或累计折旧，借记"累计摊销"或"累计折旧"科目；原已计提减值准备的，借记"无形资产减值准备""固定资产减值准备"科目；按其账面余额，贷记"固定资产""无形资产"科目。同时，转换日的公允价值小于账面价值的，按其差额，借记"公允价值变动损溢"科目；转换日的公允价值大于账面价值的，按其差额，贷记"其他综合收益"科目。待该项投资性房地产处置时，因转换计入其他综合收益的部分应转入当期损溢。

【例 4-8】 2×19 年 6 月，甲企业打算搬迁至新建办公楼，由于原办公楼处于商业繁华地段，甲企业准备将其出租，以赚取租金收入。2×19 年 10 月 30 日，甲企业完成了搬迁工作，原办公楼停止自用。2×19 年 12 月，甲企业与乙企业签订了租赁协议，将其原办公楼租赁给乙企业使用，租赁期开始日为 2×20 年 1 月 1 日，租赁期限为 3 年。2×20年 1 月 1 日，该办公楼的公允价值为 3 500 万元，其原价为 5 000 万元，已提折旧1 425万元；假设甲企业对投资性房地产采用公允价值模式计量。甲企业的账务处理如下：

甲企业应当于租赁期开始日（2×20 年 1 月 1 日）将自用房地产转换为投资性房地产。

借：投资性房地产——成本	35 000 000	
公允价值变动损溢	750 000	
累计折旧	14 250 000	
贷：固定资产		50 000 000

4.3.2　投资性房地产的后续计量

企业如果选择公允价值模式，就应当对其所有投资性房地产采用公允价值模式进行后续计量。采用公允价值模式的，应当在附注中详细披露公允价值确定的依据和方法以及公允价值变动对损溢的影响。

投资性房地产采用公允价值模式计量的，不计提折旧或摊销，应当以资产负债表日的公允价值计量。资产负债表日，投资性房地产的公允价值高于其账面余额的差额，借记"投资性房地产——公允价值变动"科目，贷记"公允价值变动损溢"科目；公允价值低于其账面余额的差额作相反的分录。

【例 4-9】 甲公司为从事房地产经营开发的企业。202×年 8 月，甲公司与乙公司

签订租赁协议,约定将甲公司开发的一栋精装修的写字楼于开发完成的同时开始租赁给乙公司使用,租赁期为10年。当年10月1日,该写字楼开发完成并开始起租,写字楼的造价为9 000万元。202×年12月31日,该写字楼的公允价值为9 200万元。假设甲公司对投资性房地产采用公允价值模式计量。甲公司的账务处理如下:

(1)202×年10月1日,甲公司开发完成写字楼并出租。

借:投资性房地产——成本　　90 000 000

　贷:开发成本　　90 000 000

(2)202×年12月31日,按照公允价值调整其账面价值,公允价值与原账面价值之间的差额计入当期损溢。

借:投资性房地产——公允价值变动　　2 000 000

　贷:公允价值变动损溢　　2 000 000

4.3.3　投资性房地产后续计量模式变更的核算

为保证会计信息的可比性,投资性房地产的计量模式一经确定,不得随意变更。只有在房地产市场比较成熟、能够满足采用公允价值模式条件的情况下,才允许企业将投资性房地产的计量模式由成本模式变更为公允价值模式。成本模式转为公允价值模式的,应当作为会计政策变更处理,根据计量模式变更时投资性房地产公允价值与其账面价值的差额,调整期初留存收益。

企业变更投资性房地产的计量模式,应当按照计量模式变更日投资性房地产的公允价值,借记"投资性房地产——成本"科目;按已计提的折旧或摊销,借记"投资性房地产累计折旧(摊销)"科目;原已计提减值准备的,借记"投资性房地产减值准备"科目;按投资性房地产原账面余额,贷记"投资性房地产"科目;按投资性房地产公允价值与其账面价值的差额,贷记或借记"利润分配——未分配利润""盈余公积"等科目。已采用公允价值模式计量的投资性房地产,不得从公允价值模式转为成本模式。

【例4-10】　2×18年,甲公司将一栋写字楼出租给乙公司,采用成本模式计量。假定甲公司持有的投资性房地产满足采用公允价值模式计量的条件。2×20年1月1日,甲公司决定采用公允价值模式对该写字楼进行后续计量。该写字楼原价为9 000 000元,已提折旧为270 000元,未提减值准备,公允价值为9 500 000元。甲公司按净利润的9%计提盈余公积。假定不考虑所得税因素。甲公司的账务处理如下:

借:投资性房地产——成本　　9 500 000

　投资性房地产累计折旧　　270 000

　贷:投资性房地产——写字楼　　9 000 000

　　利润分配——未分配利润　　693 000

　　盈余公积　　77 000

4.3.4 投资性房地产的处置

处置采用公允价值模式计量的投资性房地产时，应当按实际收到的金额，借记“银行存款”等科目，贷记“其他业务收入”科目；按该项投资性房地产的账面余额，借记“其他业务成本”科目；按其成本，贷记“投资性房地产——成本”科目；按其累计公允价值变动，贷记或借记“投资性房地产——公允价值变动”科目。同时结转投资性房地产累计公允价值变动。若存在原转换日计入“其他综合收益”的金额，也一并结转。

【例 4-11】 甲企业与乙企业签订了租赁协议，将其原先自用的一栋写字楼出租给乙企业使用，租赁期开始日为2×19年4月15日。2×19年4月15日，该写字楼的账面余额为5 000万元，已累计折旧500万元，公允价值为4 700万元。2×19年12月31日，该项投资性房地产的公允价值为4 800万元。2×20年6月租赁期届满，企业收回该项投资性房地产，并以5 500万元出售，增值税税率为9%，出售款项已收讫。假设甲企业采用公允价值模式计量，不考虑相关税费。

甲企业的账务处理如下：

(1)2×19年4月15日，存货转换为投资性房地产：

借：投资性房地产——成本　　47 000 000
　　累计折旧　　5 000 000
　贷：固定资产　　50 000 000
　　　其他综合收益　　2 000 000

(2)2×19年12月31日，公允价值变动：

借：投资性房地产——公允价值变动　　1 000 000
　贷：公允价值变动损溢　　1 000 000

(3)2×20年6月，收回并出售投资性房地产：

借：银行存款　　59 950 000
　贷：其他业务收入　　55 000 000
　　　应交税费——应交增值税（销项税额）　　4 950 000

借：其他业务成本　　48 000 000
　贷：投资性房地产——成本　　47 000 000
　　　　　　　　　——公允价值变动　　1 000 000

借：公允价值变动损溢　　1 000 000
　　其他综合收益　　2 000 000
　贷：其他业务成本　　3 000 000

第三部分

收益、成本与财务管理

第5章　收益与成本管理

5.1　收入的核算

5.1.1　销售商品收入的核算

1.销售商品收入的确认与计量

企业销售商品时,如果同时符合下列条件,即可确认为收入。

1)企业已将商品所有权上的主要风险和报酬转移给买方

风险主要是指商品由于贬值、损坏、报废等造成的损失;报酬是指商品中包含的未来经济利益,如商品因升值等给企业带来的经济利益。如果发生的任何损失均不需要本企业承担,带来的经济利益也不归本企业所有,则意味着该商品所有权上的风险和报酬已移出该企业。

判断一项商品所有权上的主要风险和报酬是否已转移给购买方,应当关注交易的实质,并结合所有权凭证的转移进行判断:

(1)通常情况下,转移商品所有权凭证并交付实物后,商品所有权上的所有风险和报酬随之转移,如大多数商品零售、预收款销售商品等。

(2)某些情况下,转移商品所有权凭证但未交付实物时,商品所有权上的主要风险和报酬随之转移,企业只保留商品所有权上的次要风险和报酬,如交款提货方式销售商品。在这种情形下,应当视同商品所有权上的所有风险和报酬已经转移给购货方。

【例5-1】 202×年10月20日,腾飞公司出售一批机床给B公司,合同规定B公司于11月20日一次付清货款。为了确保货款到期能够收回,腾飞公司暂时保留了这批机床的法定所有权。

分析:腾飞公司只是为了确保货款到期能够收回而暂时保留了该批机床的法定所有权。这说明,交易中的重大不确定因素已不存在,货款的收回也由于保留了该批机床的法定所有权而得到了保障,B公司为了取得法定所有权,一定会按时支付货款,可以认为商品所有权上的主要风险和报酬已转移给B公司。

(3)某些情况下,转移商品所有权凭证或交付实物后,商品所有权上的主要风险和

报酬并未随之转移。

①企业销售的商品在质量、品种、规格等方面不符合合同或协议的要求，又未根据正常的保证条款予以弥补，因而仍负有责任。

【例 5-2】　202×年 8 月 10 日，腾飞公司销售一批商品给甲公司，价税款合计 113 000元。商品已经发出，甲公司已经支付了 60 000 元，余下的 53 000 元由腾飞公司开出一张商业承兑汇票，已随发票账单一并交付甲公司。甲公司当天收到商品后，发现质量没有达到合同规定的要求，立即根据合同的条款与腾飞公司交涉，要求腾飞公司在价格上给予一定的减让，否则甲公司可能会退货。腾飞公司未作明确答复，也未采取任何弥补措施。

分析：尽管实物和发票账单等所有权凭证已交付甲公司，并已收到部分货款，但由于双方在商品质量的弥补方面未达成一致意见，甲公司尚未正式接受商品，商品可能被退回，因此，商品所有权上的主要风险和报酬仍留在腾飞公司。腾飞公司此时不能确认商品销售收入，应在与甲公司协商妥当后予以确认。

②企业销售商品的收入是否能够取得，取决于购买方是否已将商品销售出去，如采用支付手续费方式委托代销商品等。

【例 5-3】　某生产商通过委托代销方式将其产品分送到各地代销商处，由代销商负责代销，代销商可以按照销售金额的一定比例收取手续费，但不承担包销责任。

分析：委托方将商品发出后，所有权并未转移，商品所有权上的主要风险和报酬仍由委托方承担，与受托方无关。只有受托方将商品售出后，委托方在商品所有权上的主要风险和报酬才转移出去。因此，委托方将商品移交给受托方时，不能确认商品销售收入。只有在受托方已售出商品，并取得受托方提供的代销清单时，即商品所有权上的主要风险和报酬已经转移，才能确认销售收入。

③企业尚未完成售出商品的安装或检验工作，且安装或检验工作是销售合同或协议的重要组成部分，如需要安装或检验的销售等。

【例 5-4】　伟天公司向乙公司销售一部电梯，电梯已经发出，发票账单已交付乙公司，且乙公司已经预付部分货款，但根据合同规定，伟天公司负责安装，在安装并经检验合格后，乙公司立即支付余下款项。

分析：由于伟天公司仍需对电梯进行安装，安装过程中可能会发生一些不确定的因素，阻碍该项销售的实现，在这种情况下，电梯发出并不表示商品所有权上的主要风险和报酬已经转移，因此，只有在安装完毕并经检验合格后才能确认收入。

④销售合同或协议中规定了买方由于特定原因有权退货的条款，且企业又不能确定退货的可能性。

【例 5-5】　伟天企业为推销一项新产品，规定凡购买者均有一个月的试用期，不满意的，一个月内给予退货。

分析:在这种情况下,该企业虽然已将商品售出并已收到价款,但由于是新产品,无法估计退货的可能性,商品所有权上的主要风险和报酬实质上并未转移,销售商品时不能确认收入。只有当买方正式接受商品或退货期满时才能确认收入。

2)企业既没有保留通常与所有权相联系的继续管理权,也没有对已售出商品实施有效控制

(1)与所有权有关的继续管理权

【例5-6】 甲企业为房地产开发企业,将其尚未开发的土地卖给乙企业,合同规定由甲企业开发这片土地,开发后的土地出售后,利润由甲、乙企业按比例共同享有。

分析:这种情况属于甲企业保留了与所有权有关的继续管理权,此交易不属于销售交易,而是属于甲、乙企业共同开发土地、共同分享利润的投资交易,因而在出售土地时,不应确认收入。

(2)与所有权无关的继续管理权

【例5-7】 某开发商将其开发的一住宅小区出售给某客户并负责该小区的物业管。

分析:这种情况属于与所有权无关的继续管理权,开发商出售商品房时,如同时符合收入确认的其他条件,就应确认收入。

(3)对售出商品实施有效控制(主要指售后回购)

①如果回购价已在合同中注明。

【例5-8】 甲企业将产品销售给乙企业,双方订立的合同注明回购价格为100万元,假定回购当日的市场价格为120万元,甲企业回购商品时会少支付20万元,甲企业将获得20万元报酬;如回购当日市场价格为90万元,甲企业回购商品时会多支付10万元,甲企业将承担10万元损失。

分析:体现在商品所有权上的主要风险和报酬没有转移给购买方,同时对商品实施控制,所以甲企业销售产品时,不应确认收入。

②如果回购价为回购当日的市场价。

【例5-9】 A企业将商品以100万元的价格销售给B企业,双方订立合同时明确规定,A企业回购该商品时的价格为回购当日的市场价格。假定回购当日的市场价格为130万元时,B企业会在A企业回购商品的过程中获得30万元的报酬;假定回购当日的市场价格为85万元时,B企业将在A企业回购商品的过程中蒙受15万元的损失。

分析:尽管体现在商品所有权中的主要风险和报酬已经转移给了购买方,但由于A企业对售出商品实施了控制,所以A企业在销售该商品时,不应确认销售收入。

3)收入的金额能够可靠地计量

收入能否可靠地计量是确认收入的基本前提。企业在销售商品时,售价通常已经

确定,但销售过程中由于某些不确定因素,也有可能出现售价变动的情况,则在新的售价未确定之前,即使款项已经收到,也不应确认收入,而应将其实际收到的款项作为预收账款处理。等新的售价确定后,再按预收款销售产品的有关规定,进行确认收入、补收或退回多收款项的账务处理。

4)相关的经济利益很可能流入企业

经济利益是指直接或间接流入企业的现金或现金等价物。在销售商品的交易中,与交易相关的经济利益即为销售商品的价款。很可能是指经济利益流入企业的可能性超过50%,销售商品的价款能否有把握收回,是收入确认的一个重要条件。企业在销售商品时,如估计价款收回的可能性不大,即使收入确认的其他条件均已满足,也不应当确认收入。

【例5-10】 202×年5月8日,甲企业以托收承付方式向乙企业销售一批商品,成本为1 000万元,售价为2 000万元,专用发票上标明的增值税税款为260万元,商品已经发出,手续已经办妥。后续得知乙企业在另一项交易中发生了巨额损失。

分析:此时,得知乙企业在另一项交易中发生了巨额损失,此笔货款收回的可能性不大,意味着与该交易相关的经济利益流入企业的可能性很小或不能流入企业,因此甲企业不应确认收入。

5)相关已发生或将发生成本能够可靠地计量

根据收入和费用相配比的原则,与同一项销售有关的收入和成本应在同一会计期间予以确认。因此,如果成本不能可靠地计量,即使其他条件均已满足,相关的收入也不能确认,如已收到价款,收到的价款应确认为一项负债。

【例5-11】 乙公司本年度销售给M企业一台机床,销售价格为100万元,M企业已支付全部款项,该机床12月31日尚未完工,已经发生的成本为60万元,完工尚需发生的成本难以合理确定。

分析:此时乙企业不能确认销售收入,虽然收入能够可靠地计量,并且已经收到,但成本不能可靠地计量,无法实现收入与费用在同一会计期间的相互配比。

企业销售商品满足收入确认条件时,应当按照从购货方已收或应收的合同或协议价款确定销售商品收入金额,但已收或应收的合同或协议价款不公允的除外。从购货方已收或应收的合同或协议价款,通常为公允价值。

某些情况下,合同或协议价款的收取采用递延方式,如分期收款销售商品,实质上具有融资性质的,应当按照应收的合同或协议价款的公允价值确定销售商品收入金额。应收的合同或协议价款与其公允价值之间的差额,应当在合同或协议期间内采用实际利率法进行摊销,冲减财务费用。

2.销售商品收入的会计处理

1)通常情况下销售商品收入的处理

在进行销售商品的会计处理时,要考虑销售商品收入是否符合收入确认条件。如果同时满足收入准则所规定的确认条件,企业应确认收入并结转相关销售成本。

企业判断销售商品收入满足确认条件的,应当提供确凿的证据。通常情况下,销售商品采用托收承付方式的,在办妥托收手续时确认收入;交款提货销售商品的,在开出发票账单收到货款时确认收入。交款提货销售商品是指购买方已根据企业开出的发票账单支付货款并取得提货单的销售方式。在这种方式下,购货方支付货款取得提货单,企业尚未交付商品,销售方保留的是商品所有权上的次要风险和报酬,商品所有权上的主要风险和报酬已经转移给购货方,通常应在开出发票账单收到货款时确认收入。

确认销售商品收入时,企业应按已收或应收的合同或协议价款的公允价值确定销售商品收入金额。通常情况下,购货方已收或应收的合同或协议价款即为其公允价值,应当以此确定销售商品收入的金额。企业销售商品所实现的收入以及结转的相关销售成本,通过"主营业务收入""主营业务成本"等科目核算。企业在确认销售商品收入时,应按已收或应收的合同或协议价款,加上应收取的增值税税额,借记"银行存款""应收账款""应收票据"等账户,贷记"主营业务收入""应交税费——应交增值税(销项税额)"等账户。同时应在资产负债表日,按应缴纳的消费税、城市维护建设税、教育费附加等税费金额,借记"税金及附加"账户,贷记"应交税费——应交消费税(应交城市维护建设税、应交教育费附加)"等账户。

【例 5-12】 202×年 4 月 26 日,飞龙化工股份有限公司销售一批商品给江宁电器公司,增值税发票上注明售价为 80 000 元,增值税为 10 400 元,收到对方交来的支票一张,该批产品的成本为 40 000 元。

借:银行存款　　90 400

　贷:主营业务收入　　80 000

　　　应交税费——应交增值税(销项税额)　　10 400

同时结转商品销售成本:

借:主营业务成本　　40 000

　贷:库存商品　　40 000

如果商品销售收入不能同时满足收入准则所规定的确认条件,则不能确认收入。不符合确认条件但商品已经发出的情况下,应将发出商品通过"发出商品"账户核算。

【例 5-13】 腾飞公司以托收承付方式向甲公司销售一批产品,增值税发票上注明售价为 100 000 元,增值税为 13 000 元,实际成本为 80 000 元,该商品已发出并已向银行办妥托收手续。此时得知甲公司资金周转十分困难。确定此项货款目前收回的可能性不大,决定不确认收入。其账务处理如下:

(1)发出商品：

借:发出商品　　80 000

　贷:库存商品　　80 000

同时,因腾飞公司销售该批商品的纳税义务已经发生,应确认应交的增值税销项税额：

借:应收账款　　13 000

　贷:应交税费——应交增值税(销项税额)　　13 000

(注:如果销售该批商品的纳税义务尚未发生,则不作这笔处理,待纳税义务发生时再作应交增值税处理。)

(2)假设半年后,得知甲公司经营状况逐渐好转,甲公司承诺近期付款,则腾飞公司可以确认收入：

借:应收账款　　100 000

　贷:主营业务收入　　100 000

借:主营业务成本　　80 000

　贷:发出商品　　80 000

假定腾飞公司半年后收到甲公司支付的货款,应编制如下会计处理：

借: 银行存款　　100 000

　应交税费——应交增值税(销项税额)　　13 000

　贷:应收账款　　113 000

2)销售商品涉及商业折扣、现金折扣、销售折让和销售退回的处理

(1)商业折扣

商业折扣是指企业为促进商品销售而在商品标价上给予的价格扣除,因而不影响销售商品收入的计量。销售商品涉及商业折扣的,应当按照扣除商业折扣后的金额确定销售商品收入金额。例如,企业为鼓励客户多买商品,规定购买10件以上商品给予客户9%的折扣,或客户每购买10件商品赠送1件。此外,企业为了尽快出售一些残次、陈旧、冷背的商品,也可能降价(即打折)销售。

(2)现金折扣

现金折扣是指在销售商品收入金额确定的情况下,债权人为鼓励债务人在规定的期限内付款而向债务人提供的债务扣除。企业销售商品涉及现金折扣的,应当按照扣除现金折扣前的金额确定销售商品收入金额。现金折扣在实际发生时计入当期损溢(财务费用)。

【例5-14】　202×年9月1日,腾飞公司销售100件商品给甲公司,增值税发票上注明售价为30 000元,增值税税额为3 900元。腾飞公司为了及早收回货款在合同中规定符合现金折扣的条件为:2/10,1/20,n/30。假定计算折扣时不考虑增值税。

①9 月 1 日销售实现时,应按总售价作为收入:

借:应收账款——甲公司　　33 900

　贷:主营业务收入　　30 000

　　应交税费——应交增值税(销项税额)　　3 900

②如果 9 月 9 日甲公司付清货款,则应享受现金折扣 600(30 000× 2%)元,实际付款 33 300(33 900-600)元。编制会计分录如下:

借:银行存款　　33 300

　财务费用　　600

　贷:应收账款——甲公司　　33 900

③如果 9 月 18 日甲公司付清货款,则应享受的现金折扣为 300(30 000× 1%)元,实际付款 33 600(33 900-300)元。编制会计分录如下:

借:银行存款　　33 600

　财务费用　　300

　贷:应收账款——甲公司　　33 900

④如果甲公司在 9 月底才付款,则应按全额付款。编制会计分录如下:

借:银行存款　　33 900

　贷:应收账款——甲公司　　33 900

(3)销售折让

销售折让是指企业因售出商品的质量不合格等原因而在售价上给予的减让。

对于销售折让,企业应分别按不同情况处理。销售折让如果发生在销售收入确认之前,则应在确认销售收入时直接按扣除销售折让后的金额确认;已确认销售收入的售出商品发生销售折让的,应当在发生时冲减当期的销售商品收入。销售折让属于资产负债表日后事项的,应当按照有关资产负债表日后事项的相关规定进行处理;如按规定允许扣减增值税税额的,还应冲减已确认的应交增值税销项税额。

【例 5-15】 承【例 5-12】,202×年 4 月 29 日,江宁电器公司收到货物后,发现商品质量不合格,要求商家在价格上给予 5%的折让。经查清,江宁电器公司提出的销售折让要求符合合同规定,飞龙化工股份有限公司同意并办妥有关手续,并以银行存款支付了折让款。

借:主营业务收入　　4 000

　应交税费——应交增值税(销项税额)　　520

　贷:银行存款　　4 520

(4)销售退回

销售退回是指企业出售的商品由于质量、规格型号不符合要求等原因而发生的全部或部分退货。对于销售退回,企业应分别不同情况作会计分录。

企业未确认收入的售出商品发生销售退回的,企业应按已记入“发出商品”科目的商品成本金额,借记“库存商品”科目,贷记“发出商品”科目。对存货按计划成本核算的企业,还应结转成本差异。

企业已经确认销售商品收入的售出商品发生销售退回的,应当在发生时冲减当期销售商品收入,同时冲减当期销售商品成本。如该项销售已经发生现金折扣,也应一并冲减。如该项销售退回允许扣减增值税的,应同时调整“应交税费——应交增值税(销项税额)”科目的相应金额。

【例 5-16】 202×年 10 月 5 日,腾飞公司销售商品 60 件给甲公司,单位售价 100 元,单位成本 60 元。该批产品于 11 月因质量问题退回 10 件,货款已退还给购货单位,该项销售未发生现金折扣。该公司适用的增值税税率为 13%。编制会计分录如下:

①实现销售时:

借:银行存款　　6 780

　贷:主营业务收入　　6 000

　　应交税费——应交增值税(销项税额)　　780

②)同时结转成本:

借:主营业务成本　　3 600

　贷:库存商品　　3 600

③冲减销售收入:

借:主营业务收入　　1 000

　应交税费——应交增值税(销项税额)　　130

　贷:银行存款　　1 130

④冲减销售成本:

发生销售退回的产品成本 = 60×10 = 600(元)

借:库存商品　　600

　贷:主营业务成本　　600

3)特殊销售商品业务的会计处理

(1)委托代销商品

企业代销商品主要有两种方式,即视同买断方式和收取手续费方式。现分别对两种代销商品方式进行介绍。

视同买断方式,即委托方和受托方签订协议,委托方按协议价收取所代销的货款,实际售价可由受托方自定,实际售价与协议价之间的差额归受托方所有。视同买断代销方式又有两种情况:第一,若协议标明受托方取得代销商品后,盈利或亏损与委托方无关,则视同直接销售,在符合销售商品收入确认条件时,委托方应在发出商品时确认收入;第二,若协议标明受托方没有售出商品可以退回,则委托方在交付商品时不确认收入，只有取得代销清单后才能确认收入。

收取手续费方式，即受托方根据所代销的商品数量向委托方收取手续费，这对受托方来说实际上是一种劳务收入。这种代销方式与视同买断方式相比，主要特点是受托方通常应按照委托方规定的价格销售，不得自行改变售价。在这种代销方式下，委托方应在受托方将商品销售后，并向委托方开具代销清单时确认收入；委托方发出商品时通过“发出商品”科目核算。受托方收到受托代销的商品，按约定的价格，借记“受托代销商品”科目，贷记“受托代销商品款”科目。受托方在商品销售后，按应收取的手续费确认收入。

【例 5-17】 腾飞公司委托乙公司销售某批商品 200 件，协议价为 100 元/件，该商品成本为 60 元/件，增值税税率为 13%。假定商品已经发出，根据代销协议，乙公司不能将没有代销出去的商品退回腾飞公司；腾飞公司将该批商品交付乙公司时发生增值税纳税义务，金额为 2 600 元。假设乙公司按照 120 元/件售出。

根据上述资料，腾飞公司的账务处理如下：

①腾飞公司将该批商品交付乙公司：

借：应收账款——乙公司　　22 600

　贷：主营业务收入——销售××商品　　20 000

　　应交税费——应交增值税（销项税额）　　2 600

借：主营业务成本——销售××商品　　12 000

　贷：库存商品——××商品　　12 000

②收到乙公司汇来货款 22 600 元：

借：银行存款　　22 600

　贷：应收账款——乙公司　　22 600

乙公司的账务处理如下：

收到该批商品：

①借：库存商品——××商品　　20 000

　　应交税费——应交增值税（进项税额）　　2 600

　　贷：应付账款——腾飞公司　　22 600

②对外销售该批商品：

借：银行存款　　27 120

　贷：主营业务收入——销售××商品　　24 000

　　应交税费——应交增值税（销项税额）　　3 120

借：主营业务成本——销售××商品　　20 000

　贷：库存商品——××商品　　20 000

③按合同协议价将款项付给腾飞公司：

借:应付账款——腾飞公司　22 600

　贷:银行存款　22 600

【例 5-18】　202×年 5 月 10 日,腾飞公司委托甲企业代销商品 10 000 件,每件成本 3.5 元,双方的协议价为 5 元/件。6 月 30 日收到代销单位的已售商品代销清单,已销产品 2 400 件,售价金额 12 000 元,7 月 5 日收到代销单位的款项。甲企业实际销售该批商品的销售价格是 6.25 元/件,增值税税率为 13%。

①腾飞公司(委托方)编制会计分录如下:

发出商品给代销单位甲企业时:

借:委托代销商品　35 000

　贷:库存商品　35 000

收到已销商品代销清单时:

借:应收账款——甲企业　13 560

　贷:主营业务收入　12 000

　　应交税费——应交增值税(销项税额)　1 560

结转已销售产品成本:

借:主营业务成本　8 400

　贷:委托代销商品　8 400

收到代销单位汇来款项:

借:银行存款　13 560

　贷:应收账款——甲企业　13 560

②甲企业(受托方)编制会计分录如下:

收到代销商品时:

借:受托代销商品　50 000

　贷:受托代销商品款——腾飞公司　50 000

实际销售时:

借:银行存款　16 950

　贷:主营业务收入　15 000

　应交税费——应交增值税(销项税额)　1 950

结转销售成本时:

借:主营业务成本　12 000

　贷:受托代销商品　12 000

开出代销清单并收到增值税专用发票时(委托方开给受托方):

借:受托代销商品款　12 000

　应交税费——应交增值税(进项税额)　1 560

贷:应付账款——腾飞公司　　13 560

将代销款付给腾飞公司时:

借:应付账款——腾飞公司　　13 560

贷:银行存款　　13 560

【例 5-19】 承【例 5-18】,若根据协议规定,甲企业按腾飞公司售价销售商品,腾飞公司按 9%支付手续费。

①腾飞公司(委托方)编制会计分录如下:

发出商品给代销单位甲企业时:

借:委托代销商品　　35 000

贷:库存商品　　35 000

收到已销商品代销清单时:

借:应收账款——甲企业　　13 560

贷:主营业务收入　　12 000

应交税费——应交增值税(销项税额)　　1 560

结转销售成本时:

借:主营业务成本　　8 400

贷:委托代销商品　　8 400

计算代销手续费时:

借:销售费用　　1 200

应交税费——应交增值税(进项税额)　　72

贷:应收账款——甲企业　　1 272

收到代销单位汇来款项时:

借:银行存款　　12 648

贷:应收账款——甲企业　　12 648

②甲企业(受托方)编制会计分录如下:

收到代销商品时:

借:受托代销商品　　50 000

贷:受托代销商品款——腾飞公司　　50 000

实际销售时:

借:银行存款　　13 560

贷:应付账款——腾飞公司　　12 000

应交税费——应交增值税(销项税额)　　1 560

开出代销清单并收到增值税专用发票时(委托方开给受托方):

借:应交税费——应交增值税(进项税额)　　1 560

贷:应付账款——腾飞公司　　1 560

借:受托代销商品款——腾飞公司　　50 000

贷:受托代销商品　　50 000

将代销款付给甲企业并计算手续费时(将手续费扣下):

借:应付账款——甲企业　　13 560

贷:银行存款　　12 360

主营业务收入(或其他业务收入)　　1 200

(2)预收款销售商品

采用预收款方式销售商品的,应在发出商品时确认收入,在此之前预收的货款应确认为负债。

【例5-20】 202×年10月6日,腾飞公司预收甲公司50 000元货款。10月16日,腾飞公司向甲公司发出A产品250件,增值税发票上注明售价为5万元,增值税税额为6 500元,余款甲公司以银行存款补齐。则腾飞公司的账务处理为:

①10月6日,腾飞公司预收账款时:

借:银行存款　　50 000

贷:预收账款——甲公司　　50 000

②10月16日,发出A产品时:

借:预收账款——甲公司　　50 000

银行存款　　6 500

贷:主营业务收入　　50 000

应交税费——应交增值税(销项税额)　　6 500

4)销售材料等存货的会计处理

企业在日常活动中还可能发生对外销售不需用的原材料、随同商品对外销售单独计价的包装物等业务。企业销售原材料、包装物等存货也视同商品销售,其收入确认和计量原则比照商品销售。企业销售原材料、包装物等存货实现的收入作为其他业务收入处理,结转的相关成本作为其他业务成本处理。

企业销售原材料、包装物等存货实现的收入以及结转的相关成本,通过"其他业务收入""其他业务成本"科目核算。

"其他业务收入"科目核算企业除主营业务活动以外的其他经营活动实现的收入,包括销售材料、出租包装物和商品、出租固定资产、出租无形资产等实现的收入。该科目贷方登记企业实现的各项其他业务收入;借方登记期末转入"本年利润"科目的其他业务收入;结转后该科目应无余额。

"其他业务成本"科目核算企业除主营业务活动以外的其他经营活动所产生的成本,包括销售材料的成本、出租固定资产的折旧额、出租无形资产的摊销额、出租包装物的成本或摊销额。该科目借方登记企业结转或发生的其他业务成本;贷方登记期末转入"本年利润"科目的其他业务成本;结转后该科目应无余额。

【例 5-21】 腾飞公司销售一批原材料,开出的增值税专用发票上注明的售价为10 000元,增值税税额为 1 300 元,款项已由银行收妥。该批原材料的实际成本为 9 000 元。腾飞公司的账务处理为:

(1)取得原材料销售收入时:

借:银行存款　　11 300

　　贷:其他业务收入　　10 000

　　　　应交税费——应交增值税(销项税额)　　1 300

(2)结转已销原材料的实际成本时:

借:其他业务成本　　9 000

　　贷:原材料　　9 000

5.1.2 提供劳务收入的核算

企业提供劳务的种类很多,如旅游、运输、饮食、广告、美容美发、照相、咨询、代理、培训、设备安装等。有的劳务一次就能完成,且一般为现金交易,如饮食、理发、照相等;有的劳务需要花费一段较长时间才能完成,如安装、旅游、培训、远洋运输等。企业提供劳务收入的确认原则因劳务完成时间的不同而不同。为了方便会计核算,一般将其划分为同一会计年度完成的劳务和跨年度完成的劳务两类。

同一会计年度完成的劳务和跨年度完成的劳务确认与计量原则不同,其账务处理也有较大不同。

1.在同一会计期间内开始并完成的劳务

在同一会计年度内开始并完成的劳务,应在劳务完成时确认收入,确认的金额为合同或协议总金额,确认方法可参照商品销售收入的确认原则。

企业对外提供劳务实现的收入,通过"主营业务收入"科目核算。对于所发生的费用,如果是一次完成的劳务,直接记入"主营业务成本" 科目;如果是需要持续一段时间才能完成的劳务,在费用发生时,先记入"劳务成本"科目,待按规定确认收入时,再将"劳务成本"转入"主营业务成本" 科目。

【例 5-22】 腾飞公司为甲公司安装设备,工期为 3 个月,于 202×年 3 月 15 日开工,6 月 15 日结束。安装过程中,发生工资费用 20 000 元,材料耗费等共计 20 000 元。腾飞公司于 6 月 15 日安装完毕,设备试运行良好,开出的增值税专用发票上注明的售价为 100 000 元,增值税税额为 13 000 元,款项已由银行收妥。其账务处理如下:

(1)发生费用时:

借:劳务成本　　40 000

　　贷：应付职工薪酬　　20 000
　　　　原材料等　　20 000

(2)6月15日劳务完成时，确认收入，结转成本。

借：银行存款　　113 000
　　贷：主营业务收入　　100 000
　　　　应交税费——应交增值税(销项税额)　　13 000
借：主营业务成本　　40 000
　　贷：劳务成本　　40 000

2.劳务的开始和完成分属不同的会计期间

跨年度完成的劳务，在提供劳务交易的结果能够可靠估计的情况下，企业应在资产负债表日按完工百分比法确认相关的劳务收入。完工百分比法是指按照劳务的完成程度确认收入和费用的方法，故完工百分比法仅适用于提供劳务的交易。当劳务的开始和完成分属不同的会计年度，为准确反映每一会计年度的收入、费用和利润情况，企业应在资产负债表日按劳务的完成程度确认收入和相关费用。

提供劳务的交易结果能否可靠估计，依据以下条件进行判断，如同时满足以下条件，则交易的结果能够可靠地估计：(1)收入的金额能够可靠地计量；(2)与交易相关的经济利益能够流入企业；(3)劳务的完工程度能够可靠地计量；(4)交易中已发生和将发生的成本能够可靠地计量。

企业确定提供劳务交易的完成进度，通常可以选用下列方法：(1)已完工量的测量；(2)已经提供的劳务占应提供劳务总量的比例；(3)已经发生的成本占估计总成本的比例。

在采用完工百分比法确认收入时，收入和相关成本应按以下公式计算：

本期确认的收入＝提供劳务收入总额×完工进度－以前会计期间累计已确认提供劳务收入

本期确认的成本＝提供劳务预计成本总额×完工进度－以前会计期间累计已确认提供劳务成本

在采用完工百分比法确认提供劳务收入的情况下，企业应按计算确认的提供劳务收入金额，借记“银行存款”“应收账款”等科目，贷记“主营业务收入”科目。结转提供劳务成本时，借记“主营业务成本”科目，贷记“劳务成本”科目。

【例5-23】　202×年10月1日，腾飞公司与甲公司签订合同，为甲公司订制一项软件，工期大约为5个月，合同约定软件价款为8 000 000元(不含增值税)，截至202×年12月31日，腾飞公司已发生成本3 000 000元(假定均为开发人员薪酬)，预收合同总价款5 300 000元(含增值税)。腾飞公司预计开发该软件还将发生成本2 000 000元，假定该业务属于腾飞公司的主营业务，全部由甲公司自行完成，软件服务适用的增值税税率为 6%。腾飞公司的账务处理如下：

(1)计算：

实际发生的成本占预计总成本的比例＝3 000 000÷(3 000 000+2 000 000)
＝60%

202×年 12 月 31 日确认提供劳务收入＝8 000 000×60%－0＝4 800 000(元)

202×年 12 月 31 日确认提供劳务成本＝3 000 000(元)

(2)账务处理：

实际发生劳务成本时：

借:劳务成本　3 000 000

　贷:应付职工薪酬　3 000 000

预收劳务款项时：

借:银行存款　5 300 000

　贷:预收账款　5 300 000

202×年 12 月 31 日,确认提供劳务收入并结转劳务成本时：

借:预收账款　5 088 000

　贷:主营业务收入　4 800 000

　　应交税费——应交增值税(销项税额)　288 000(4 800 000×6%)

借:主营业务成本　3 000 000

　贷:劳务成本　3 000 000

3.提供交易的结果不能可靠估计的会计核算

企业在资产负债表日提供劳务交易的结果不能够可靠估计的,应当分别下列情况处理：

(1)已经发生的劳务成本预计能够得到补偿的,应当按照已经发生的劳务成本金额确认提供劳务收入,并按相同金额结转劳务成本。

(2)已经发生的劳务成本预计只能部分得到补偿的,应当按照能够得到补偿的劳务成本金额确认收入,并按已经发生的劳务成本结转主营业务成本。

(3)已经发生的劳务成本预计全部不能得到补偿的,则不应确认收入,但应当将已经发生的劳务成本计入当期费用。

【例 5-24】 202×年 12 月 1 日,腾飞公司受托为甲公司提供管理咨询服务,服务期限为 3 个月,双方签订的合同注明不含增值税的服务费总金额为 180 000 元,每月末结算 60 000 元,增值税税率为 6%。截至 202×年 12 月 31 日已发生成本 40 000 元。

(1)若在 202×年 12 月 31 日得知甲公司财务发生困难,咨询费能否收回没有把握,且甲公司 202×年 12 月 31 日只支付了 40 000 元服务费。其账务处理如下：

发生成本时：

借:劳务成本　　40 000

　贷:银行存款等　　40 000

12 月 31 日确认收入,结转成本:

借:银行存款　　42 400

　贷:主营业务收入　　40 000

　　应交税费——应交增值税(销项税额)　　2 400

借:主营业务成本　　40 000

　贷:劳务成本　　40 000

(2)若甲公司 202×年 12 月 31 日只支付了 15 000 元服务费。其账务处理如下:

发生成本时:

借:劳务成本　　40 000

　贷:银行存款等　　40 000

12 月 31 日确认收入,结转成本:

借:银行存款　　15 900

　贷:主营业务收入　　15 000

　　应交税费——应交增值税(销项税额)　　900

借:主营业务成本　　40 000

　贷:劳务成本　　40 000

5.1.3 让渡资产使用权的使用费收入的核算

让渡资产使用权收入主要包括:(1)利息收入,主要是指金融企业对外贷款形成的利息收入,以及同业之间发生往来形成的利息收入等。(2)使用费收入,主要是指企业转让无形资产(如商标权、专利权、专营权、软件、版权等)的使用权形成的使用费收入。

1.让渡资产使用权的使用费收入的确认和计量

1)让渡资产使用权收入的确认

让渡资产使用权收入应在同时满足下列条件时,才能予以确认:

(1)相关的经济利益很可能流入企业。

(2)收入的金额能够可靠地计量 。

2)让渡资产使用权收入的计量

企业应当区别下列情况确定让渡资产使用权收入金额:

(1)利息收入金额,按照他人使用本企业货币资金的时间和实际利率计算确定。

(2)使用费收入金额,按照有关合同或协议约定的收费时间和方法计算确定。

如果合同或协议规定一次性收取使用费,且不提供后续服务的,应当视同销售该项资产一次性确认收入;提供后续服务的,应在合同或协议规定的有效期内分期确认收入。如果合同或协议规定分期收取使用费的,应按合同或协议规定的收款时间和金额或规定的收费方法计算确定的金额分期确认收入。

2.让渡资产使用权的使用费收入的会计处理

1)利息收入

企业应在每个会计期末,按未收回的存款或贷款等的本金、存续期间和适当的利率计算并确认利息收入。借记“应收利息”账户,贷记“利息收入”“其他业务收入”等账户。

【例 5-25】 202×年 10 月 1 日,甲商业银行向乙公司发放贷款 1 000 000 元,期限为 1 年,年利率为 5%。甲商业银行发放该贷款时没有发生交易费用,该贷款的合同利率与其实际利率相同。贷款服务的增值税税率为 6%,假定不考虑其他因素。甲商业银行的账务处理如下:

(1)202×年 10 月 1 日对外贷款:

	借方	贷方
借:贷款——乙公司——本金	1 000 000	
贷:吸收存款——甲商业银行——本金		1 000 000

(2)202×年 12 月 31 日确认利息收入:

	借方	贷方
借:应收利息——乙公司	13 250	
贷:利息收入		12 500
应交税费——应交增值税(销项税额)		750

2)使用费收入

使用费收入在确认时,应按确定的收入金额借记“应收账款”“银行存款”等账户,贷记“其他业务收入”或“主营业务收入”账户。

【例 5-26】 腾飞软件公司向甲公司转让某软件的使用权,一次性收费 30 000 元(不含增值税),增值税税率为 6%,不提供后续服务,款项已经收回。腾飞软件公司的账务处理如下:

	借方	贷方
借:银行存款	31 800	
贷:主营业务收入		30 000
应交税费——应交增值税(销项税额)		1 800

【例 5-27】 腾飞公司向甲公司转让其商品的商标使用权,约定甲公司每年年末按年销售收入的 15%支付使用费(不含增值税),转让其商品的商标使用权适用的增值税税率为 6%,使用期为 10 年。第一年,甲公司实现销售收入 1 000 000 元;第二年,甲公司实现销售收入 1 500 000 元。假定腾飞公司均于每年年末收到使用费。腾飞公司的账务处理如下:

(1)第一年年末确认使用费收入时:

借:银行存款　159 000

　贷:其他业务收入　150 000

　　应交税费——应交增值税(销项税额)　9 000

(2)第二年年末确认使用费收入时,

借:银行存款　238 500

　贷:其他业务收入　225 000

　　应交税费——应交增值税(销项税额)　13 500

【例 5-28】　202×年 3 月,腾飞公司出租包装物取得租金收入 4 000 元,包装物成本 2 400 元(包装物成本假设在出租时一次转入其他业务成本),增值税税率为 13%,租金收入存入银行。

(1)收到租金收入时,编制如下会计分录:

借:银行存款　4 520

　贷:其他业务收入　4 000

　　应交税费——应交增值税(销项税额)　520

(2)结转包装物成本时,编制如下会计分录:

借:其他业务成本　2 400

　贷:周转材料——包装物　2 400

5.2　费用的核算

5.2.1　营业成本

营业成本是指企业为生产产品、提供劳务等发生的可归属于产品成本、劳务成本等的费用,应当在确认销售商品收入、提供劳务收入等时,将已销售商品、已提供劳务的成本等计入当期损溢。营业成本包括主营业务成本和其他业务成本。

1.主营业务成本的核算

主营业务成本是指企业销售商品、提供劳务或让渡资产使用权等日常活动而发生的成本,主要包括原材料、人工成本(工资)等。企业应设置“主营业务成本”账户来核算企业确认销售商品、提供劳务等主营业务收入时应结转的成本。该账户应按照主营业务的种类设置明细账,进行明细核算。期末,应将本账户的余额转入“本年利润”账户,结转后本账户应无余额。

企业一般在确定销售商品、提供劳务等主营业务收入时,或在期(月)末,将已销售商品、提供劳务等的实际成本，转入主营业务成本，借记“主营业务成本”科目，贷记“库存商品”“劳务成本”等科目。采用计划成本或售价核算库存商品的，平时的营业成本按计划成本或售价结转，月末，还应结转本月销售商品应分摊的产品成本差异或商品进销差价。本期(月)发生的销售退回，如已结转销售成本的，借记“库存商品”等科目，贷记“主营业务成本”科目。期末，应将本科目的余额转入“本年利润”科目，借记“本年利润”科目，贷记“主营业务成本”科目，结转后本科目无余额。

【例 5-29】 202×年 5 月 20 日，腾飞公司向乙公司销售一批产品，开出的增值税专用发票上注明的价款为 200 000 元，增值税税额为 26 000 元；腾飞公司已收到乙公司支付的款项 226 000 元，并将提货单送交乙公司；该批产品成本为 190 000 元。腾飞公司应编制如下会计分录：

(1)销售实现时：

借：银行存款　　226 000

　贷：主营业务收入　　200 000

　　　应交税费——应交增值税(销项税额)　　26 000

借：主营业务成本　　190 000

　贷：库存商品　　190 000

(2)期末，将主营业务成本结转至本年利润时：

借：本年利润　　190 000

　贷：主营业务成本　　190 000

2.其他业务成本的核算

其他业务成本是指企业在从事其他业务过程中为取得收入而发生的各项业务成本，包括销售材料的成本、出租固定资产的折旧额、出租无形资产的摊销额、出租包装物的成本或摊销额等。企业应设置“其他业务成本”账户，本账户可按其他业务成本的种类进行明细核算。

企业发生的其他业务成本，借记“其他业务成本”科目，贷记“原材料”“累计折旧”“累计摊销”“应付职工薪酬”“银行存款”等科目。期末，应将本科目余额转入“本年利润”科目，借记“本年利润”科目，贷记“其他业务成本”科目，结转后本科目无余额。

【例 5-30】 202×年 1 月 1 日，腾飞公司向甲公司转让某专利权的使用权。协议约定转让期为 5 年，每年年末收取使用费 100 000 元，适用的增值税税率为 6%。202×年该专利权计提的摊销额为 60 000 元，每月计提金额为 5 000 元。腾飞公司的会计处理如下：

(1)202×年年末确认使用费收入：

借：应收账款(或银行存款)　　106 000

　贷：其他业务收入　　100 000

应交税费——应交增值税(销项税额)　　6 000

(2)202×年每月计提专利权摊销额：

借:其他业务成本　　5 000

贷:累计摊销　　5 000

5.2.2　税金及附加的核算

税金及附加,是指企业经营活动应负担的相关税费,包括消费税、城市维护建设税、资源税、教育费附加、房产税、城镇土地使用税、车船税、印花税等。企业应通过"税金及附加"科目,核算企业经营活动相关税费的发生和结转情况。

企业应当设置"税金及附加"科目,核算企业经营活动发生的消费税、城市维护建设税、资源税、教育费附加、房产税、城镇土地使用税、车船税、印花税等相关税费。其中,按规定计算确定的与经营活动相关的消费税、城市维护建设税、资源税、教育费附加、房产税、城镇土地使用税、车船税、印花税等税费,借记"税金及附加"科目,贷记"应交税费"科目;企业缴纳各种税费时,借记"应交税费"科目,贷记"银行存款"科目。企业收到返还的消费税等原计入本科目的各种税金,应按实际收到的金额,借记"银行存款"科目,贷记"税金及附加"科目。期末,应将本科目余额结转入"本年利润"科目,借记"本年利润"科目,贷记"税金及附加"科目,结转后本科目无余额。

5.2.3　期间费用

1.期间费用概述

期间费用是指企业日常活动发生的不能计入特定核算对象的成本,而应计入发生当期损溢的费用。

期间费用是企业日常活动中所发生的经济利益的流出。之所以不计入特定的成本核算对象,主要是因为期间费用是企业为组织和管理整个经营活动所发生的费用,与可以确定特定成本核算对象的材料采购、产成品生产等没有直接关系,因而期间费用不计入有关核算对象的成本,而是直接计入当期损溢。

期间费用包含两种情况:一是企业发生的支出不产生经济利益,或者即使产生经济利益但不符合或者不再符合资产确认条件的,应当在发生时确认为费用,计入当期损溢;二是企业发生的交易或者事项导致其承担了一项负债,而又不确认为一项资产的,应当在发生时确认为费用计入当期损溢。

2.期间费用的会计处理

期间费用包括管理费用、销售费用和财务费用。

1)管理费用的核算

管理费用是指企业为组织和管理生产经营发生的各种费用,包括企业在筹建期间内发生的开办费、董事会和行政管理部门在企业的经营管理中发生的以及应由企业统一负担的公司经费(包括行政管理部门职工薪酬、物料消耗、低值易耗品摊销、办公费和差旅费等)、行政管理部门负担的工会经费、职工教育经费、董事会费(包括董事会成员津贴、会议费和差旅费等)、聘请中介机构费、咨询费(含顾问费)、诉讼费、业务招待费、技术转让费、无形资产研究阶段费用、无形资产摊销、排污费等。企业生产车间(部门)和行政管理部门发生的固定资产修理费等后续支出,也作为管理费用核算。

企业发生的管理费用,在“管理费用”科目核算,并在“管理费用”科目中按费用项目设置明细科目,进行明细核算。期末,“管理费用”科目的余额结转“本年利润”科目后无余额。商品流通企业管理费用不多的,可不设本科目,相关核算内容可并入“销售费用”科目核算。

【例 5-31】 202×年 3 月 6 日,飞龙化工股份有限公司为拓展产品销售市场发生业务招待费 20 000 元,取得的增值税专用发票上注明的增值税税额为 1 200 元(适用的增值税税率为 6%),已用支票支付价款和税款。

借:管理费用　　20 000
　应交税费——应交增值税(进项税额)　　1 200
　贷:银行存款　　21 200

【例 5-32】 202×年 3 月 17 日,报销管理人员差旅费 1 700 元,交回多余的现金 300 元,原借支差旅费 2 000 元。

借:管理费用　　1 700
　库存现金　　300
　贷:其他应收款　　2 000

【例 5-33】 某企业行政部门 10 月共发生费用 220 000 元,其中:行政人员薪酬 150 000 元,行政部门专用办公设备折旧费 43 000 元,报销行政人员差旅费 21 000 元(假定报销人均未预借差旅费),其他办公、水电费 6 000 元(均用银行存款支付)。会计分录如下:

借:管理费用　　220 000
　贷:应付职工薪酬——工资　　150 000
　　累计折旧　　43 000
　　库存现金　　21 000
　　银行存款　　6 000

2)销售费用的核算

销售费用是指企业在销售商品、自制半成品和提供劳务过程中发生的各种费用,以及专设销售机构的各项经费,包括保险费、包装费、展览费和广告费、商品维修费、预计产品质量保证损失、运输费、装卸费等,以及为销售本企业商品而专设的销售机构(含销

售网点、售后服务网点等)的职工薪酬、业务费、折旧费等经营费用。

企业应设置“销售费用”科目核算销售商品和材料、提供劳务的过程中发生的各种费用,企业发生的与专设销售机构相关的固定资产修理费用等后续支出也在本科目核算,本科目可按费用项目进行明细核算。

企业在销售商品过程中发生的各种销售费用,借记“销售费用”科目,贷记“库存现金”“银行存款”“应付职工薪酬”“累计折旧”等科目。期末,应将本科目余额转入“本年利润”科目,结转后本科目无余额。

【例 5-34】　202×年 5 月 6 日,江宁电器公司(商品流通企业)以转账支票支付广告费 10 000 元,适用的增值税税率为 6%。

借:销售费用　　10 000

　应交税费——应交增值税(进项税额)　　600

　贷:银行存款　　10 600

【例 5-35】　202×年 5 月 26 日,从仓库领用随货物销售不单独计价的包装用木箱 30 个,每个 30 元。

借:销售费用　　900

　贷:周转材料——包装物　　900

【例 5-36】　腾飞公司销售部 9 月共发生费用 200 000 元,其中:销售人员薪酬 100 000元,销售部专用办公设备折旧费 30 000 元,业务费 70 000 元(均用银行存款支付)。会计分录如下:

借:销售费用　　200 000

　贷:应付职工薪酬　　100 000

　　累计折旧　　30 000

　　银行存款　　70 000

月末,将本期发生的销售费用,全部转入“本年利润”账户。

借:本年利润　　200 000

　贷:销售费用　　200 000

3)财务费用的核算

财务费用是指企业筹集生产经营所需资金而发生的费用,包括利息净支出(减利息收入)、汇兑净损失(减汇兑收益)、金融机构手续费,以及筹集生产经营资金发生的其他费用等。

企业应设置“财务费用”科目核算企业为筹集生产经营所需资金等而发生的筹资费用,并在“财务费用”科目中按费用项目设置明细科目,进行明细核算。为购建或生产满足资本化条件的资产发生的应予资本化的借款费用,在“在建工程”“制造费用”等科目核算。

企业发生的财务费用,借记"财务费用"科目,贷记"银行存款""未确认融资费用"等科目。企业发生的应冲减财务费用的利息收入、汇兑损溢、现金折扣,借记"银行存款""应付账款"等科目,贷记"财务费用"科目。期末,应将本科目余额转入"本年利润"科目,结转后本科目无余额。

【例 5-37】 某公司月末计提短期借款利息 1 500 元。

借:财务费用　　1 500

　贷:应付利息　　1 500

【例 5-38】 202×年 7 月 6 日,网中网软件有限公司以银行存款支付电汇手续费 40 元,编制会计分录如下:

借:财务费用　　40

　贷:银行存款　　40

【例 5-39】 202×年 7 月 1 日,网中网软件有限公司收到开户银行转来的银行存款利息入账通知单,收到存款利息收入 1 500 元,编制会计分录如下:

借:银行存款　　1 500

　贷:财务费用　　1 500

【例 5-40】 月末,将本月发生的财务费用借方余额 2 000 元进行结转,编制会计分录如下:

借:本年利润　　2 000

　贷:财务费用　　2 000

第6章　利润分配与财务报表编制

6.1　利润的构成及其分配

6.1.1　利润的构成

1.利润的概念及组成

利润是指企业在一定会计期间的经营成果。利润包括收入减去费用后的净额、直接计入当期利润的利得和损失等。未计入当期利润的利得和损失扣除所得税影响后的净额计入其他综合收益项目。净利润与其他综合收益的合计金额为综合收益总额。利得是指由企业非日常活动所形成的、导致所有者权益增加的、与所有者投入资本无关的经济利益的流入。损失是指由企业非日常活动所发生的、导致所有者权益减少的、与向所有者分配利润无关的经济利益的流出。

根据我国企业会计准则的规定，企业的利润一般包括营业利润、利润总额和净利润。

1）营业利润

营业利润是指企业日常生产经营活动及相关活动所形成的经营成果，是企业生产经营活动的主要成果，是企业利润的主要来源。营业利润主要由主营业务利润和其他业务利润构成。其计算公式为：

营业利润＝营业收入－营业成本－税金及附加－销售费用－管理费用－财务费用－信用减值损失－资产减值损失＋公允价值变动收益（－变动损失）＋投资收益（－投资损失）＋其他收益＋资产处置收益（－资产处置损失）

其中，营业收入是企业经营业务所确认的收入总额，由主营业务收入和其他业务收入构成。

营业成本是指企业经营业务所发生的实际成本总额，包括主营业务成本和其他业务成本。

资产减值损失是指企业计提各项资产减值准备所形成的损失，即企业根据资产减值等准则的规定计提各项资产减值准备时所形成的或有损失，如存货跌价准备和固定资产减值准备等形成的损失。

公允价值变动收益（或损失）是指企业交易性金融资产等公允价值变动形成的应计入当期损溢的利得（或损失）。

投资净收益（或损失）是企业对外投资业务所取得的收益与发生的损失之间的差额。它是企业对外投资所获得的利润、盈利和利息等投资收入，减去投资损失后的净额。企业对外投资业务是企业获得利润的重要途径。

其他收益主要是指与企业日常活动有关，除冲减相关成本费用以外的政府补助。

资产处置收益（或损失）反映企业出售划分为持有待售的非流动资产（金融工具、长期股权投资和投资性房地产除外）或处置组（子公司和业务除外）时确认的处置利得或损失，以及处置未划分为持有待售的固定资产、在建工程、生产性生物资产及无形资产而产生的处置利得或损失，还包括债务重组中因处置非流动资产产生的利得或损失和非货币性资产交换中换出非流动资产产生的利得或损失。

2）利润总额

利润总额是指税前利润，也就是企业在所得税前一定时期内全部经营活动的总成果。

利润总额=营业利润+营业外收入−营业外支出

3）净利润

净利润是指利润总额减去所得税后的余额，也称税后利润。其计算公式为：

净利润=利润总额−所得税费用

其中，所得税费用是指企业确认的应从当期利润总额中扣除的所得税费用。

2.营业外收支的核算

营业外收支是指与企业的生产经营活动无直接关系的各项收支，包括营业外收入和营业外支出。

1）营业外收入

营业外收入，是指企业确认的与其日常活动无直接关系的各项利得。它是企业利润总额的一项重要补充内容。在会计核算上，应当严格区分营业外收入与营业收入的界限。营业外收入主要包括非流动资产毁损报废收益、非货币性资产交换利得、债务重组利得、盘盈利得、捐赠利得、罚没利得、无法支付的应付款等。

非流动资产毁损报废收益是指因自然灾害等发生毁损、已丧失使用功能而报废非流动资产所产生的清理收益。

盘盈利得是指企业对现金等资产清查盘点时发生盘盈，报经批准后计入营业外收入的金额。

捐赠利得是指企业接受捐赠产生的利得。

企业应设置“营业外收入”科目来核算企业发生的各项营业外收入，本科目可按营业外收入项目进行明细核算。企业发生营业外收入时，应记入“营业外收入”账户的贷方，期末将“营业外收入”账户的贷方余额转入“本年利润”账户，结转后应无余额。

【例 6-1】 202×年 3 月 4 日，飞龙化工股份有限公司接受华侨的捐款 80 万元。会计分录如下：

借：银行存款　　800 000

　贷：营业外收入——捐赠收入　　800 000

【例 6-2】 腾飞公司应付甲公司的货款及增值税税款共计 3 390 元，因该公司变更登记而无法偿还。会计分录如下：

借：应付账款——甲公司　　3 390

　贷：营业外收入——无法偿还账款　　3 390

【例 6-3】 腾飞公司收到 A 单位因违反双方签订的购销合同而支付的违约金 1 000元，已存入银行。会计分录如下：

借：银行存款　　1 000

　贷：营业外收入——罚款收入　　1 000

【例 6-4】 202×年 6 月 15 日，飞龙化工股份有限公司收到增值税返还款 100 万元。会计分录如下：

借：银行存款　　1 000 000

　贷：营业外收入　　1 000 000

2）营业外支出

营业外支出是指企业发生的与其生产经营活动无直接关系的各项损失。它是企业利润总额的减项。营业外支出主要包括非流动资产毁损报废损失、非货币性资产交换损失、债务重组损失、公益性捐赠支出、盘亏损失、非常损失、罚款支出等。

非流动资产毁损报废损失是指因自然灾害等发生毁损、已丧失使用功能而报废非流动资产所产生的清理损失。

公益性捐赠支出是指企业对外进行公益性捐赠发生的支出。

盘亏损失是指对于财产清查盘点中盘亏的资产，查明原因并报经批准计入营业外支出的损失。

非常损失是指企业对于因客观因素（如自然灾害等）造成的损失，扣除保险公司赔偿后应计入营业外支出的净损失。

罚款支出是指企业支付的行政罚款、税务罚款，以及其他违反法律法规、合同协议等而支付的罚款、违约金、赔偿金等支出。

企业应设置“营业外支出”科目来核算企业发生的各项营业外支出，本科目可按支出项目进行明细核算。企业发生营业外支出时,应记入“营业外支出”账户的借方,期末应将“营业外支出”账户的借方余额转入“本年利润”账户,结转后应无余额。

【例 6-5】 腾飞公司因违反税收法规而以银行存款支付滞纳金、罚金共计 2 500 元。会计分录如下:

借:营业外支出——罚款支出　　2 500

　贷:银行存款　　2 500

【例 6-6】 202×年 6 月 30 日,飞龙化工股份有限公司向希望工程基金会捐款 100 000元。会计分录如下:

借:营业外支出　　100 000

　贷:银行存款　　100 000

3.所得税费用的核算

所得税是指对企业经营所得或其他所得征收的一种税收,它体现了国家与企业之间的利润分配关系。

企业的所得税费用包括当期所得税和递延所得税两个部分。当期所得税是指当期应交所得税。递延所得税包括递延所得税资产和递延所得税负债。递延所得税资产是指以未来期间很可能取得用来抵扣可抵扣暂时性差异的应纳税所得额为限确认的一项资产,递延所得税负债是指根据应纳税暂时性差异计算的未来期间应付所得税的金额。

按照《中华人民共和国企业所得税法》(以下简称《企业所得税法》)的规定,企业所得税税率一般为 25%,对符合规定条件的小型微利企业实行 20%的优惠税率,对国家需要重点扶持的高新技术企业实行 15%的优惠税率。

1)应交所得税的计算

应交所得税是指企业按照《企业所得税法》规定计算确定的针对当期发生的交易和事项,应缴纳给税务部门的所得税金额,即当期应交所得税。应纳税所得额是在企业税前会计利润(即利润总额)的基础上调整确定的。

企业每月末应按一定公式计算缴纳所得税,按月或按季预缴,年终汇算清缴,多退少补。企业当期应交所得税的计算公式为:

应交所得税=应纳税所得额×所得税税率

应纳税所得额=税前会计利润+纳税调整增加额-纳税调整减少额

当期所得税=应纳税所得额×当期适用税率

应纳税所得额是指按税法规定应计算缴纳所得税的企业利润总额。企业所得税的计算依据是应纳税所得额而不是企业财务会计的利润总额。利润总额只是计算应纳税所得额的基础。

纳税调整增加额主要包括《企业所得税法》规定允许扣除项目中,企业已计入当期费用但超过税法规定扣除标准的金额(如超过《企业所得税法》规定标准的职工福利费、

工会经费、职工教育经费、业务招待费、公益性捐赠支出、广告费和业务宣传费等),以及企业已计入当期损失但企业所得税法规定不允许扣除项目的金额(如税收滞纳金、罚金、罚款)。

纳税调整减少额主要包括按《企业所得税法》规定允许弥补的亏损和准予免税的项目,如前5年内未弥补亏损和国家债券利息收入等。

从理论上讲,企业的利润总额应该是企业的所得额。但由于财务会计与税收是经济领域中的两个不同的分支,分别遵循不同的法规、服务不同的对象,因此,按照财务会计方法计算的利润总额与按照税收法规计算的应纳税所得额,对同一企业在同一期间会产生差异。差异按照不同的性质分为永久性差异和暂时性差异。

(1)永久性差异

永久性差异是由于会计标准和税法在计算收益、费用或损失时的口径不同,所产生的税前利润总额与应纳税所得额的差异,它在某一会计期间发生,不会在以后各期转回。同时,永久性差异不具有连续性,只对本期的调整有影响。

永久性差异主要有以下类型:

①可免税收入。有些项目的收入,会计上列为收入,但税法则不作为应纳税所得额。例如,企业购买国库券的利息收入,依法免税,但会计列为投资收益纳入利润总额。又如,企业从国内其他单位分回的已纳税利润,若其已纳的税额是按25%的税率计算的,则分回的已纳税利润按税法规定不再缴纳所得税,但会计将此投资收益纳入利润总额。

②不可抵减费用、损失。有些支出按会计标准规定核算时确认为费用或损失,在计算利润总额时可以扣除,但按税法规定在计算应纳税所得额时不允许扣除。这些项目主要有两种情况:

A.范围不同,即会计上作为费用或损失的项目,在税法上不作为扣除项目处理;范围不同的项目主要有以下三种:

a.违法经营的罚款和被没收财物的损失。会计上作营业外支出处理,但税法上不允许扣减应税利润。

b.各项税收的滞纳金和罚款。会计上可列作营业外支出,但税法规定不得抵扣应税利润。

c.各种非救济公益性捐赠和赞助支出。会计上可列为营业外支出,但税法规定不得抵扣应税利润。

B.标准不同,即有些在会计上作为费用或损失的项目,税法上可作为扣除项目,但规定了计税开支的标准限额,超限额部分在会计上仍列为费用或损失,但税法不允许抵扣应税利润。标准不同的项目主要有以下五种:

a.利息支出。会计上可在费用中据实列支,但税法规定向非金融机构借款的利息支出,高于按照金融机构同类、同期贷款利率计算的数额的部分,不准扣减应税利润。

b."三项经费"。《企业所得税法》规定,企业发生合理的工资薪金支出准予据实扣除;企业发生的职工福利费支出,不超过工资、薪金总额14%的部分准予扣除;企业拨缴的工会经费,不超过工资、薪金总额2%的部分准予扣除;除国务院财政、税务主管部门另有规定外,企业发生的职工教育经费支出,不超过工资、薪金总额8%的部分准予扣除,超过部分准予结转以后纳税年度扣除。

c.公益、救济性捐赠。会计上列为营业外支出,但税法规定在年度利润总额12%以内的部分准予扣除,超过年度利润总额12%以内的部分,准予结转以后3年内扣除。《企业所得税法》规定,公益性捐赠只有在经过民政部门批准成立、经财税部门确认的非营利的公益性社会团体和基金会捐赠的,才准予在所得税前扣除,对受惠对象的直接捐赠不允许在计算所得税前扣除。

d.业务招待费。会计上列为管理费用,但税法规定限额部分应作为应税利润。《企业所得税法》规定,企业发生的与生产经营活动有关的业务招待费支出,按照发生额的60%扣除,但最高不得超过当年销售(营业)收入的5‰。

e.广告费和业务宣传费。会计上列为销售费用,但税法规定限额部分应作为应税利润。《企业所得税法》规定,企业发生的符合条件的广告费和业务宣传费支出,除国务院财政、税务主管部门另有规定外,不超过当年销售(营业)收入的15%的部分,准予扣除;超过部分准予结转以后纳税年度扣除。广告费和业务宣传费可以结转以后年度扣除,要注意上一年是否有结转的余额。

注意:以上广告费和业务宣传费、业务招待费扣除限额的计算基数为销售(营业)收入合计=主营业务收入+其他业务收入+视同销售收入。

【例6-7】 腾飞公司202×年全年销售收入为8 000万元,利润总额为810万元,适用的所得税税率为25%,其他资料如下:

①全年实际发放工资、薪金为400万元,据此计提的职工福利费为60万元,工会经费为10万元,职工教育经费为34万元。

②全年发生业务招待费40万元,已在管理费用中列支。

③国库券利息收入2万元,已列入当年"投资收益"账户。

④向有关贷款单位支付贷款利息40万元,利率为8%,列入财务费用,经查当年金融机构同类同期贷款利率为7%。

⑤营业外支出中已列支税收滞纳金3万元。

假定腾飞公司全年无其他纳税调整因素。请根据上述资料,计算该公司应纳税所得额。

本例中,按税法规定,企业在计算当期应纳税所得额时,应扣除工资、薪金为400万元,扣除职工福利费支出56(400×14%)万元,工会经费支出8(400×2%)万元,职工教育

经费支出 32(400×8%)万元,应该调增应纳税所得额=(60-56)+(10-8)+(34-32)=8(万元)。

全年实际列支招待费与应列支招待费之间的差异:

8 000×5‰大于 40×60%,故税法上允许扣除 24 万元的业务招待费。

应调增应纳税所得额=40-24=16(万元)。

国库券利息收入 2 万元,免征所得税,应调减应纳税所得额。

实际列支利息支出与允许列支利息支出之间的差异,应调增应纳税所得额=40-40÷8%×7%=5(万元)。

企业支付滞纳金,应调增应纳税所得额 3 万元。

企业应纳税所得额=810+8+16-2+5+3=840(万元)。

(2)暂时性差异

暂时性差异是指资产或负债的账面价值与其计税基础之间的差异。如企业的某项固定资产,税法规定其使用年限为 10 年,按直线法计提折旧,每年提取 10%的折旧。企业对该项固定资产采用加速折旧的方法规定其折旧年限为 5 年,按加速折旧法计算每年应提取 20%的折旧。这样,从一个会计年度看,由于会计核算和税收计算所采用的固定资产折旧年限和年折旧率不同,从而使得按会计原则计算的税前会计利润和按税法规定计算的应纳纳税所得额产生差异,并由此导致从当期损溢中扣除的所得税和当期应交所得税计算的差异。这种差异在某一时期产生以后,可以在以后一期或若干期内转回。

按照暂时性差异对未来期间应税金额的影响,可分为应纳税暂时性差异和可抵扣暂时性差异。

①应纳税暂时性差异,是指在确定未来收回资产或清偿负债期间的应纳税所得额时,将导致产生应税金额的暂时性差异。一般来说,应纳税暂时性差异产生时,常是资产增加(或者负债的减少),会计利润增加,但按税法规定此项增加的利润不计入当期应纳税所得额,最终使资产的账面价值大于计税基础(或者负债的账面价值小于计税基础),会计利润大于应纳税所得额。比如,按照企业会计准则的规定,交易性金融资产期末应以公允价值计量,公允价值的变动计入当期损溢。按照税法规定,交易性金融资产在持有期间公允价值变动不计入应纳税所得额,即其计税基础保持不变,但应调整交易性金融资产的账面价值,由此便产生了交易性金融资产的账面价值与计税基础之间的差异。如前所述,某公司 202×年初以 1 000 万元购入一批股票,划分为交易性金融资产,此时,资产的账面价值与计税基础相等,假设 202×年年末公允价值升至 1 100 万元,则交易性金融资产的账面价值为 1 100 元,计税基础仍维持 1 000 万元不变,产生差异 100 万元,则该资产账面价值与其计税基础之间的差额 100 万元即为应纳税暂时性差异。

②可抵扣暂时性差异，是指在确定未来收回资产或清偿负债期间的应纳税所得额时，将导致产生可抵扣金额的暂时性差异。一般来说，可抵扣暂时性差异产生时，常常是资产减少（或负债增加），会计利润减少，但按税法规定此项减少的利润不许税前扣除，最终使资产的账面价值小于计税基础（或者使负债的账面价值大于其计税基础），会计利润小于应纳税所得额。比如，假设某企业持有的交易性金融资产，成本为100万元，期末公允价值为40万元，则期末交易性金融资产的账面价值应为40万元，同时，确认公允价值变动损失60万元，使会计利润减少。如果交易性金融资产的计税基础仍维持100万元不变，该计税基础与其账面价值之间的差额60万元即为可抵扣暂时性差异。又如，某企业预计产品保修费用30万元，一方面增加销售费用，另一方面增加预计负债。按税法规定，此项预计负债对应的销售费用是不得在当期税前扣除的，也就意味着此项预计负债的金额，按税法规定在当期不得抵扣，只有在实际发生产品保修费用时才可以税前扣除。此时预计负债的计税基础是零，而负债的账面价值是30万元，该计税基础与其账面价值之间的差额30万元即为可抵扣暂时性差异。

企业在计算确认了应纳税暂时性差异与可抵扣暂时性差异后，应当按照所得税准则规定的原则，确认与应纳税暂时性差异相关的递延所得税负债以及与可抵扣暂时性差异相关的递延所得税资产，并在此基础上确定每一期间利润表中的所得税费用。我国2006年颁布的《企业会计准则第18号——所得税》规定，采用资产负债表债务法核算递延所得税。

递延所得税=（递延所得税负债的期末余额-递延所得税负债的期初余额）-（递延所得税资产的期末余额-递延所得税资产的期初余额）

2）所得税费用的会计处理

（1）需要设置的会计账户

①“所得税费用”科目，核算企业确认的应从当期利润总额中扣除的所得税费用。本科目可按“当期所得税费用”“递延所得税费用”进行明细核算。期末，应将本科目的余额转入“本年利润”科目，结转后本科目无余额。

②“递延所得税资产”科目，核算企业根据《企业会计准则第18号——所得税》确认的可抵扣暂时性差异产生的所得税资产。根据税法规定可用以后年度税前利润弥补的亏损产生的所得税资产，也在本科目核算。本科目应当按照可抵扣暂时性差异等项目进行明细核算。

③“递延所得税负债”科目，核算企业根据《企业会计准则第18号——所得税》确认的应纳税暂时性差异产生的所得税负债。本科目应当按照应纳税暂时性差异等项目进行明细核算。

④“应交税费——应交所得税”科目，核算企业按照税法计算确定的当期应交所得税税额。

(2)所得税会计处理方法

我国对暂时性差异采用资产负债表债务法进行会计处理，即暂时性差异产生的所得税影响金额，递延分配到以后各期。资产负债表日，企业按照税法规定计算确定的当期应交所得税，借记“所得税费用——当期所得税费用”科目，贷记“应交税费——应交所得税”科目。根据递延所得税资产的应有余额大于“递延所得税资产”科目余额的差额，借记“递延所得税资产”科目，贷记“所得税费用——递延所得税费用”“资本公积——其他资本公积”等科目；递延所得税资产的应有余额小于“递延所得税资产”科目余额的差额作相反的会计分录。企业应予确认的递延所得税负债，应当比照上述原则调整本科目、“递延所得税负债”科目及有关科目。期末，应将本科目的余额转入“本年利润”科目，结转后本科目无余额。

【例 6-8】 甲公司 202×年度的税前会计利润为 10 000 000 元，适用的所得税税率为 25%。假定甲公司全年无其他纳税调整因素。甲公司递延所得税负债年初数为 400 000元，年末数为 500 000 元；递延所得税资产年初数为 250 000 元，年末数为 200 000元。甲公司的会计处理如下：

甲公司所得税费用的计算如下：

递延所得税 =（递延所得税负债的期末余额－递延所得税负债的期初余额）－（递延所得税资产的期末余额－递延所得税资产的期初余额）

=（500 000－400 000）－（200 000－250 000）

= 100 000+50 000 = 150 000（元）

所得税费用 = 当期所得税+递延所得税 = 10 000 000×25%+150 000

=2 650 000（元）

甲公司会计分录如下：

借：所得税费用　　2 650 000

　贷：应交税费——应交所得税　　2 500 000

　　递延所得税负债　　100 000

　　递延所得税资产　　50 000

【例 6-9】 腾飞公司 2×19 年全年实现会计利润 2 000 万元，当年因合同违约支付罚款 50 万元；交易性金融资产成本为 500 万元，期末公允价值为 600 万元；2×20年 1 月 1 日投入使用一台设备，原始价值 600 万元，预计使用年限 5 年，税法规定使用年限为 10 年，按直线法计提折旧，无残值。该公司适用的所得税税时率为 25%。

①应纳税所得额的计算。

a.支付罚金 50 万元，不允许税前扣除。

b.交易性金融资产公允价值与账面价值的差额 100 万元已经计入当期损溢，但税法规定计税基础仍为 500 万元。

c.投入使用设备,按会计规定每年计提折旧为120万元计入当期损溢,但税法规定计入损溢的折旧为60万元。202×年年末该设备账面价值为480万元,而计税基础为540万元。

应纳税所得额=2 000+50−100+(120−60)=2 010(万元)

②所得税费用的计算。

当期应交所得税=2 010×25%=502.5(万元)

递延所得税资产=(540−480)×25%=15(万元)

递延所得税负债=(600−500)×25%=25(万元)

递延所得税费用=25−15=10(万元)

所得税费用=502.5+10=512.5(万元)

借:所得税费用——当期所得税费用　　5 025 000

　　　　　　——递延所得税费用　　100 000

　递延所得税资产　　150 000

　贷:应交税费——应交所得税　　5 025 000

　　递延所得税负债　　250 000

4.本年利润的结转

1)结转本年利润的方法

会计期末,结转本年利润的方法有表结法和账结法两种。

(1)表结法

表结法下,各损溢类科目每月月末只需结计出本月发生额和月末累计余额,不结转到"本年利润"账户,只有在年末时才将全年累计余额转入"本年利润"账户。但每月月末要将损溢类科目的本月发生额合计数填入利润表的本月数栏,同时将本月月末累计余额填入利润表的本年累计数栏,通过利润表计算反映各期的利润(或亏损)。表结法下,年中损溢类科目无须结转入"本年利润"账户,从而减少了转账环节和工作量,同时并不影响利润表的编制及有关损溢指标的利用。

(2)账结法

账结法下,每月月末均需编制转账凭证,将在账上结计出的损溢类科目的余额结转入"本年利润"账户。结转后"本年利润"账户的本月余额反映当月实现的利润或发生的亏损,"本年利润"账户的本年余额反映本年累计实现的利润或发生的亏损。账结法在各月均通过"本年利润"账户提供当月及本年累计的利润(或亏损)额,但增加了转账环节和工作量。

2)结转本年利润的账务处理

企业应设置"本年利润"账户,用来核算本年度内实现的利润(或亏损)总额。

会计期末，将各项收入类账户的期末余额结转到“本年利润”账户的贷方，应借记“主营业务收入”“其他业务收入”“营业外收入”等账户，贷记“本年利润”账户。同时，将各项费用类账户的期末余额结转到“本年利润”账户的借方，应借记“本年利润”账户，贷记“主营业务成本”“其他业务成本”“税金及附加”“管理费用”“销售费用”“财务费用”“资产减值损失”“营业外支出”“所得税费用”等账户。企业还应将“公允价值变动损溢”“投资收益”“资产处置损溢”科目的净收益转入“本年利润”科目的贷方，将“公允价值变动损溢”“投资收益”“资产处置损溢”科目的净损失转入“本年利润”科目的借方。结转后，“本年利润”科目如为贷方余额，表示当年实现的净利润；如为借方余额，表示当年发生的净亏损。

年度终了，企业还应将“本年利润”账户的本年累计余额转入“利润分配——未分配利润”账户。如为净利润，借记“本年利润”账户，贷记“利润分配——未分配利润”账户；如为净亏损，借记“利润分配——未分配利润”账户，贷记“本年利润”账户。结转后，“本年利润”账户无余额。

【例 6-10】 腾飞公司某年 1 月至 11 月实现累计利润 340 000 元。12 月末各损溢账户结转前余额见表 6-1。

表 6-1　12 月末各损溢账户结转前余额

科目名称	余额方向	结账前余额(元)
主营业务收入	贷	500 000
税金及附加	借	30 000
主营业务成本	借	300 000
销售费用	借	10 000
管理费用	借	50 000
财务费用	借	10 000
其他业务收入	贷	50 000
其他业务成本	借	30 000
公允价值变动损溢	贷	0
投资收益	贷	8 000
营业外收入	贷	20 000
营业外支出	借	18 000

编制会计分录如下：

(1)结转各项收入、利得类账户余额：

借：主营业务收入　　500 000

　　其他业务收入　　50 000

投资收益　　8 000
营业外收入　　20 000
贷:本年利润　　578 000

(2)结转各项费用、损失类账户余额:

借:本年利润　　448 000
贷:主营业务成本　　300 000
税金及附加　　30 000
销售费用　　10 000
管理费用　　50 000
财务费用　　10 000
其他业务成本　　30 000
营业外支出　　18 000

(3)计算12月税前利润:

该公司本月实现利润=578 000-448 000=130 000(元)

该公司1月至12月累计实现利润=340 000+130 000=470 000(元)

(4)假设腾飞公司该年不存在所得税纳税调整因素。

应交所得税=470 000×25%=117 500(元)

①确认所得税费用时,应编制如下会计分录:

借:所得税费用　　117 500
贷:应交税费——应交所得税　　117 500

②将所得税费用结转到“本年利润”账户时,应编制如下会计分录:

借:本年利润　　117 500
贷:所得税费用　　117 500

③用银行存款缴纳所得税时,应编制如下会计分录:

借:应交税费——应交所得税　　117 500
贷:银行存款　　117 500

(5)年末,将“本年利润”账户年末余额352 500(470 000-117 500)元转入“利润分配——未分配利润”账户时,应编制如下会计分录:

借:本年利润　　352 500
贷:利润分配——未分配利润　　352 500

6.1.2　利润分配

1.利润分配概述

利润分配是指将企业实现的净利润,按照国家财务制度规定的分配形式和分配顺

序，在国家、企业和投资者之间进行的分配。利润分配的过程与结果，不仅关系到所有者的合法权益是否得到保护，还关系企业能否长期、稳定和健康地发展。为此，企业必须加强利润分配的管理和核算。企业当年实现的利润总额在交完所得税后，其净利润可按以下顺序进行分配：

(1)弥补企业以前年度亏损。企业发生的年度亏损，可以用下一年度的税前利润等弥补。下一年度税前利润不足弥补的，可以在5年内延续弥补。5年内不足弥补的，用净利润弥补，也可以用以前年度提取的盈余公积弥补。

(2)提取法定盈余公积。根据公司法的规定，法定盈余公积按照本年实现净利润(弥补亏损后)的10%提取。公司法定盈余公积累计额已达注册资金50%时可不再提取。提取的法定盈余公积用于弥补以前年度亏损或转增资本金。但转增资本金后留存的法定盈余公积不得低于转增前公司注册资本的25%。

(3)提取任意盈余公积。根据公司法的规定，公司从税后利润中提取法定盈余公积后，经股东会或股东大会决议，还可以从税后利润中提取任意盈余公积。

(4)向股东(投资者)分配股利(利润)。企业以前年度未分配的利润，可以并入本年度分配。

2.利润分配的核算

企业应设置“利润分配”账户，核算企业净利润的分配(或亏损的弥补)和历年分配(或亏损)后的结存余额。在该账户下面分别设置“提取法定盈余公积”“提取任意盈余公积”“应付现金股利或利润”“转作股本的股利”“盈余公积补亏”“未分配利润”等明细账户进行明细核算。

1)提取盈余公积

企业按规定提取盈余公积时，借记“利润分配”科目，贷记“盈余公积”科目。

【例6-11】 腾飞公司全年实现净利润100万元，按10%提取法定盈余公积金，按5%提取任意盈余公积金。编制会计分录如下：

(1)提取法定盈余公积：

提取法定盈余公积＝1 000 000×10%＝100 000(元)

借：利润分配——提取法定盈余公积　　100 000

　贷：盈余公积——法定盈余公积　　100 000

(2)提取任意盈余公积：

提取任意盈余公积金＝1 000 000×5 %＝ 50 000(元)

借：利润分配——提取任意盈余公积　　50 000

　贷：盈余公积——任意盈余公积　　50 000

2)向股东(投资者)分配股利(利润)

企业在年度内实现的利润总额，在缴纳所得税，提取盈余公积，或加上以前年度未分配利润，得知可供分配的利润之后，才能向投资者分配利润。对可供分配的利润，如何分配、分配多少应由投资者或董事会作出具体规定。按规定计算出应分给投资者的利润时，借记“利润分配”科目，贷记“应付股利”“应付利润”等科目。

【例 6-12】 腾飞公司计算出应支付给股东的利润共计 60 000 元。编制会计分录如下：

借：利润分配——应付现金股利　　60 000

　贷：应付股利　　60 000

3）净利润的年终结转

净利润的年终结转也称未分配利润的年终结转。为了正确考核各年度的净利润实现和净利润分配情况，在每个会计年度结束时，企业都应对净利润进行年终结转，即对“本年利润”和“利润分配”账户进行结转。

年度终了，企业应将本年实现的净利润，自“本年利润”科目转入“利润分配”科目，借记“本年利润”科目，贷记“利润分配”科目，若为净亏损的作相反的会计分录。同时，应将“利润分配”科目所属其他明细科目的余额转入“利润分配——未分配利润”明细科目。结转后，除“利润分配——未分配利润”明细科目外，其他明细科目应无余额。“利润分配——未分配利润”科目年末余额，反映企业的累积未分配利润（或未弥补亏损）。

【例 6-13】 某企业年初未分配利润为 500 000 元，本年度相关账户年终结转前余额见表 6-2。

表 6-2　相关账户余额

科目名称	余额方向	结账前余额（元）
本年利润	贷	1 000 000
利润分配——提取法定盈余公积	借	150 000
利润分配——应付现金股利	借	200 000

根据上述资料，进行净利润的年终结转。编制会计分录如下：

（1）当年实现的净利润转账：

借：本年利润　　1 000 000

　贷：利润分配——未分配利润　　1 000 000

（2）利润分配中的各明细账（除未分配利润）转账：

借：利润分配——未分配利润　　350 000

　贷：利润分配——提取法定盈余公积　　150 000

　　　　　　——应付现金股利　　200 000

企业当年的未分配利润 = 1 000 000-350 000 = 650 000（元）

企业年末累计未分配利润=500 000+ 650 000=1 150 000(元)

企业净利润年终结转后,“本年利润”账户、“利润分配”各有关明细账户(除“未分配利润”明细账户)余额均为零。“利润分配——未分配利润”明细账户中有贷方余额为1 150 000元。

6.2 财务报表的编制

6.2.1 资产负债表的编制

1.资产负债表概述

资产负债表是反映企业在资产负债表日(或报告期末)全部资产、负债和所有者权益情况的报表,即资产负债表是反映企业在某一特定日期的财务状况的报表,是企业经营活动的静态体现,是一张揭示企业在一定时点上财务状况的静态报表。它是根据“资产=负债+所有者权益”这一会计等式,按照一定的编制要求编制而成的。

资产负债表能够提供资产、负债和所有者权益的全貌。资产负债表有着极其重要的作用,主要表现在以下几个方面:

(1)反映企业的经济资源及其分布情况以及企业的资本结构。

(2)据以评价和预测企业的短期偿债能力和长期偿债能力。

(3)有助于评价、预测企业的财务弹性。

(4)有助于评价、预测企业的经营绩效。

资产负债表主要是反映资产、负债和所有者权益三个方面的内容,并满足“资产=负债+所有者权益”平衡公式。

1)资产

资产,反映由过去的交易或者事项形成的、由企业拥有或者控制的、预期会给企业带来经济利益的资源。资产应当按照流动资产和非流动资产在资产负债表中列示,在流动资产和非流动资产类别下进一步按性质分项列示。

流动资产是指预计在一个正常营业周期中变现、出售或耗用,或者主要为交易目的而持有,或者预计在资产负债表日起一年内(含一年)变现的资产,或者自资产负债表日起一年内交换其他资产或清偿负债的能力不受限制的现金或现金等价物。资产负债表中列示的流动资产项目通常包括货币资金、交易性金融资产、应收票据及应收账款、预付款项、其他应收款、存货、合同资产、持有待售资产和一年内到期的非流动资产等。

非流动资产是指流动资产以外的资产。资产负债表中列示的非流动资产通常包括债权投资、其他债权投资、长期应收款、长期股权投资、其他权益工具投资、其他非流动金融资产、投资性房地产、固定资产、在建工程、无形资产、开发支出、长期待摊费用、递延所得税资产以及其他非流动资产等。

2)负债

负债,反映在某一特定日期企业所承担的、由过去的交易或者事项形成的、预期会导致经济利益流出企业的现时义务。负债应当按照流动负债和非流动负债在资产负债表中进行列示,在流动负债和非流动负债类别下进一步按性质分项列示。

流动负债是指预计在一个正常营业周期中清偿,或者主要为交易目的而持有,或者自资产负债表日起一年内(含一年)到期应予以清偿,或者企业无权自主地将清偿推迟至资产负债表日后一年以上的负债。资产负债表中列示的流动负债项目通常包括短期借款、交易性金融负债、应付票据及应付账款、预收款项、合同负债、应付职工薪酬、应交税费、其他应付款、持有待售负债和一年内到期的非流动负债等。

非流动负债是指流动负债以外的负债。非流动负债项目通常包括长期借款、应付债券、长期应付款、预计负债、递延收益、递延所得税负债和其他非流动负债等。

3)所有者权益

所有者权益,是指企业资产扣除负债后由所有者享有的剩余权益,反映企业在某一特定日期股东(投资者)拥有的净资产的总额。所有者权益一般按照实收资本、其他权益工具、资本公积、其他综合收益、盈余公积和未分配利润分项列示。

2.资产负债表的结构

资产负债表一般由表头、报表主体和附注三部分组成。表头主要包括资产负债表的名称、编制单位、编制日期、货币单位等;报表主体包括资产、负债和所有者权益各项目的期初数和期末数,是资产负债表的主要部分;附注则用于进一步说明报表的主要项目和编制基础。

资产负债表的格式主要有报告式和账户式两种。我国会计制度规定,企业的资产负债表采用账户式格式。不管采取什么格式,资产各项目的合计等于负债和所有者权益各项目的合计这一等式不变。

报告式资产负债表,是将资产负债表的项目自上而下排列,首先列示资产的数额,其次列示负债的数额,最后列示所有者权益的数额。

账户式资产负债表,分为左右两方,左侧为资产,右侧为负债和所有者权益,资产总额等于负债加所有者权益合计数额。左侧资产内部各个项目按照各项资产的流动性的大小或变现能力的强弱进行排列。流动性越大,变现能力越强的资产项目越往前排,反之,越往后排;右侧负债和所有者权益两项按照求偿权的顺序进行排列,负债列于所有者权益之前。此外,为了便于使用者通过比较不同时点资产负债表的数据,掌握企业财务状况的变化情况及发展趋势,资产负债表还将各项目再分为“年初余额”和“年末余

额”两栏分别填列。

3.资产负债表的编制方法

1)资产负债表项目的填列方法

资产负债表各项目均需填列“年初余额”和“期末余额”两栏。

资产负债表的“年初余额”栏内各项数字,应根据上年年末资产负债表“期末余额”栏内所列数字填列。如果上年度资产负债表规定的各个项目的名称和内容与本年度不一致,那么应按照本年度的规定对上年年末资产负债表各项目的名称和数字进行调整,填入资产负债表 “年初余额”栏内。

资产负债表的“期末余额”栏主要有以下几种填列方法:

(1)根据总账科目余额填列。例如,“短期借款”“资本公积”等项目,直接根据“短期借款”“资本公积”各总账科目的期末余额直接填列;有些项目则需根据几个总账科目的期末余额计算填列,例如,“货币资金”项目,需根据“库存现金”“银行存款”“其他货币资金”三个总账科目的期末余额的合计数填列。

(2)根据明细科目余额计算填列。例如,“应付账款”项目,需要根据“应付账款”“预付账款”两个科目所属的相关明细科目的期末贷方余额计算填列。“应收账款”项目,需要根据“应收账款”和“预收账款”所属的相关明细科目的期末借方余额,减去“坏账准备”科目中相关坏账准备期末余额后的金额填列;“预付款项”项目,应根据“预付账款”和“应付账款”所属各明细科目的期末借方余额减去与预付账款有关的坏账准备贷方余额计算填列;“预收款项”项目,需要根据“应收账款”和“预收账款”科目贷方余额计算填列;“开发支出” 项目,需要根据“研发支出” 项目中所属的“资本化支出”明细科目期末余额计算填列;“应付职工薪酬”项目,需要根据“应付职工薪酬”科目的明细科目期末余额计算填列;“一年内到期的非流动资产” “一年内到期的非流动负债”项目,需要根据有关非流动资产和非流动负债项目的明细科目余额计算填列;“未分配利润”项目,需要根据 “利润分配”科目中所属的“未分配利润”明细科目期末余额填列。

(3)根据总账科目和明细科目余额分析计算填列。例如,“长期借款”项目,需要根据“长期借款”总账科目余额扣除“长期借款”科目所属的明细科目中将在一年内到期且企业不能自主地将清偿义务展期的长期借款后的金额计算填列;“其他非流动资产”项目,应根据有关科目的期末余额减去将于一年内(含一年)收回数后的金额计算填列;“其他非流动负债”项目,应根据有关科目的期末余额减去将于一年内(含一年)偿还数后的金额计算填列。

(4)根据有关科目余额减去其备抵科目余额后的净额填列。例如,资产负债表中的“应收账款”“长期股权投资”“在建工程”等项目,应当根据“应收账款”“长期股权投资”“在建工程”等科目的期末余额,减去“坏账准备”“长期股权投资减值准备”“在建工程减值准备”等备抵科目余额后的净额填列;“投资性房地产”“固定资产”项目,应当根据“投资性房地产”“固定资产”科目的期末余额，减去“投资性房地产累计折旧”“投资性房地产减值准备”“累计折旧”“固定资产减值准备”等备抵科目的期末余额，以及“固定资产清理”科目期末余额后的净额填列；“无形资产”项目，应当根据“无形资产”科目的期末余额，减去“累计摊销”“无形资产减值准备”等备抵科目的期末余额后的净额填列。

(5)综合运用上述填列方法分析填列。例如，资产负债表中的“存货”项目，需要根据“在途物资”“材料采购”“原材料”“周转材料”“库存商品”“发出商品”“委托加工物资”“材料成本差异”等总账科目期末余额的分析汇总数，再减去“存货跌价准备”科目余额后的净额填列。

2)资产负债表各有关项目的填列说明

资产负债表中资产、负债和所有者权益主要项目的填列说明如下。

(1)资产项目的填列说明

①“货币资金”项目，反映企业库存现金、银行结算户存款、外埠存款、银行汇票存款、银行本票存款、信用卡存款、信用证保证金存款等的合计数。本项目应根据“库存现金”“银行存款”“其他货币资金”科目期末余额的合计数填列。

【例6-14】 202×年12月31日，腾飞公司“库存现金”科目余额为2 000元，“银行存款”科目余额为855 800元，“其他货币资金”科目余额为7 300元，则202×年12月31日，腾飞公司资产负债表中“货币资金”项目“期末余额”的列报金额=2 000+855 800+7 300=865 100(元)。

②“交易性金融资产”项目，反映企业资产负债日分类为以公允价值计量且其变动计入当期损溢的金融资产，以及企业持有的直接指定为以公允价值计量且变动计入当期损溢的金融资产的期末账面价值。该项目应根据“交易性金融资产”科目的相关明细科目期末余额分析填列。自资产负债日起超过一年到期且预期持有超过一年的以公允价值计量且其变动计入当期损溢的非流动金融资产的期末账面价值，在“其他非流动金融资产”项目反映。

③“应收票据及应收账款”项目，反映资产负债表日以摊余成本计量的、企业因销售商品、提供劳务等经营活动应收取的款项。该项目应根据“应收账款”科目和“预收账款”科目所属的相关明细科目的期末借方余额，减去“坏账准备”科目中相关应收账款计提的坏账准备期末余额后的金额填列。

【例6-15】 202×年12月31日，腾飞公司“应收账款”明细科目的期末借方余额为1 000 000元，“预收账款”项目明细科目的期末借方余额为890 000元，“坏账准备”科目的期末贷方余额为9 450元，则202×年12月31日，腾飞公司资产负债表中“应收账款”项目“期末余额”的列报金额=1 000 000+890 000−9 450=1 880 550(元)。

④“预付款项”项目，反映企业按照购货合同规定预付给供应单位的款项等。本项

目应根据“预付账款”“应付账款”科目所属各明细科目的期末借方余额合计数,减去“坏账准备”科目中有关预付账款计提的坏账准备期末余额后的净额填列。如“预付账款”科目所属明细科目期末有贷方余额的,应在资产负债表“应付账款”项目内填列。

⑤“其他应收款”项目,反映企业除应收票据、应收账款、预付账款等经营活动以外的其他各种应收、暂付的款项。本项目应根据“应收利息”“应收股利”“其他应收款”科目的期末余额合计数,减去“坏账准备”科目中相关其他应收款、应收利息、应收股利计提的坏账准备期末余额后的金额填列。

⑥“存货”项目,反映企业期末在库、在途和在加工中的各种存货的可变现净值或成本(成本与可变现净值孰低)。存货包括各种材料、商品、在产品、半成品、包装物、低值易耗品、委托代销商品等。本项目应根据“在途物资”“材料采购”“原材料”“周转材料”“自制半成品”“库存商品”“发出商品”“委托加工物资”“委托代销商品”“受托代销商品”“生产成本”“材料成本差异”“商品进销差价”等科目的期末余额合计数,减去“受托代销商品款”“存货跌价准备”科目期末余额后的净额填列。

【例 6-16】 202×年 12 月 31 日,腾飞公司有关科目余额如下:“材料采购”科目的借方余额为 275 000 元,“原材料”科目的借方余额为 45 000 元,“库存商品”科目的借方余额为 2 122 400 元,“材料成本差异”科目的贷方余额为 4 250 元。则 202×年 12 月 31 日,腾飞公司资产负债表中“存货”项目“期末余额”的列报金额 = 275 000 + 45 000 + 2 122 400 − 4 250 = 2 438 150(元)。

⑦“合同资产”项目,反映企业按照《企业会计准则第 14 号——收入》的相关规定,根据本企业履行履约义务与客户付款之间的关系在资产负债表中列示的合同资产。“合同资产”项目应根据“合同资产”科目的相关明细科目期末余额分析填列。

⑧“持有待售资产”项目,反映资产负债表日划分为持有待售类别的处置组中流动资产和非流动资产的期末账面价值。该项目应根据“持有待售资产” 科目的期末余额,减去“持有待售资产减值准备”科目的期末余额后的金额填列。

⑨“一年内到期的非流动资产” 项目,反映企业将于一年内到期的非流动资产项目金额。本项目应根据有关科目的期末余额分析填列。

⑩“债权投资” 项目,反映资产负债表日企业以摊余成本计量的长期债权投资的期末账面价值。该项目应根据“债权投资”科目的相关明细科目期末余额,减去“债权投资减值准备”科目中相关减值准备的期末余额后的金额分析填列。自资产负债表日起一年内到期的长期债权投资的期末账面价值,在“一年内到期的非流动资产”项目反映。企业购入的以摊余成本计量的一年内到期的债权投资的期末账面价值,在“其他流动资产”项目反映。

⑪“其他债权投资” 项目,反映资产负债表日企业分类为以公允价值计量且其变动计入其他综合收益的长期债权投资的期末账面价值。该项目应根据“其他债权投资”科

目的相关明细科目期末余额分析填列。自资产负债表日起一年内到期的长期债权投资的期末账面价值,在“一年内到期的非流动资产”项目反映。企业购入的以公允价值计量且其变动计入其他综合收益的一年内到期的债权投资的期末账面价值,在“其他流动资产”项目反映。

⑫“长期应收款”项目,反映企业融资租赁产生的应收款项和采用递延方式分期收款、实质上具有融资性质的销售商品和提供劳务等经营活动产生的应收款项。本项目应根据“长期应收款”科目的期末余额,减去相应的“未实现融资收益”科目和“坏账准备”科目所属相关明细科目期末余额后的金额填列。

⑬“长期股权投资”项目,反映投资方对被投资单位实施控制、重大影响的权益性投资,以及对其合营企业的权益性投资。本项目应根据“长期股权投资”科目的期末余额,减去“长期股权投资减值准备”科目期末余额后的金额填列。

⑭“其他权益工具投资”项目,反映资产负债表日企业指定为以公允价值计量且其变动计入其他综合收益的非交易性权益工具投资的期末账面价值。本项目应根据“其他权益工具投资”科目的期末余额填列。

⑮“投资性房地产”项目,企业采用成本模式计量投资性房地产的,本项目应根据“投资性房地产”科目的期末余额,减去相应的“投资性房地产累计折旧(摊销)”科目和“投资性房地产减值准备”科目期末余额后的金额填列。企业采用公允价值模式计量投资性房地产的,应根据“投资性房地产”科目的期末余额填列。

⑯“固定资产”项目,反映资产负债表日企业固定资产的期末账面价值和企业尚未清理完毕的固定资产清理净损溢。本项目应根据“固定资产”科目的期末余额,减去“累计折旧”科目和“固定资产减值准备”科目的期末余额后的金额,以及“固定资产清理”科目的期末余额填列。

【例 6-17】 202×年 12 月 31 日,腾飞公司“固定资产”科目的借方余额为 11 783 340元,“累计折旧”科目的贷方余额为 6 069 318 元,“固定资产减值准备”科目的贷方余额为 300 000 元,“固定资产清理”科目的借方余额为 412 344 元,则 202×年 12 月 31 日,腾飞公司资产负债表中“固定资产”项目“期末余额”的列报金额=11 783 340-6 069 318-300 000+412 344=5 826 366(元)。

⑰“在建工程”项目,反映资产负债表日企业尚未达到预定可使用状态在建工程的期末账面价值和企业为在建工程准备的各种物资的期末账面价值。本项目应根据“在建工程”科目的期末余额,减去“在建工程减值准备”科目的期末余额后的金额,以及“工程物资”科目的期末余额,减去“工程物资减值准备”科目的期末余额后的金额填列。

⑱“无形资产”项目,反映企业持有的专利权、非专利技术、商标权、著作权、土地使用权等无形资产的成本减去累计摊销和减值准备后的净额。本项目应根据“无形资产”

科目的期末余额，减去“累计摊销”和“无形资产减值准备”科目期末余额后的金额填列。

【例 6-18】 202×年 12 月 31 日，腾飞公司“无形资产”科目的借方余额为 367 910 元，“累计摊销”科目的贷方余额为 114 326 元，“无形资产减值准备”科目贷方余额为 0 元，则 202×年 12 月 31 日，腾飞公司资产负债表中“无形资产”项目“期末余额”的列报金额=367 910-114 326-0=253 584(元)。

⑲“开发支出”项目，反映企业开发无形资产过程中能够资本化形成无形资产成本的支出部分。本项目应当根据“研发支出”科目中所属的“资本化支出”明细科目期末余额填列。

⑳“长期待摊费用”项目，反映企业已经发生但应由本期和以后各期负担的分摊期限在一年以上的各项费用。长期待摊费用中在一年内(含一年)摊销的部分，在资产负债表“一年内到期的非流动资产”项目填列。本项目应根据“长期待摊费用”科目的期末余额，减去将于一年内(含一年)摊销的数额后的金额分析填列。

㉑“递延所得税资产”项目，反映企业根据所得税准则确认的可抵扣暂时性差异产生的所得税资产。本项目应根据“递延所得税资产” 科目的期末余额填列。

㉒“其他非流动资产”项目，反映企业除上述非流动资产以外的其他非流动资产。本项目应根据有关科目的期末余额填列。

(2) 负债项目的填列说明

①“短期借款”项目，反映企业向银行或其他金融机构等借入的期限在一年以下(含一年)的各种借款。本项目应根据“短期借款”科目的期末余额填列。

②“交易性金融负债”项目，反映企业资产负债表日承担的交易性金融负债，以及企业持有的直接指定为以公允价值计量且其变动计入当期损溢的金融负债的期末账面价值。本项目应根据“交易性金融负债”科目的有关明细科目的期末余额填列。

③“应付票据及应付账款”项目，反映企业资产负债表日企业因购买材料、商品和接受劳务等经营活动应支付的款项。本项目应根据“应付账款”和“预付账款”科目所属的有关明细科目的期末贷方余额合计数填列。

【例 6-19】 202×年 12 月 31 日，腾飞公司“应付账款”明细科目的期末贷方余额为 1 001 160元，“预付账款”项目明细科目的期末贷方余额为 540 000 元，则 202×年 12 月 31 日，腾飞公司资产负债表中“应付票据及应付账款”项目“期末余额”的列报金额=1 001 160+540 000=1 541 160(元)。

④“预收账款”项目，反映企业按照购货合同规定预收供应单位的款项。本项目应根据“预收账款”“应收账款”科目所属各有关明细科目的期末贷方余额合计数填列。如“预收账款”科目所属明细科目期末有借方余额的，应在资产负债表“应收账款” 项目内填列。

⑤“合同负债”项目,反映企业按照《企业会计准则第 14 号——收入》的相关规定,根据本企业履行履约义务与客户付款之间的关系在资产负债表中列示的合同负债。本项目应根据“合同负债”的相关明细科目期末余额分析填列。

⑥“应付职工薪酬”项目,反映企业为获得职工提供的服务或解除劳动关系而给予的各种形式的报酬或补偿。企业提供给职工配偶、子女、受赡养人、已故员工遗属及其他受益人等的福利,也属于职工薪酬。职工薪酬主要包括短期薪酬、离职后福利、辞退福利和其他长期职工福利。本项目应根据“应付职工薪酬”科目所属各明细科目的期末贷方余额分析填列。外商投资企业按规定从净利润中提取的职工奖励及福利基金,也在本项目列示。

⑦“应交税费”项目,反映企业按照税法规定计算应缴纳的各种税费,包括增值税、消费税、城市维护建设税、教育费附加、企业所得税、资源税、土地增值税、房产税、土地使用税、车船税、矿产资源补偿费等。企业代扣代交的个人所得税,也通过本项目列示。企业所缴纳的税金不需要预计应交数的,如印花税、耕地占用税等,不在本项目列示。本项目应根据“应交税费”科目的期末贷方余额填列,如“应交税费”科目期末为借方余额,应以“-”号填列。需要说明的是,“应交税费”科目下的“应交增值税”“未交增值税”“待抵扣进项税额”“待认证进项税额”“增值税留抵税额”等明细科目期末借方余额应根据情况,在资产负债表中的“其他流动资产”或“其他非流动资产”项目列示;“应交税费——待转销项税额”等明细科目期末贷方余额应根据情况,在资产负债表中的“其他流动负债”或“其他非流动负债”项目列示;“应交税费”科目下的“未交增值税”“简易计税”“转让金融商品应交增值税”“代扣代交增值税”等科目期末贷方余额应在资产负债表中的“应交税费”项目列示。

⑧“其他应付款”项目,反映企业除应付票据、应付账款、预收账款、应付职工薪酬、应交税费等经营活动以外的其他各项应付、暂收的款项。本项目应根据“应付利息”“应付股利”“其他应付款”科目的期末余额合计数填列。

⑨“持有待售负债”项目,反映资产负债表日处置组中与划分为持有待售类别的资产和直接相关的负债的期末账面价值。本项目应根据“持有待售负债” 科目的期末余额填列。

⑩“一年内到期的非流动负债” 项目,反映企业非流动负债中将于资产负债表日后一年内到期部分的金额,如将于一年内偿还的长期借款。本项目应根据有关科目的期末余额分析填列。

⑪“长期借款”项目,反映企业向银行或其他金融机构等借入的期限在一年以上(不含一年)的各项借款。本项目应根据“长期借款”科目的期末余额,扣除“长期借款”所属的明细科目中将在资产负债表日起一年内到期且企业不能自主地将清偿义务展期的长期借款后的金额计算填列。

【例 6-20】　202×年 12 月 31 日，腾飞公司“长期借款”科目的期末余额为 900 000 元，其中有 250 000 元借款将于一年内到期，腾飞公司不具有自主展期清偿的权利，则 202×年 12 月 31 日，腾飞公司资产负债表中“长期借款”项目“期末余额”的列报金额＝900 000－250 000＝650 000（元），“一年内到期的非流动负债”项目“期末余额”的列报金额为 250 000（元）。

⑫“应付债券”项目，反映企业为筹集长期资金而发行的债券本金（和利息）。本项目应根据“应付债券”科目的期末余额分析填列。

⑬“长期应付款”项目，反映企业期末除长期借款和应付债券以外的其他各种长期应付款。主要有应付补偿贸易引进设备款、采用分期付款方式购入固定资产和无形资产发生的应付账款、应付融资租入固定资产租赁费等。本项目应根据“长期应付款”科目的期末余额，减去相关的“未确认融资费用”科目的期末余额后的金额，以及“专项应付款”科目的期末余额，再减去所属相关明细科目中将于一年内到期的部分后的金额填列。

⑭“预计负债”项目，反映企业根据或有事项等相关准则确认的各项预计负债，包括对外提供担保、未决诉讼、产品质量保证、重组义务以及固定资产和矿工权益弃置义务等产生的预计负债。本项目应根据“预计负债”科目的期末余额填列。

⑮“递延收益”项目，反映尚待确认的收入或收益。本项目核算企业根据政府补助准则确认的应在以后期间计入当期损溢的政府补助金额、售后租回形成融资租赁的售价与资产账面价值差额等其他递延性收入。本项目应根据“递延收益”科目的期末余额填列。

⑯“递延所得税负债”项目，反映企业根据所得税准则确认的应纳税暂时性差异产生的所得税负债。本项目应根据“递延所得税负债”科目的期末余额填列。

⑰“其他非流动负债”项目，反映企业除上述非流动负债以外的其他非流动负债。本项目应根据有关科目期末余额，减去将于一年内（含一年）到期偿还数后的余额分析填列。非流动负债各项目中将于一年内（含一年）到期的非流动负债，应在“一年内到期的非流动负债”项目内反映。

（3）所有者权益项目的填列说明

①“实收资本（或股本）”项目，反映企业各投资者实际投入的资本（或股本）总额。本项目应根据“实收资本（或股本）”科目的期末余额填列。

②“其他权益工具”项目，反映企业发行的除普通股以外分类为权益工具的金融工具的账面价值，并下设“优先股”和“永续债”两个项目，分别反映企业发行的分类为权益工具的优先股和永续债的账面价值。

③“资本公积”项目，反映企业收到投资者出资超出其在注册资本或股本中所占的份额以及直接计入所有者权益的利得和损失等。本项目应根据“资本公积”科目的期末

余额填列。

④“其他综合收益”项目,反映企业其他综合收益的期末余额。本项目应根据“其他综合收益”科目的期末余额填列。

⑤“盈余公积”项目,反映企业盈余公积的期末余额。本项目应根据“盈余公积”科目的期末余额填列。

⑥“未分配利润”项目,反映企业尚未分配的利润。未分配利润是指企业实现的净利润经过弥补亏损、提取盈余公积和向投资者分配利润后留存在企业的、历年结存的利润。本项目应根据“本年利润”科目和“利润分配”科目的余额计算填列。未弥补的亏损,在本项目内以“-”号填列。

【例 6-21】 承【例 6-14】至【例 6-20】,腾飞公司 202×年 12 月 31 日编制资产负债表的有关资料如下:

①总分类账户的期末余额见表 6-3。

②有关明细账户的期末余额见表 6-4。

③其他有关资料如下:a.持有至到期投资中一年内到期债券投资为 5.4 万元;b.一年内到期归还的长期借款为 25 万元。

表 6-3 总分类账户的期末余额表　　单位:元

科目名称	借方余额	科目名称	贷方余额
库存现金	2 000	短期借款	207 200
银行存款	855 800	应付票据	80 684
其他货币资金	7 300	应付账款	944 084
交易性金融资产	76 032	预收账款	-810 000(借方)
应收票据	108 000	应付职工薪酬	23 128
应收账款	899 316	应交税费	12 564
坏账准备	-9 450(贷方)	应付股利	44 890
预付账款	-340 000	其他应付款	9 786
其他应收款	5 000	长期借款	900 000
材料采购	275 000	长期应付款	670 600
原材料	45 000	实收资本	7 200 000
库存商品	2 122 400	资本公积	1 023 916
材料成本差异	-4 250(贷方)	盈余公积	3 037 760
持有至到期投资	1 468 800	利润分配	300 988
固定资产	11 783 340		

续表

科目名称	借方余额	科目名称	贷方余额
累计折旧	-6 069 318		
固定资产减值准备	-300 000		
工程物资	300 000		
在建工程	1 207 502		
固定资产清理	412 344		
无形资产	367 910		
累计摊销	-114 326		
长期待摊费用	547 200		
合　计	13 645 600		13 645 600

表 6-4　有关明细账户的期末余额表　　单位:元

账户	借或贷	余额	账户	借或贷	余额
应收账款	借	899 316	应付账款	贷	944 084
-A 公司	贷	100 684	-丙公司	贷	1 001 160
-B 公司	借	1 000 000	-丁公司	借	57 076
预付账款	贷	340 000	预收账款	借	810 000
-甲公司	贷	540 000	-C 公司	贷	80 000
-乙公司	借	200 000	-D 公司	借	890 000

根据上述材料,编制腾飞公司年末资产负债表(见表 6-5)。

表 6-5　资产负债表

编制单位:腾飞公司　　202×年 12 月 31 日　　单位:元

资产	年初余额	期末余额	负债及所有者权益	年初余额	年末余额
流动资产:			流动负债:		
货币资金	(略)	865 100	短期借款	(略)	207 200
交易性金融资产		76 032	交易性金融负债		—
应收票据及应收账款		1 988 550	应付票据及应付账款		1 621 844
预付款项		257 076	预收款项		180 684
其他应收款		5 000	合同负债		
存货		2 438 150	应付职工薪酬		23 128
合同资产			应交税费		12 564

续表

资产	年初余额	期末余额	负债及所有者权益	年初余额	年末余额
持有待售资产			其他应付款		54 676
一年内到期的非流动资产		54 000	持有待售负债		
其他流动资产		—	一年内到期的非流动负债		250 000
流动资产合计		5 683 908	其他流动负债		—
非流动资产：			流动负债合计		2 350 096
债权投资		1 414 800	非流动负债：		
其他债权投资			长期借款		650 000
长期应收款		—	应付债券		—
			其中：优先股		
			永续债		
长期股权投资		—	长期应付款		670 600
其他权益工具投资			预计负债		
其他非流动金融资产			递延收益		—
投资性房地产			递延所得税负债		
固定资产		5 826 366	其他非流动负债		
在建工程		1 507 502	非流动负债合计		1 320 600
生产性生物资产			负债合计		3 670 696
油气资产			所有者权益（或股东权益）：		
无形资产		253 584	实收资本	7 200 000	7 200 000
开发支出		—	其他权益工具		
商誉		—	其中：优先股		
长期待摊费用		547 200	永续债		
递延所得税资产			资本公积		1 023 916
其他非流动资产		—	减：库存股		
非流动资产合计		9 549 452	其他综合收益		
			盈余公积		3 037 760
			未分配利润		300 988
			所有者权益合计		11 562 664
资产总计		15 233 360	负债和所有者权益总计		15 233 360

6.2.2 利润表的编制

1.利润表的概念和结构

1)利润表的概念和作用

利润表又称收益表、损溢表，是反映企业在一定会计期间(如年度、季度、月份)的经营成果的财务报表。通过利润表，可以反映企业在一定会计期间收入、费用、利润(或亏损)的金额和构成情况，帮助财务报表使用者全面了解企业的经营成果，分析企业的获利能力及盈利增长趋势，从而为其作出经济决策提供依据。利润表把一定时期的营业收入与其同一会计期间相关的营业费用进行配比，以计算出企业一定时期的净利润，是一张动态报表。其主要作用如下：

(1)通过利润表提供的收入、费用、利润等绝对指标和通过利润表提供的数据计算的投资收益率、利润率等相对指标，可以评价企业的经营成果，考核企业经营管理者的工作业绩。

(2)通过相邻的若干期间的利润表提供的数字进行比较分析，可以预测企业利润的发展趋势和获利能力。

利润表包括的项目主要有营业收入、营业成本、税金及附加、管理费用、销售费用、研发费用、财务费用、资产减值损失、其他收益、投资收益、公允价值变动收益、资产处置收益、营业利润、营业外收入、营业外支出、利润总额、所得税费用、净利润、其他综合收益的税后净额、综合收益总额、每股收益等。

2)利润表的结构

利润表一般由表首、正表和补充资料三部分组成。其中，表首说明报表名称、编制单位、编制日期、报表编号、计量单位等；正表是利润表的主体，反映形成经营成果的各个项目和计算过程；补充资料是对正表有关项目的解释或说明。

利润表是依据“收入-费用=利润”的会计等式编制的，其格式主要有两种，即单步式和多步式。

(1)单步式利润表，是用企业当期全部收入抵减当期全部支出，一次计算出当期损溢的一种利润表。

单步式利润表的优点是收入费用归类清楚，经营成果的确认比较直观，报表编制方法简单。其不足之处是对收入和费用的性质不加区分，不能揭示利润中各要素之间的内在联系，不便于对企业经营成果进行分析和评价。

(2)多步式利润表，是通过对当期的收入、费用、支出项目按性质加以归类，按利润形成的主要环节列示一些中间性利润指标，如营业利润、利润总额、净利润，分步计算当期净损溢。同时，每个项目通常又分为“本月数”和“本年累计数”两栏分别填列。

利润表的项目排列顺序实际上反映了净利润形成的过程,具体分为三个步骤:第一步,计算营业利润;第二步,计算利润总额;第三步,计算净利润(或亏损)。

多步式利润表的优点是按利润的性质分步计算利润,反映了净利润各要素之间的内在联系,便于报表使用者进行盈利分析和预测企业的盈利能力。

我国企业会计制度规定,企业应采用多步式利润表结构。

2.利润表的编制

由于利润表是动态财务报表,因此其填列的主要依据是各损溢类账户的本期发生数。一般而言,各收入类项目应根据相应的收入类账户的贷方发生额填列,各费用类项目应根据相应的费用类账户的借方发生额填列。利润表中的金额部分分为"本月数"和"本年累计数"两栏。"本月数"反映各项目本月实际发生数,"本年累计数"反映各项目自年初起至报告期末止的累计实际发生数。

(1)"营业收入"项目,反映企业经营主要业务和其他业务所确认的收入总额。本项目应根据"主营业务收入"和"其他业务收入"科目的发生额分析填列。企业一般应当以"主营业务收入"和"其他业务收入"总账科目的贷方发生额之和,作为利润表中"营业收入"的项目金额。当年发生销售退回的,应以冲减销售退回主营业务收入后的金额,填列"营业收入"项目。

(2)"营业成本"项目,反映企业经营主要业务和其他业务所发生的成本总额。本项目应根据"主营业务成本"和"其他业务成本"科目的发生额分析填列。企业一般应当以"主营业务成本"和"其他业务成本"总账科目的借方发生额之和,作为利润表中"营业成本"的项目金额。当年发生销售退回的,应加上销售退回商品成本后的金额,填列"营业成本"项目。

(3)"税金及附加"项目,反映企业经营业务应负担的消费税、城市维护建设税、教育费附加、资源税、土地增值税、房产税、车船税、城镇土地使用税、印花税等相关税费。本项目应根据"税金及附加"科目的发生额分析填列。

(4)"管理费用"项目,反映企业为组织和管理生产经营发生的管理费用。本项目应根据"管理费用"科目的发生额分析填列。

(5)"销售费用"项目,反映企业在销售商品过程中发生的包装费、广告费等费用和为销售本企业商品而专设的销售机构的职工薪酬、业务费等经营费用。本项目应根据"管理费用"科目下的"研发费用"明细科目的发生额分析填列。

(6)"研发费用"项目,反映企业进行研究与开发过程中发生的费用化支出。本项目应根据"销售费用"科目的发生额分析填列。

(7)"财务费用"项目,反映企业为筹集生产经营所需资金等而发生的筹资费用。本项目应根据"财务费用"科目的发生额分析填列。其中:"利息费用"项目,反映企业为筹集生产经营所需资金等而发生的应予费用化的利息支出,本项目应根据"财务费

用”科目的相关明细科目的发生额分析填列。“利息收入”项目,反映企业确认的利息收入,本项目应根据“财务费用”科目的相关明细科目的发生额分析填列。

(8)“资产减值损失”项目,反映企业各项资产发生的减值损失。本项目应根据“资产减值损失”科目的发生额分析填列。企业应当以“资产减值损失”总账科目借方发生额减去贷方发生额后的余额,作为利润表中“资产减值损失”的项目金额。

(9)“其他收益”项目,反映计入其他收益的政府补助等。本项目应根据“其他收益”科目的发生额分析填列。

(10)“公允价值变动收益”项目,反映企业应当计入当期损溢的资产或负债公允价值变动收益。本项目应根据“公允价值变动损溢”科目的发生额分析填列,企业应当以“公允价值变动收益”总账科目贷方发生额减去借方发生额后的余额,作为利润表中“公允价值变动收益”的项目金额。相减后如为负数,表示(借方)净损失,本项目以“-”号填列。

(11)“投资收益”项目,反映企业以各种方式对外投资所取得的收益。本项目应根据“投资收益”科目的发生额分析填列。如为(借方)投资损失,本项目以“-”号填列。

(12)“资产处置收益”项目,反映企业出售划分为持有待售的非流动资产(金融工具、长期股权投资和投资性房地产除外)或处置组(子公司和业务除外)时确认的处置利得或损失,以及处置未划分为持有待售的固定资产、在建工程、生产性生物资产及无形资产而产生的处置利得或损失。债务重组中因处置非流动资产产生的利得或损失、非货币性资产交换中换出非流动资产产生的利得或损失也包括在本项目内。本项目应根据“资产处置收益”科目的发生额分析填列,如为处置损失,以“-”号填列。

(13)“营业利润”项目,反映企业实现的营业利润。如为亏损,本项目以“-”号填列。

(14)“营业外收入”项目,反映企业发生的除营业利润以外的收益,主要包括债务重组利得、与企业日常活动无关的政府补助、盘盈利得、捐赠利得(企业接受股东或股东的子公司直接或间接的捐赠,经济实质属于股东对企业的资本性投入的除外)等。本项目应根据“营业外收入”科目的发生额分析填列。

(15)“营业外支出”项目,反映企业发生的与经营业务无直接关系的各项支出,主要包括债务重组损失、公益性捐赠支出、非常损失、盘亏损失、非流动资产毁损报废损失等。本项目应根据“营业外支出”科目的发生额分析填列。

(16)“利润总额”项目,反映企业实现的利润。如为亏损,本项目以“-”号填列。

(17)“所得税费用”项目,反映企业应从当期利润总额中扣除的所得税费用。本项目应根据“所得税费用”科目的发生额分析填列。

(18)“净利润”项目,反映企业实现的净利润。如为亏损,本项目以“-”号填列。

(19)“其他综合收益的税后净额”项目,反映企业根据企业会计准则规定未在损溢中确认的各项利得和损失扣除所得税影响后的净额。

(20)“综合收益总额”项目,反映企业净利润与其他综合收益(税后净额)的合计金额。

(21)“每股收益”项目,包括基本每股收益和稀释每股收益两项指标,反映普通股或潜在普通股已公开交易的企业,以及正处在公开发行普通股或潜在普通股过程中的企业的每股收益信息。

【例 6-22】 202×年 12 月,腾飞公司有关损溢类账户的发生额见表 6-6。

表 6-6 腾飞公司损溢类账户发生额汇总表

单位:元

账户名称	借方发生额	贷方发生额
主营业务收入	236 200	5 847 860
其他业务收入	0	928 600
投资收益	197 480	843 260
公允价值变动损溢	200 000	900 000
营业外收入	0	413 280
主营业务成本	3 124 680	173 620
其他业务成本	413 440	0
税金及附加	674 350	0
管理费用	473 200	31 240
销售费用	623 660	0
财务费用	223 680	64 800
资产减值损失	100 000	0
营业外支出	644 960	0
所得税费用	801 850	0
合计	7 713 500	9 202 660

根据表 6-4 的资料,编制该公司 12 月的利润表(见表 6-7)。

表6-7　利润表

编制单位:腾飞公司　　　　202×年12月　　　　单位:元

项目	本月数	本年累计数
一、营业收入	6 540 260	62 689 000
减:营业成本	3 364 500	35 465 600
税金及附加	674 350	7 347 880
管理费用	623 660	7 123 000
销售费用	441 960	3 217 800
研发费用		
财务费用	158 880	1 864 800
其中:利息费用		
利息收入		
加:其他收益		
公允价值变动收益(损失以“-”号填列)	700 000	1 968 000
投资收益(损失以“-”号填列)	645 780	7 868 600
其中:对联营企业和合营企业的投资收益		
资产处置收益		
资产减值损失	100 000	100 000
信用减值损失		
二、营业利润(亏损以“-”号填列)	2 522 690	17 406 520
加:营业外收入	413 280	4 565 000
减:营业外支出	644 960	7 963 500
三、利润总额(亏损以“-”号填列)	2 291 010	14 008 020
减:所得税费用	801 850	8 268 620
四、净利润(净亏损以“-”号填列)	1 489 160	5 739 400
(一)持续经营净利润		
(二)终止经营净利润		
五、其他综合收益的税后净额		
(一)不能重分类进损溢的其他综合收益		
(二)将重分类进损溢的其他综合收益		

3.**利润分配表**

利润分配表,是反映企业一定会计期间对实现净利润以及以前年度未分配利润的分配或者亏损弥补的报表。利润分配表在年度会计报表中,是利润表的附表。

利润分配表一般有表首、正表两部分。其中,表首说明报表名称、编制单位、编制日期、报表编号、货币名称、计量单位等;正表是利润分配表的主体,具体说明利润分配表的各项内容,每项内容通常还区分为"本年实际"和"上年实际"两栏分别填列。在我国,利润分配表的"本年实际"栏,根据本年"本年利润"和"利润分配"科目及其所属明细科目的记录分析填列;"上年实际"栏根据上年利润分配表填列。如果上年度利润分配表与本年度利润分配表的项目名称和内容不一致,则按编报当年的口径对上年度报表项目的名称和数字进行调整,填入本表"上年实际"栏内。利润分配表的基本格式如表 6-8 所示。

【例 6-23】 承【例 6-22】的资料,假设该企业按净利润的 9%计提法定盈余公积,分配普通股现金股利 64 430 元,年初未分配利润为 10 万元。根据上述资料,可编制利润分配表见表 6-8。

表 6-8 利润分配表

编制单位:腾飞公司　　202×年度　　单位:元

项　目	本年实际	上年实际
一、净利润	5 739 400	(略)
加:年初未分配利润	100 000	
其他转入	—	
二、可供分配的利润	5 839 400	
减:提取法定盈余公积	573 940	
三、可供股东分配的利润	5 265 460	
减:应付优先股股利	—	
提取任意盈余公积	—	
应付普通股股利	64 430	
转作资本(或股本)的普通股股利	—	
四、未分配利润	5 201 030	

6.2.3 现金流量表的编制

1.**现金流量表概述**

1)现金流量表的概念和作用

现金流量表是以现金为基础编制的反映企业财务状况变动的报表,反映企业一定

会计期间内的经营活动、投资活动和筹资活动有关现金和现金等价物的流入和流出的信息，表明企业获得现金和现金等价物的能力。其中，现金是指企业的库存现金、可随时用于支付的存款（银行存款中不能随时支取的定期存款等，不应作为现金，而应列作投资；提前通知金融企业便可支取的定期存款，则应包括在现金范围内）。现金等价物是指企业持有的期限短（一般指从购买日起，3 个月内到期）、流动性强、易于转换为已知金额现金、价值变动风险很小的投资。

现金流量表的作用主要体现在以下四个方面：

（1）现金流量表有助于评价企业支付能力、偿债能力和周转能力。

（2）现金流量表有助于预测企业未来现金流量。

（3）现金流量表有助于分析企业收益质量。

（4）现金流量表可以对投资活动和筹资活动作出评价。

2）现金流量的分类

现金流量是某一段时期内企业现金流入和流出的数量。例如，企业销售商品、提供劳务、出售固定资产、向银行借款等取得现金，形成企业的现金流入；购买原材料、接受劳务、购建固定资产、对外投资、偿还债务等支付现金，形成企业的现金流出。现金流量信息能够表明企业经营状况是否良好，资金是否紧缺，企业偿付能力大小，从而为投资者、债权人、企业管理者提供非常有用的信息。应该注意的是，企业现金形式的转换不会产生现金的流入和流出，如企业从银行提取现金，是企业现金存放形式的转换，并未流出企业，不构成现金流量；同样，现金与现金等价物之间的转换也不属于现金流量，比如，企业用现金购买将于 3 个月内到期的国库券。

按照企业经营业务发生的性质，可以将企业一定期间内产生的现金流量归为以下三类：

（1）经营活动产生的现金流量。经营活动是指企业投资活动和筹资活动以外的所有交易和事项，包括销售商品、提供劳务、经营性租赁、购买货物、接受劳务、制造产品、广告宣传、推销产品、缴纳税款等。

（2）投资活动产生的现金流量。投资活动是指企业长期资产的购建和不包括在现金等价物范围内的投资及其处置活动。这里的长期资产是指固定资产、在建工程、无形资产、其他资产等持有期限在一年或一个营业周期以上的资产。投资活动主要包括取得或收回投资、购建和处置固定资产、无形资产和其他长期资产等，不包括作为现金等价物的投资。

（3）筹资活动产生的现金流量。筹资活动是指导致企业资本及债务规模和构成发生变化的活动，包括吸收投资、发行股票、分配利润等。这里的债务是指企业对外举债所借入的款项，如发行债券、向金融企业借入款项以及偿还债务等。

2.现金流量表的结构

现金流量表由表首、正表和补充资料三部分组成。其中,表首部分包括报表名称、编制单位、报表所涵盖的日期、报表编号和货币单位及计量单位。正表部分是以“现金流入-现金流出=现金流量净额”为基础,采取多步式,分别经营活动、投资活动和筹资活动,分项报告企业的现金流入量和流出量。现金流量表补充资料又细分为三部分,分别是将净利润调节为经营活动产生的现金流量、不涉及现金收支的投资和筹资活动、现金及现金等价物净增加情况。现金流量表的结构见表6-9。

表6-9 现金流量表

编制单位: 年 月 单位:元

项目	本期金额	上期金额
一、经营活动产生的现金流量:		
销售商品、提供劳务收到的现金		
收到的税费返还		
收到其他与经营活动有关的现金		
经营活动现金流入小计		
购买商品、接受劳务支付的现金		
支付给职工以及为职工支付的现金		
支付的各项税费		
支付其他与经营活动有关的现金		
经营活动现金流出小计		
经营活动产生的现金流量净额		
二、投资活动产生的现金流量:		
收回投资收到的现金		
取得投资收益收到的现金		
处置固定资产、无形资产和其他长期资产收回的现金净额		
处置子公司及其他营业单位收到的现金净额		
收到其他活动有关的现金		
投资活动现金流入小计		
购建固定资产、无形资产和其他长期资产支付的现金		
投资支付的现金		
取得子公司及其他营业单位支付的现金净额		

续表

项目	本期金额	上期金额
支付其他与投资活动有关的现金		
投资活动现金流出小计		
投资活动产生的现金流量净额		
三、筹资活动产生的现金流量：		
吸收投资收到的现金		
取得借款收到的现金		
收到其他与筹资活动有关的现金		
筹款活动现金流入小计		
偿还债务支付的现金		
分配股利、利润或偿付利息支付的现金		
支付其他与筹资活动有关的现金		
筹资活动现金流出小计		
筹资活动产生的现金流量净额		
四、汇率变动对现金及现金等价物的影响		
五、现金及现金等价物净增加额		
加：期初现金及现金等价物余额		
六、期末现金及现金等价物余额		

3.现金流量表正表的编制

现金流量表编制的基本思路：虽然会计核算遵循的是权责发生制原则，但编制现金流量表时须遵循收付实现制。其编制方法有以下两类：

1)根据企业会计记录直接填列

这种方法需要设置多栏式现金流量账簿，通过分析有关非现金账户引起现金账户的增减变化来填列现金流量表。

2)根据资产负债表、利润表和相关资料填列

这种方法以资产负债表、利润表和有关资料为依据，通过一定的手段，把权责发生制下的数据转换成收付实现制下的现金流量。具体可以分为工作底稿法、T型账户法和综合分析法三种方法。

(1)工作底稿法

采用工作底稿法编制现金流量表，是以工作底稿为手段，以利润表和资产负债表数

据为基础,对每一项目进行分析并编制调整分录,从而编制出现金流量表。工作底稿法的程序如下。

第一步,将资产负债表的期初数和期末数过入工作底稿的"期初数"栏和"期末数"栏。

第二步,对当期业务进行分析并编制调整分录。调整分录大体有如下几类:第一类涉及利润表中的收入、成本和费用项目以及资产负债表中的资产、负债及所有者权益项目,通过调整,将权责发生制下的收入费用转换为以收付实现制为基础;第二类是涉及资产负债表和现金流量表中的投资和筹资项目,反映投资和筹资活动的现金流量;第三类是涉及利润表和现金流量表中的投资和筹资项目,目的是将利润表中有关投资和筹资方面的收入和费用列入现金流量表投资、筹资现金流量中去。此外,还有一些调整分录并不涉及现金收支,只是为了核对资产负债表项目的期末变动数。

在调整分录中,有关现金和现金等价物的事项,并不直接借记或贷记现金,而是分别记入"经营活动产生的现金流量""投资活动产生的现金流量""筹资活动产生的现金流量"有关项目,借记表明现金流入,贷记表明现金流出。

第三步,将调整分录过入工作底稿中的相应部分。

第四步,核对调整分录,借贷合计应当相等,资产负债表项目期初数加减调整分录中的借贷金额以后,应当等于期末数。

第五步,根据工作底稿中的现金流量表项目部分编制正式的现金流量表。

(2)T型账户法

T型账户法是以T型账户为手段,以利润表和资产负债表数据为基础,对每一项目进行分析并编制调整分录,从而编制出现金流量表。采用T型账户法编制现金流量表的程序如下:

第一步,为所有的非现金项目(包括资产负债表项目和利润表项目)分别开设T型账户,并将各自的期末期初变动数过入各该科目。

第二步,开设一个大的"现金及现金等价物"T型账户,每边分为经营活动、投资活动和筹资活动三个部分,左边记现金流入,右边记现金流出。与其他账户一样,过入期末期初变动数。

第三步,以利润表项目为基础,结合资产负债表分析每一个非现金项目的增减变动,并据此编制调整分录。

第四步,将调整分录过入各T型账户,并进行核对,该账户借贷相抵后的余额与原先过入的期末期初变动数应当一致。

第五步,根据大的"现金及现金等价物"T型账户编制正式的现金流量表。

(3)综合分析法

综合分析法是直接根据资产负债表、利润表和有关会计科目明细账的记录,分析计

算出现金流量表各项目的金额，并据以编制现金流量表的一种方法。

4.现金流量表正表的基本内容

1）经营活动的现金流量

（1）销售商品、提供劳务收到的现金（企业因销售商品、提供劳务而实际收现的价款及销项税额）=本期销售商品、提供劳务本期收现+前期销售商品、提供劳务本期收现+本期预收的账款-因商品退货造成的本期付现额+收回以前的坏账。

（2）收到的税费返还（企业收到现金的各种税费返还）。

（3）收到的其他与经营活动有关的现金。所有属于经营活动范畴但不属于以上内容的现金流入均在此列示，如罚款收入、流动资产损失中由个人赔偿的现金收入、经营租赁收到的现金等。

（4）购买商品、接受劳务支付的现金（企业因购买商品、接受劳务而在本期兑现的价款及进项税额）=本期购入商品、接受劳务本期兑现额+前期购入商品、接受劳务本期的付现额+本期预付款项-本期发生的因购货退回收到的现金。

（5）支付给职工以及为职工支付的现金（包括企业为职工所支付的各种现金）。不包括：①支付的离退休人员的各项费用（此内容应计入经营活动中的其他支付项）；②支付给在建工程人员的现金（此内容应计入投资活动中的购建固定资产项）。

（6）支付的各项税费（除了计入固定资产价值的实际支付的耕地占用税不应该列在此项目外，其他付现的税费均应列入此项目）。

（7）支付的其他与经营活动有关的现金。所有属于经营活动范畴但不属于上述内容的现金支付均在此列示。如罚款支出、支付的差旅费、业务招待费、保险费以及经营租赁支付的现金等。

2）投资活动的现金流量

（1）收回投资所收到的现金=出售、转让或到期收回除现金等价物以外的交易性金融资产+处置长期股权投资收到的现金+收回持有至到期投资本金而收到的现金。不包括持有至到期投资收回的利息。

（2）取得投资收益所收到的现金（企业因股权性投资及债权性投资而取得的现金股利、利息，以及从子公司、联营企业和合营企业分回利润而收到的现金）。

（3）处置固定资产、无形资产和其他长期资产而收到的现金净额，反映企业处置固定资产、无形资产和其他长期资产所取得的现金，扣除为处置这些资产而支付的有关费用后的净额。

（4）处置子公司及其他营业单位收到的现金净额。

（5）收到的其他与投资活动有关的现金。

（6）购建固定资产、无形资产和其他长期资产所支付的现金（反映企业购建固定资产,取得无形资产和其他长期资产所支付的现金)。不包括:①购建固定资产而发生的借款利息资本化的部分(应计入筹资活动中的利息支付项);②融资租入固定资产支付的租赁费(应计入筹资活动中的其他支付项);③企业以分期付款方式购建的固定资产,其首次付款支付的现金列入此项,以后各期支付的现金列入筹资活动的其他支付项。

(7)投资所支付的现金,反映企业进行权益性投资和债权投资支付的现金,包括企业取得的除现金等价物以外的短期股票投资、短期债券投资、长期股权投资、持有至到期投资支付的现金,以及支付的佣金、手续费等附加费用。

企业购买股票和债券时,实际支付的价款中包含的已宣告而尚未领取的现金股利或已到期尚未领取的债券利息,应列在投资活动中的"支付其他与投资活动有关的现金"项目,收回购买股票和债券支付的已宣告而尚未领取的现金股利或已到期尚未领取的债券利息,应列在投资活动的"收到其他与投资活动有关的现金"项目。

(8)取得子公司及其他营业单位支付的现金净额。

(9)支付的其他与投资活动有关的现金。

3)筹资活动的现金流量

(1)吸收投资所收到的现金,反映企业收到的投资者投入的现金,包括以发行股票、债券方式筹集的资金实际收到款项净额(发行收入减去支付的佣金等发行费用后的净额)。由企业直接支付的审计、咨询等费用,在"支付其他与筹资活动有关的现金"项目中反映,不能从这里扣除。

(2)借款所收到的现金。

(3)收到的其他与筹资活动有关的现金,如接受现金捐赠。

(4)偿还债务所支付的现金,即反映企业以现金偿还债务的本金。

(5)分配股利、利润或偿付利息所支付的现金。

(6)支付的其他与筹资活动有关的现金,如捐赠现金支出。

参考文献

[1]彭晓峰.财务会计学[M].北京:电子工业出版社,2010.
[2]宗绍君.财务会计[M].成都:电子科技大学出版社,2018.
[3]财政部会计资格评价中心.初级会计实务[M].北京:经济科学出版社,2019.
[4]关玉荣.财务会计实训教程[M].上海:上海财经大学出版社,2009.
[5]戴德明.财务会计学[M].北京:中国人民大学出版社,2009.